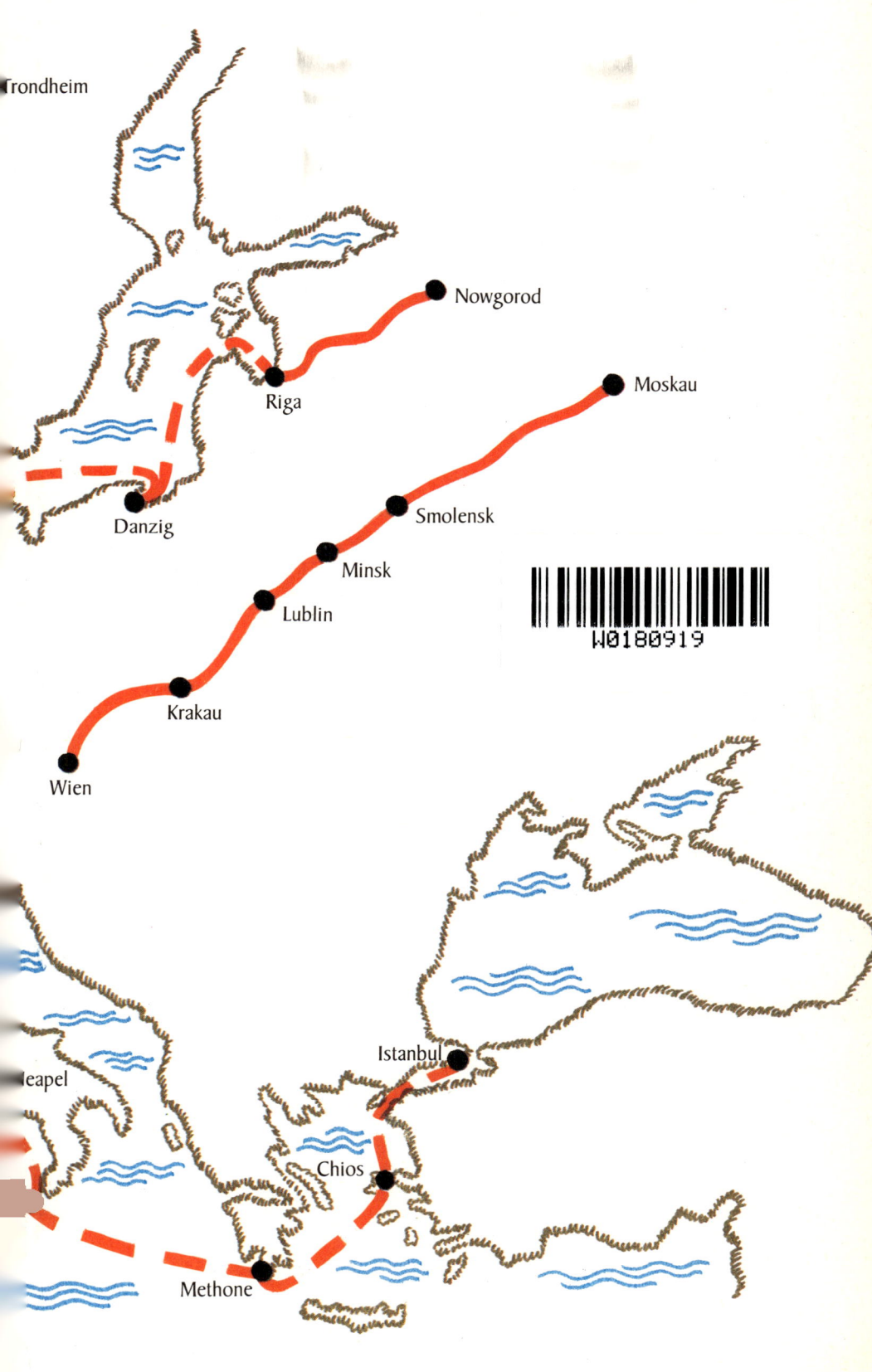

Dies Reisebuch
Europa 1492

sei Herrn Rehle, dem weit und gerne reisenden Europäer, Anregung und Freude — vor allem aber Dank für ersprießliche und offene Zusammenarbeit im Elternbeirat 1994/96.

Renate Wildhagen
Jutta Braun
Ulrike Bickel-Witthall
Henning Ho Paul
Hermann Haller
Ilona Heiden
Ruui Grainn

Maria-Barbara Mangold-Nietzschmann

Lorenzo Camusso

Reisebuch
Europa 1492

Wege durch die Alte Welt

Aus dem Italienischen von
Friederike Hausmann

Artemis Verlag München und Zürich

Nebenstehend eine Phantasielandschaft der Zeit: Berge am Horizont, die Stadt, der Wald, leichte Boote auf dem Fluß, Jäger auf einer Lichtung und die Rast zweier Wanderer unter einem Baum: Ausschnitt aus der Madonna mit dem Kind *von Giovanni Bellini.*
Frontispiz: das Schloß Visdomini in Vincigliata bei Florenz; Ausschnitt aus dem Fresco der Heiligen Drei Könige *von Benozzo Gozzoli in der Kapelle des Palazzo Medici-Riccardi.*

Idee und Buchgestaltung: Fenice 2000

Zeichnungen: Marco Giardina
Karten: Fabrizio Lucioni

2. Auflage 1991
© 1990 Anaya Editoriale s. r. l.,
Mailand/Fenice 2000 s. r. l., Mailand
© der deutschsprachigen Ausgabe
1990 Artemis Verlag, München
und Zürich, Verlagsort München
Alle Rechte, einschließlich derjenigen
des auszugsweisen Abdrucks und
der photomechanischen Wiedergabe,
vorbehalten. Printed in Italy.
ISBN 3-7608-1922-2

Inhalt

Berge und Herbergen
Reisen in Europa vor 500 Jahren 9

Der Weg der Bank
Von Florenz nach Brügge 77

Pelze
Von Lübeck nach Nowgorod 101

Die Pilgermuschel
Von Vézelay nach Santiago de Compostela 117

Der Waffenhändler
Von Mailand zum Mont-Saint-Michel 133

Der Maler
Von Nürnberg nach Venedig 153

Das Heilige Jahr
Von Trondheim nach Rom 171

Der Bogenschütze des französischen Königs
Von Edinburgh nach Paris 199

Das Tor nach Asien
Von Genua nach Istanbul 225

Der Reeder
Von Sevilla nach Antwerpen 243

Der Gesandte
Von Wien nach Moskau 263

Zeittafel 282

Bibliographische Hinweise 284

Ortsregister 285

Bildnachweis 288

Eine Reise in die Vergangenheit: Ist das tatsächlich etwas Ungewöhnliches? Wird nicht auf unserem heutigen Supermarkt des Reisens vornehmlich Vergangenheit angeboten und gekauft? Ob griechischer Marmor oder die Terrassen des Machu Picchú; ob Sphinxen, Pyramiden und Grabmäler im Niltal; ob die Chinesische Mauer, die Medresen von Samarkand oder auch die »Geisterstädte« Arizonas: Aus Raum und Zeit picken wir uns die Höhepunkte von Kunst und Geschichte heraus.

Mit diesem Reiseführer gehen wir nur einen kleinen Schritt weiter und beleuchten in einem begrenzbaren geographischen Raum einen begrenzten Zeitraum der Vergangenheit. In dieses Europa einige Jahrzehnte vor und nach der Entdeckung Amerikas wollen wir den Reisenden sozusagen selbst eintauchen lassen. Vor und nach der »Besichtigungstour« erwarten uns einmal nicht das Flugzeug, der Passagierdampfer oder das Hotelzimmer mit dem leisen Summen der Klimaanlage, sondern tagelange Ritte, unwegsame Pässe, Segelschiffe, die in unvorhersehbare Wetter geraten, eine Herberge bei Sonnenuntergang. In der Vorstellung wenigstens spüren wir den Hauch des Abenteuers »Zeitmaschine«, ersparen uns jedoch die Mühsal des Reisens und vielerlei Mißgeschick.

Für die Auswahl des Zeitraums gibt es augenfällige Bezugspunkte in unserer Gegenwart, aber auch andere gute Gründe. Wenn man Rousseau glauben darf, wird Europa nicht erst 1992 geschaffen, es existiert schon seit zweihundert Jahren. »Es gibt heutzutage ... keine Franzosen, keine Deutschen, keine Spanier, selbst keine Engländer mehr, es gibt nur noch Europäer. Alle haben den gleichen Geschmack, die gleichen Leidenschaften, die gleichen Sitten ...« (Jean-Jacques Rousseau, Betrachtungen über die Regierung Polens, 1772). Doch gehen wir noch einige Jahrhunderte zurück. Im Jahre 1492, und noch geraume Zeit danach, wußte niemand, daß Amerika entdeckt worden war, und erst recht nicht, welche Auswirkungen diese Entdeckung diesseits und jenseits des Atlantiks haben würde. Ein Jahrestag ist wie eine Telefonnummer: ein Weg zur Kommunikation, nicht die Kommunikation selbst, und schon gar nicht ihr

1492 / 1992

Inhalt. Das Jubiläum ist ein Anlaß, um darüber nachzudenken, daß die Entdeckung Amerikas auch als Ausgangspunkt oder wenigstens als eine wichtige Phase im Prozeß der Selbstwerdung Europas und damit unseres Europäerseins zu betrachten ist. Das Europa, das Amerika entdeckte, ist unser heutiges Europa in seinen Anfängen.

Auch der Form nach wollen die folgenden Seiten für eine solche Reise Führer sein. Wie üblich enthalten sie allgemeine Informationen und Routenvorschläge. Die Informationen, die ein Reisender der damaligen Zeit vor Reiseantritt gerne gelesen hätte – und teilweise auch lesen konnte – betreffen die politische Gliederung der Alten Welt, die Transportmittel, die Rast- und Übernachtungs-, und nicht zu vergessen auch die Vergnügungsmöglichkeiten. O doch, auch Vergnügen: denn wenn eine Figur bei Cervantes verdrießlich äußert, daß »keine Reise schlecht (sei), wenn sie nur vorüber ist, außer sie führt zum Galgen«, so spiegelt dies nicht die allgemeine Meinung der Zeit wider. Wer in unserer Aufzählung die Themen der Einführungskapitel unserer heutigen Reiseführer wiedererkennt, sollte bedenken, daß von fast all diesen Dingen bereits in einem Führer die Rede ist, den der Geistliche Aimery Picard im 12. Jahrhundert für die Pilger nach Santiago de Compostela verfaßt hat.

Die »empfohlenen« Reiserouten sollen die Phantasie des Reisenden nicht beengen, genausowenig wie die Sternchen heutzutage die freie Wahl einschränken. Hier allerdings bezieht sich jede Route auf eine Reise, die wirklich oder wahrscheinlich stattgefunden hat. Ein gewisser Gerozzo die Jacopo de' Pigli aus Florenz zog tatsächlich 1446 nach Brügge (1. Route). Im Jahr 1488 befanden sich tatsächlich Mailänder Waffenhändler auf dem Schlachtfeld von Saint-Aubin-du-Cornier (4. Route). Kann es einen Zweifel daran geben, daß zum Heiligen Jahr 1500 auch aus dem fernen Trondheim Pilger nach Rom aufbrachen (6. Route)? Die zehn Routen sind chronologisch angeordnet, und vielleicht sind so auch die geschichtlichen Veränderungen dieser für Europa so entscheidenden Jahrzehnte deutlicher wahrzunehmen, als dies im täglichen Leben der damaligen Zeit möglich war.

Berge und Herbergen

*Reisen in Europa
vor 500 Jahren*

Welches Europa?

Wer waren nun die Reisegefährten, wie sahen die Länder in ihren damaligen Grenzen, und vor allem, wie sah die Landschaft aus? Wenn wir das Europa vor fünfhundert Jahren mit heutigen Augen aus der Vogelperspektive sehen könnten, würden wir es für ein wunderbares Land halten. Wieder am Boden, wären die Eindrücke wahrscheinlich vielfältiger, widersprüchlicher.

Die Unterschiede zwischen dem, was wir damals und dem, was wir heute sehen könnten, sind zweifellos eine Frage der Quantität. Fast alle Landschaftselemente würden wir wiedererkennen: Die Macchia des Mittelmeerraums und die endlosen Wälder; die grünen Hügel Frankreichs und die kahlen Hochebenen Kastiliens; Olivenbäume, Birken, Weinstöcke und vom Pflug durchkämmte Felder. Schwer vorzustellen dagegen ist, wie sich die geringe Bevölkerungszahl auf das Erscheinungsbild der Landschaft auswirkte.

Man geht heute allgemein davon aus, daß Europa am Ende des 15. Jahrhunderts ungefähr siebzig Millionen Einwohner hatte, wobei im vorausgehenden Jahrhundert die Bevölkerungszahl um mindestens fünfundzwanzig Millionen zugenommen hatte. Einige Schätzungen kommen sogar zu noch geringeren Zahlen. Aber auch wenn man die Zahl der Zeitgenossen von Kolumbus, Erasmus, Luther und Leonardo auf siebzig Millionen schätzt, macht sie doch nur ein Zehntel der heutigen Gesamtbevölkerung aus. Auch die Verteilung war ganz unterschiedlich: Man nimmt an,

---

Die Europäer, gestern und heute:

Die Bevölkerung einiger Staaten am Ende des 15. Jahrhunderts im Vergleich zu heute (in Millionen). Die Zahlen geben einen Eindruck von den Größenordnungen, sind aber im einzelnen sehr umstritten.

Frankreich	*19*	*55,5*
Deutschland	*20*	*85*
Osmanisches Reich (europäischer Teil)	*4,5*	*33*
England	*3*	*46*
Italien	*7*	*57*
Niederlande	*6*	*24,6*
Portugal	*1*	*10*
Rußland	*9*	*191*
Spanien	*7,5*	*39*
Schweiz	*0,75*	*6,4*

Demographische Schätzungen für das Ende des 16. Jahrhunderts enthalten viele Unsicherheitsfaktoren, und die Bezugsgrößen unterscheiden sich von den heutigen. Um ein einigermaßen realistisches Bild zu geben, haben wir für Deutschland die Bundesrepublik, die DDR und Österreich zusammengefaßt; für die Niederlande Belgien, Holland und Luxemburg. Frankreich und die Schweiz waren zum damaligen Zeitpunkt kleiner als heute. Als europäischer Teil des Osmanischen Reiches wurden die heutigen Daten für Griechenland, Albanien, Bulgarien, die europäische Türkei und einen Teil Jugoslawiens zusammengefaßt; in Rußland umfaßte das Großfürstentum Moskau nur einen Teil des europäischen Rußland bis zum Ural.

Das Zeitgefühl der Reisenden war anders als heute, und das Bild der Landschaft ist nur zum Teil rekonstruierbar. Das Pferd bestimmte die Reisegeschwindigkeit. Auf den vorausgehenden Seiten Pferde und Reiter aus den Szenen aus der Legende des Heiligen Kreuzes *von Piero della Francesca in der Kirche des heiligen Franz in Arezzo und eine Landschaft aus der* Weltchronik *von Hartmann Schedel (1493).*

daß Deutschland zwanzig Millionen Einwohner hatte, die Niederlande sechs, Frankreich neunzehn und England drei. Zählt man die heutige Bevölkerung Hollands und Belgiens zusammen, was den damaligen Niederlanden entspricht, so kommt man auf vierundzwanzig Millionen; die beiden deutschen Staaten und Österreich zusammen ergeben fünfundachtzig Millionen, wobei das Gebiet, das man damals Deutschland nannte, sogar noch größer war; das heutige Frankreich, das größer als das Frankreich gegen Ende des 15. Jahrhunderts ist, hat eine Bevölkerung von fünfundfünfzig Millionen Einwohnern; das England Heinrichs VII. schließlich entspricht heute einem Gebiet mit sechsundvierzig Millionen Einwohnern: Die Bevölkerung dieser vier Gebiete Europas ist also jeweils um den Multiplikator 4; 4,25; 2,9 und 15,3 angewachsen.

Ganz allgemein war viel weniger Land bebaut; darüber hinaus lag in vielen Gegenden alljährlich ein Drittel der Felder brach. Die kultivierten Flächen waren stärker von Bäumen und Sträuchern durchsetzt, Sumpfgebiete, Altwasser und Schwemmland breiteten sich längs der Flüsse aus; im Talgrund standen nur wenige Häuser. Die Gebirgsgegenden waren fast menschenleer; nahezu unbewohnt bis auf kleine Fischerdörfer waren auch die Meeresküsten; im Landesinneren dehnten sich riesige Wälder. In Bergwäldern gab es Bären, in der Macchia Wildschweine, Wolfsrudel kamen manchmal sogar den Städten

Wie groß waren die Städte?

Im folgenden werden die geschätzten Einwohnerzahlen einiger europäischer Städte am Ende des 15. Jahrhunderts mit den heutigen Größen verglichen. Das Zahlenmaterial für die damalige Zeit kann nur die ungefähre Größenordnung angeben, denn damals hat sich keine städtische Verwaltung um Statistik gekümmert.

Antwerpen	45.000	480.000
Augsburg	20.000	245.000
Barcelona	40.000	1.800.000
Brügge	35.000	120.000
Córdoba	40.000	290.000
Florenz	100.000	420.000
Gent	55.000	250.000
Genua	50.000	720.000
Granada	40.000	260.000
Istanbul	400.000	5.500.000
Köln	40.000	1.000.000
London	50.000	6.700.000
Neapel	100.000	1.200.000
Nürnberg	20.000	460.000
Paris	80.000	8.700.000
Prag	20.000	1.200.000
Rom	50.000	2.800.000
Sevilla	40.000	670.000
Venedig	100.000	320.000
Wien	20.000	1.500.000

Madrid und Berlin fehlen in dieser Aufstellung, da sie zum damaligen Zeitpunkt noch kleine Städte waren. Berlin war zwar schon Residenz der Hohenzollern in Brandenburg, wurde aber erst zu Beginn des 17. Jahrhunderts zur bedeutendsten Stadt Preußens.

bedrohlich nahe. Als Franz I. von Frankreich im Jahre 1520 die *grands louvetiers*, die Wolfsjäger, ernannte, an deren großen Treibjagden sich Adelige, Grundbesitzer und Bauern gleichermaßen beteiligten, erfüllte er nur seine Pflicht als König, seine Untertanen zu schützen. Als Grundbesitzer lebte man noch vielerorts eher auf einer Burg als auf dem Landgut, wie es zunehmend in Mode kam; und die Burgen besaßen noch nicht überall die Annehmlichkeiten der Villen, wie etwa Kamine, Loggien, Nutz- und Lustgärten. Im Umland fand man in einer reichen, vielgestaltigen Fauna Rot- und Damwild, Rehe, Füchse, das Wisent, den Luchs und das Wiesel. Reiher und Kraniche staksten mit ihren langen Beinen durch die Weiher und Tümpel, und Störche bauten ihre Nester auf den Dächern.

In den Mittelmeerländern blühte noch nicht die Bougainvillea, die erst später aus Südamerika eingeführt wurde, aber auch hier waren weite Landstriche noch unberührt oder – wie nach der großen Pestepidemie in der Mitte des 14. Jahrhunderts – wieder der Natur anheimgefallen. Für einen Teil Europas östlich der Elbe mochte noch immer die Beschreibung des Tacitus Gültigkeit besitzen, daß das Land »mit seinen Wäldern einen schaurigen, mit seinen Sümpfen einen widerwärtigen Eindruck« machte.

Wohl acht von zehn Menschen lebten im damaligen Europa auf dem Land, im Osten waren es sogar noch mehr. In weit verstreuten Häusern und kleinen Dörfern lebten die Menschen wie außerhalb der Zeit. Von den Städten waren auch die größeren nach heutigen Maßstäben

Noch niemand ging mit der Staffelei ins Freie, um Landschaften zu malen; dennoch gibt es keine wertvollere »Quelle« für das Aussehen Europas vor einem halben Jahrtausend als das visuelle Gedächtnis der Maler. Unten: Ausschnitt aus dem Triptychon mit der **Himmelfahrt Mariä** *des Niederländers Albrecht Bouts (1460–1549); er ist der Sohn des bekannteren Dieric Bouts aus Haarlem, der in Löwen tätig war.*

klein: Köln hatte vierzigtausend, Paris achtzigtausend, Wien zwanzigtausend und Bourges nur zehntausend Einwohner. Dem Reisenden zeigten sich die Städte von fern abweisend hinter hohen Mauern verschlossen, mit bewaffneten Wächtern an den Toren, und ein Schwarm von Geiern gemahnte an den häufigen Gebrauch des Galgens. Jedoch nicht alle Städte waren von Mauern umgeben; so gab es z. B. auf den britischen Inseln und im Osmanischen Reich nur wenige befestigte Städte. Die Natur machte nicht vor den Mauern halt. Ein großer Teil der Fläche *intra muros* wurde für Obst- und Gemüsegärten genutzt. Aber in einigen Städten, die ja seit eh und je Anziehungspunkt für Arme und Ausgestoßene waren, wurde bereits die Überbevölkerung zum Problem. Innerhalb der Mauern traten in weiten Teilen Europas erst allmählich Steinhäuser an die Stelle der Holzbauten; sogar Paris begann erst damals, eine Stadt aus Stein zu werden.

Wenn die Welt auch schöner anzusehen war als heute, so kümmerten sich unsere Vorfahren doch wenig um die Erhaltung ihrer Umwelt. Das Problem schien einfach nicht zu existieren. Die Auswirkungen der Zerstörung hielten sich durch die geringe Bevölkerungszahl in Grenzen, und es schien, als würden die der Natur geschlagenen Wunden von selbst verheilen. In Wirklichkeit war dies längst nicht mehr der Fall, denn im Mittelmeerraum war durch die jahrhundertelange relative Überbevölkerung die ursprüngliche Bewaldung bereits zerstört.

War die Lebensqualität überhaupt vergleichbar? Im 19. Jahrhundert hat

daran erinnert, daß fünfzig Prozent der Neugeborenen das zweite Lebensjahr nicht erreichten und daß die Lebenserwartung durchschnittlich zwischen dreißig und fünfunddreißig Jahren lag.

Die ersten »Amerikaner« kamen mit Kolumbus als gebrochene, lebende Beweisstücke seiner Unternehmung im Jahre 1493 nach Europa. Sie hatten sicher keine Gelegenheit, den ihnen

Tschernyschewski einmal gesagt: »Die Geschichte hat eine Schwäche für ihre Enkel, weil sie ihnen das Mark der Knochen bietet, die die vorangehende Generation unter blutigen Mühen gebrochen hat.« Vielleicht trifft dieser Satz für jede geschichtliche Umbruchszeit zu, und auch das ausgehende 15. Jahrhundert war eine Zeit des Umbruchs. Dennoch glauben die Historiker, daß die Epoche bis zur Mitte des 16. Jahrhunderts für das Leben des einzelnen wahrscheinlich eine glückliche Zeit war. Doch sei auch

Die Malerei, sagt Leonardo, »braucht keine Übersetzung in verschiedene Sprachen«, unmittelbar »hat sie die Menschen zufriedengestellt«. Machte die Natur auf den Reisenden den gleichen tiefen Eindruck? Unten: Landschaft aus dem Gebet im Garten von Giovanni Bellini; daneben Bäume aus einer Zeichnung von Cesare da Sesto (links) und im Portinari-Altar von Hugo van der Goes (rechts).

fremden Kontinent zu bereisen. Aber es gab in Europa noch andere freiwillige oder unfreiwillige Besucher von anderen Kontinenten: etwa Sklaven aus Afrika und fremdländische Gefangene der Piraten, von denen nicht alle ein so glückliches Schicksal hatten wie der hochgebildete al-Wazzan az-Zajjati oder Leo Africanus. Er war Gast dreier Päpste und wurde schließlich in seine Heimat zurückgeschickt. Nach Europa kamen auch Gesandte und Geiseln aus der Türkei und »Tataren« aus der asiatischen Steppe, die auf irgendeine Weise bis zu den Märkten Osteuropas vorgedrungen waren. Abgesehen von

Stadt und Land sind streng voneinander getrennt. Mauer und Graben umgeben die Stadt, und die Tore sind nicht immer offen. Zwei verschiedene Stadttore: Unten ein Ausschnitt aus den Fresken von Pinturicchio (1502–09) in der Libreria Piccolomini des Doms von Siena; auf der folgenden Seite eine Miniatur zum Monat April aus dem Stundenbuch von Simon Bening aus Gent (1483–1561).

diesen wenigen außereuropäischen Besuchern reisten in Europa selbst erstaunlich viele Menschen aus den verschiedensten Gründen hin und her. Die meisten allerdings kamen wohl ihr ganzes Leben lang nicht über den nächsten Marktflecken hinaus.

Man reiste geschäftehalber oder aus Glaubensgründen, wobei schwer zu entscheiden ist, ob der Glaube oder der Handel mehr Menschen in Bewegung setzte; man ging zum Studium auf Wanderschaft, um Arbeit zu suchen oder um ein bestimmtes Handwerk auszuüben. Sehr spärlich sind die Nachrichten über Reisen aus bloßer Neugierde, obwohl es auch solche gab. Ludovico di Varthema, der um 1500 möglicherweise bis zu den Molukken vordrang, schrieb: »Das Verlangen, das viele andere dazu getrieben hat, die Verschiedenheit der Reiche der Welt kennenzulernen, hat mich zu demselben Unternehmen veranlaßt.«

Auch außerhalb der drei klassischen Pilgerrouten ins Heilige Land, nach Rom und nach Santiago de Compostela führte der Glaube große Menschenmengen auf Reisen. War es wirklich allein der Glaube? Der asketische Thomas von Kempen, der als Autor der *Nachfolge Christi* gilt und 1471 in hohem Alter als Subprior des Augustinerklosters Agnetenberg bei Zwolle starb, hegte vielleicht ein berechtigtes Mißtrauen gegenüber dem Pilgerwesen, wenn er schrieb: »*qui multum peregrinantur, raro sanctificantur.*« Um des Glaubens und der Kirche willen bewegten sich Kardinäle zwischen ihren

Amtsbezirken und dem Sitz des Papstes hin und her, Bischöfe begaben sich zum Stuhl Petri, auch die Eintreiber der Abgaben an die Kurie, Inspektoren der Klöster, Wanderprediger und päpstliche Legaten waren unterwegs. Der an der Mosel gebürtige Nikolaus von Kues begab sich bis nach Konstantinopel, um über die Vereinigung mit der orthodoxen Kirche zu verhandeln, und reiste als Verteidiger der Sache des Papstes lange durch ganz Deutschland. Zwischen diplomatischen Missionen aus religiösen und außerpolitischen Gründen läßt sich nicht immer eine klare Trennungslinie ziehen; unterwegs waren Reisende als Kundschafter und Spione, als Überbringer von Botschaften, um Intrigen zu spinnen, heikle Aufträge auszuführen oder Bündnisverhandlungen zu führen wie der berühmte Philippe de Commynes. Das Papsttum war selbst eine politische Macht, und überall standen Geistliche in diplomatischen Diensten.

Die Epoche der abenteuerlichen Kaufmannsreisen war bereits vorüber. Die bedeutenden kaufmännischen Unternehmer verfügten zur Umsetzung ihrer Geschäftsstrategien über gut funktionierende Informationsnetze. Aus der Ferne lenkten sie ihre Vertretungen, Geschäftspartner oder Geschäftsführer. Dafür waren ihre Leute unterwegs. Die Filialleiter der Medici, Bankiers und Kaufleute in einem, kehrten von Genf oder London in der Regel alljährlich nach Florenz zurück, um über den Geschäftsverlauf Rechenschaft abzulegen. Vielleicht sind die Kutscher und Maultiertreiber, die die Waren vom einen Ende Europas zum anderen begleiteten, nicht wirklich als Reisende zu betrachten, dafür aber sicher die vielen kleineren Kaufleute, die Märkte und Messen besuchten. So geben die Rechnungsbücher eines Kaufmanns aus München um die Mitte des 15. Jahrhunderts darüber Auskunft, daß er sich in Nürnberg und Nördlingen mit Waren versah und dann über die Alpen bis nach Venedig kam. Andere taten sich zu Geleitzügen zusammen, um etwa von Krakau bis Istanbul, von Ungarn bis ans untere Don-Becken oder nach Moskau zu ziehen.

Reisen, die mit der Ausübung einer Kunst oder eines Handwerks verbunden waren, führten manchmal zur mehr oder weniger dauerhaften Übersiedlung. Wo ganz neue Produktionszweige eingeführt werden sollten, mußten von auswärts bereits erfahrene Handwerker angeworben werden. Um flämische Weber anzuziehen, rühmte deshalb der König von England die Qualität des Rindfleisches, das ausgezeichnete Bier, die bequemen Betten und hob hervor, daß nirgends hübschere Mädchen zu finden seien als auf der britischen Insel. Der Buchdruck wurde in fast allen Ländern von Handwerkern aus Deutschland eingeführt. Dürers Vater war ein Goldschmied, der aus Ungarn nach Nürnberg gekommen war. Die beruflichen Reisen von Künstlern und Kunsthandwerkern haben den Verlauf der

Europa hat das Bild der Welt gestaltet, aber lange bleibt die Vorstellung Europas von sich selbst sehr unbestimmt. Die lateinische Karte Europas auf den folgenden Seiten stammt von dem flämischen Kartographen Gerhard Kremer, genannt Mercator (1512–94), und wurde von seinem Sohn ausgeführt. Links der Kaufmann aus dem Ständebuch *von Hans Sachs (1568) mit Holzschnitten von Jost Amman.*

Kunstgeschichte mitgeprägt: Maurermeister, Steinmetze und Baumeister aus Deutschland gingen nach Spanien, Glasmaler von jenseits der Alpen waren am Mailänder Dom tätig, der Spanier Berruguete malte in Urbino, der Franzose Fouquet kam zum Jubeljahr 1450 nach Rom, und Leonardo beschloß sein Wanderleben als Künstler und Erfinder an der Loire.

Aristotele Fieravanti, der am Moskauer Kreml baute, und Giovanni Bellini, der aus Höflichkeit oder aus diplomatischen Gründen an den Hof Mehmeds II. nach Konstantinopel geschickt wurde, um dessen Bildnis zu malen, waren wirklich weit von ihrer Heimat entfernt. Aber man darf nicht vergessen, daß auch die toskanischen Maler, die im Dogenpalast in Venedig arbeiteten, oder Antonello da Messina, der aus dem Süden ebenfalls an die Lagune kam, *im Ausland* arbeiteten. Als berufsbedingte Reisen kann man schließlich auch diejenigen ansehen, die junge Leute verschiedener Länder als Soldaten für den einen oder anderen König unternahmen. Schotten standen traditionsgemäß im Dienste des französischen Königs, Armbrustschützen aus Genua waren bei allen Kriegsherren beliebt, und später exportierten Schweizer und Landsknechte auch ihre grelle und prahlerische Art, sich zu kleiden.

Die Studenten trieb ihr Wissensdurst von Universität zu Universität, wobei sie dem Ruf folgten, der den Professoren vorausging. Nikolaus Kopernikus z. B., der in Thorn geboren war, studierte Medizin, Mathematik und Astronomie in Krakau, Medizin in Padua und Mathematik in Bologna. 1499, im gleichen Jahr, in dem Michelangelo in der Peterskirche seine erste Pietà aufstellte, lehrte der sechsundzwanzigjährige Pole in Rom an der Universität der »Sapienza« Mathematik.

Auch die Könige reisten. Nicht überall gab es eine Hauptstadt; hier wirkte noch die von Karl dem Großen begonnene Tradition nach, der anscheinend in den fünfundvierzig Jahren seiner Herrschaft den zurückgelegten Meilen nach mehrmals die Erde umkreist hat. Ferdinand und Isabella von Spanien haben zwischen 1477 und 1492 neunzehn Städte oft mehrmals aufgesucht und über vierzig Mal den Aufenthaltsort gewechselt. In der Karolingerzeit reisten die Herrscher, um die Produkte ihrer jeweiligen Ländereien verbrauchen zu können. Die umherziehenden Höfe des 15. Jahrhunderts dagegen versuchten auf diese Weise, die Steuerlasten gerechter zu verteilen, denn der Hof lebte auf Kosten der Stadt, in der er sich gerade aufhielt.

Die Staaten Europas waren von partikularen Gewalten zerrissen, rasche und überraschende politische Umwälzungen jederzeit möglich. Netze von politischen Intrigen, Bündnissen, dynastischen Heiraten und Militärstrategien wurden gesponnen, zerrissen und wieder neu geknüpft. Wenn man im Geiste über eine Karte des politischen Europa heute diejenige für das Europa des ausgehenden 15. Jahrhunderts legt,

Der Kaiser und die sieben Kurfürsten aus der Weltchronik *von Hartmann Schedel.*

so entdeckt man, daß viele Bewohner Europas zu einer anderen politischen Einheit gehörten als die heutigen Bewohner etwa ein und desselben Ortes.

England und Schottland waren zwei selbständige Reiche; die Herrschaft Englands über Irland beschränkte sich noch auf die Ostküste und wurde schwächer, je weiter man sich von Dublin entfernte. Die Grenzen Frankreichs waren im Norden und Osten enger; Calais gehörte zu England, das Artois und die Franche-Comté zum Besitz der Habsburger. Straßburg lag hundertfünfzig Kilometer jenseits der Grenze, im Süden war Avignon päpstlich, das Roussillon und die Cerdagne gehörten zu Aragòn, d.h. zum entstehenden Spanien. Diesem wiederum fehlte Navarra, das ein unabhängiges Königreich bildete, während Sardinien und Sizilien zur Krone von Aragón gehörten. Süditalien von Kalabrien bis zu den Abruzzen wurde 1504 spanisch. Portugal ist vielleicht das einzige Land Europas, das die gleiche Ausdehnung hatte wie heute.

Die drei skandinavischen Königreiche Dänemark, Norwegen und Schweden waren, zumindest theoretisch, vereinigt und wurden von einem Deutschen aus dem Hause Oldenburg regiert. Das wirtschaftlich stärkere Dänemark kontrollierte durch den Besitz eines Teils von Südschweden auch die Verbindung zwischen Nord- und Ostsee. Schweden, das in Verfechter der Unabhängigkeit und Anhänger der Dänen gespalten war, besaß Finnland, aber in den Tundren des hohen Nordens erkannten Lappen und Finnen keinen Herrscher an.

In Mitteleuropa besaß der gewählte Kaiser Maximilian I. von Habsburg als Familienerbe Österreich, die Steiermark, Kärnten, Krain und Tirol, als Erbe seiner Frau die Niederlande (das spätere Belgien und Holland), Luxemburg und die Freigrafschaft Burgund, die von seinem Sohn Philipp regiert wurden. Deutschland, der wichtigste Teil des Reiches, bestand aus etwa dreißig Fürstentümern, einem halben Hundert geistlicher Territorien, über hundert Grafschaften und Dutzenden von Freien Reichsstädten. Die Schweizer Eidgenossenschaft, in der sich bis 1513 dreizehn Kantone zusammenschlossen, gehörte nur noch theoretisch zum Reich. Einen Teil des Reiches dagegen bildete das Herzogtum Savoyen, das sich vom Alpenkamm in Gebiete erstreckte, die heute zu Italien, zu Frankreich und zur Schweiz gehören.

Italien stand bereits im Mittelpunkt der Auseinandersetzung zwischen Frankreich und Spanien, deren Ausgang um die Jahrhundertwende noch nicht absehbar war. In der zweiten Hälfte des 15. Jahrhunderts hatte sich das Gleichgewicht der Mächte in Italien auf fünf Staaten gegründet: das Herzogtum Mailand, die Republik Venedig, die Republik Florenz, den Kirchenstaat und das Königreich Neapel. Um die Jahrhundertwende war das Herzogtum Mailand vom französischen König besetzt, das Königreich Neapel geriet

unter spanische Herrschaft. Außerhalb Italiens besaß Venedig Dalmatien, Korfù, Candia (Kreta) und Zypern.

Östlich von Deutschland lagen das Königreich Böhmen, die Markgrafschaft Mähren und das Herzogtum Schlesien, die alle zum Reich gehörten. Die noch weiter östlich gelegenen Königreiche Polen und Ungarn waren nicht mehr Teil des Reiches. Schlesien und Mähren hatte Matthias Corvinus ungarischer Herrschaft unterworfen. Bei seinem Tod kam Schlesien zu Polen und Mähren zu Böhmen. Ungarn blieb dennoch ein riesiges Reich, denn es umfaßte Siebenbürgen, Belgrad und Kroatien bis zur heutigen Kvarner Bucht. Am Ende des Jahrhunderts waren Ungarn und Böhmen, beides Wahlmonarchien, unter Wladislaw II. Jagiello, dem Sohn des verstorbenen polnischen Königs Kasimir IV., vereinigt. Die Union der Wahlmonarchie Polen mit dem riesigen Großfürstentum Litauen, das sich von der Ostsee bis zur Ukraine erstreckte, war seit 1492 unterbrochen, wurde aber 1501 wiederhergestellt. Der Deutsche Orden, der sich schon im Niedergang befand und von der polnischen Krone abhängig geworden war, besaß das spätere Ostpreußen und Livland, die heute zur Sowjetunion gehören. Weiter im Osten dehnte sich das Großfürstentum Moskau auf Kosten der anderen altrussischen Fürstentümer immer mehr aus, ohne jedoch schon die Größe des heutigen »europäischen« Rußland zu haben. Denn noch existierten die selbständigen tatarischen Khanate Kasan, Krim und Astrachan.

In Südosteuropa hatte das Osmanische Reich mit der Eroberung Konstantinopels seine Macht seit über einem halben Jahrhundert gesichert und beherrschte die Balkanhalbinsel von der Donau bis nach Griechenland. Belgrad war im Gegensatz zu Serbien und Bosnien noch nicht erobert, aber jenseits der Donau unterstanden dem Osmanischen Reich die Fürstentümer Walachei, heute Teil Rumäniens, der ehemals ungarischen Moldau, ebenfalls heute Teil Rumäniens, und Bessarabiens, das heute zur Sowjetunion gehört.

Die politischen Grenzen fielen nicht mit den Sprachgrenzen zusammen, aber man liebte schon damals das Spiel, jeder Volksgruppe irgendeine Eigenheit oder Schwäche zuzuschreiben. In seinem *Lob der Narrheit* stellt Erasmus von Rotterdam fest, daß die Natur, so wie sie allen Individuen eine »persönliche Eitelkeit« gegeben hat, »allen Nationen und sogar jeder einzelnen Stadt eine kollektive Eitelkeit« gegeben hat. Die Engländer sind stolz auf die Schönheit ihrer Heimat, auf ihre Musik und ihre prachtvollen Gastmähler; die Schotten rühmen sich ihres Adels, die Franzosen ihrer Umgangsformen, die Spanier ihrer Tapferkeit im Krieg, die Deutschen ihrer Körperkraft und ihrer »Zauberkünste«, und alle Italiener behaupten, daß ihr Land die Heimat der Dicht- und Redekunst sei, und beglückwünschen sich selbst, weil sie, »allein unter den Sterblichen«, keine Barbaren seien.

Fürsten und Völker

Frankreich

England

Deutsches Reich

Frankreich. Erbmonarchie. Nach Karl VIII. (reg. 1483–98), ist die Krone mit Ludwig XII. (1498–1515) an die Nebenlinie der Orléans übergegangen. Ludwig XII. ist Sohn des Dichter-Fürsten Charles d'Orléans und Urenkel Karls V. Er ist verheiratet mit Anna, der Erbin des Herzogtums Bretagne und Witwe seines Vorgängers Karl VIII. Das Land gehört mit seinen 19 Millionen Einwohnern zu den volkreichsten Europas. Paris ist mit seinen wahrscheinlich achtzigtausend Bewohnern die bei weitem größte Stadt.

Niederlande. Über das heutige Holland und Belgien herrscht der Habsburger Philipp der Schöne (1482–1506), der das Land zusammen mit Luxemburg und der Freigrafschaft Burgund von seiner Mutter Maria von Burgund geerbt hat. Das Land steht durch den Reichtum seiner Handelsstädte in Blüte: Gent – und bald auch Antwerpen – haben mehr als fünfzigtausend Einwohner, Brügge fünfunddreißigtausend.

England. Erbmonarchie. In der letzten Schlacht der Rosenkriege bei Bosworth (1485) ist Richard III. gefallen; Heinrich VII. Tudor wird König. 1509 folgt ihm sein Sohn als Heinrich VIII. Das Land hat nur drei Millionen Einwohner, und sein Reichtum besteht vor allem in der Schafzucht. London hat fünfzigtausend Einwohner, Bristol und York zwischen zehn- und fünfzehntausend.

Schottland. Erbmonarchie, in der seit 1488 Jakob IV. Stuart herrscht, der Margarete Tudor, die Tochter des englischen Königs Heinrich VII., heiratet und bei Flodden Field, in der Schlacht gegen die Engländer 1513 fällt. Seine Nachfolge tritt sein einjähriger Sohn Jakob V. an.

Skandinavien. Norwegen ist eine Erbmonarchie, Dänemark und Schweden sind Wahlmonarchien. Die seit dem Ende des 14. Jahrhunderts bestehende Union der drei Reiche hat wenig praktische Auswirkungen. Schweden hat wahrscheinlich achthunderttausend Einwohner; die Bevölkerungszahl der anderen Reiche ist unbekannt. Auf Christian I. von Oldenburg ist 1481 sein Sohn Hans I. gefolgt (gest. 1513).

Deutschland. Als König, später Kaiser, folgt dem Habsburger Friedrich III. (gest. 1493) sein Sohn Maximilian I. (gest. 1519). Weltliche und kirchliche Fürsten, Grafen und Städte herrschen in ihren Territorien jedoch weitgehend unabhängig. Zu den größeren Fürstentümern gehören: die Kurpfalz, Bayern-München und Bayern-Landshut, Württemberg, Sachsen, Mecklenburg, Brandenburg und Pommern. Deutschland hat etwa zwanzig Millionen Einwohner, und Köln ist mit vierzigtausend Menschen die größte Stadt; es folgen Nürnberg, Augsburg, Wien, Metz und Straßburg mit jeweils etwa zwanzigtausend.

Böhmen und Ungarn. Beides Wahlmonarchien. Prag, die Hauptstadt Böhmens, hat ungefähr zwanzigtausend Einwohner. Nach Georg Podiebrad wird 1471 Wladislaw Jagiello, der Sohn des polnischen Königs Kasimir IV., zum böhmischen König gewählt. Nach dem Tod von Matthias Corvinus (1490) wird er als Wladislaw II. auch zum König von Ungarn gewählt.

Die meisten Europäer waren Untertanen eines Königs oder Fürsten, etwa vier Fünftel römisch-katholischen Glaubens.

Alexander VI.

Kastilien

Moskau

Italien. Vier Städte, Mailand, Neapel, Venedig und Florenz, haben mehr als hunderttausend Einwohner; Rom und Genua die Hälfte. Es gibt viele Staaten; Venedig hat auch Besitzungen außerhalb der Halbinsel. Zu den größeren Staaten gehören das Herzogtum Mailand (um 1500 im Besitz Frankreichs), die Republik Florenz, der Kirchenstaat unter dem aus Spanien stammenden Papst Alexander VI. (1498–1503), die Königreiche von Neapel und Sizilien, die seit dem Beginn des 16. Jahrhunderts unter spanischer Herrschaft stehen. Diese Staaten sind mit etwa zwei Millionen Einwohnern (ohne die Inseln) die volkreichsten. Zahlreich sind die kleinen und kleinsten Herrschaften. Das Herzogtum Savoyen, dessen Besitz diesseits und jenseits des Alpenkamms (Piemont) liegt, hat eine Zwischenstellung zwischen Frankreich und Italien.

Schweiz. Die in ihren Anfängen seit 1291 in den Quellen erwähnte Eidgenossenschaft umfaßte ursprünglich acht Mitglieder (Zürich, Bern, Luzern, Uri, Schwyz, Unterwalden, Zug). Bis 1513 nahm sie fünf weitere Bundesgenossen auf, nämlich Basel, Freiburg, Solothurn, Schaffhausen und Appenzell. Dazu kamen nicht vollberechtigte, locker assoziierte Städte und Gemeinden. In ihrem Kernbereich Untertanen der Habsburger, erkämpften sich die etwa 750 000 Eidgenossen in einer Reihe von Kriegen ihre volle Unabhängigkeit.

Spanien. Die erblichen Königreiche Kastilien und Aragón hatten 6,5 bzw. 1 Million Einwohner. Durch die Heirat Ferdinands von Aragón mit Isabella von Kastilien werden die beiden Königreiche seit 1479 zusammen regiert, aber nicht vereinigt. Isabella stirbt 1504, Ferdinand 1516, und damit gehen die Kronen an den Neffen Karl von Habsburg (Karl V.) über; Spanien bleibt ungeteilt. Das letzte muslimische Reich Granada wurde erst 1492 erobert, der südlich der Pyrenäen gelegene Teil des kleinen Königreichs Navarra 1512 annektiert. Die vier größten Städte, Barcelona, Córdoba, Sevilla und Granada, haben etwa vierzigtausend Einwohner.

Portugal. Erbmonarchie mit einer Million Einwohner. Auf Johannes II. den Vollkommenen folgt 1495 sein Cousin Manuel I. der Große.

Polen und Litauen. Die Personalunion zwischen Litauen und Polen war 1386 durch Heirat zustandegekommen. Das Großfürstentum Litauen blieb erblich, Polen war eine Wahlmonarchie. Mit dem Tode Kasimirs IV. (1492) bricht die Personalunion auseinander, wird aber 1501 von Alexander I. wiederhergestellt, auf den sein Bruder Sigismund I. Jagiello folgt (1506–48). Polen mit seiner Hauptstadt Krakau hat etwa neun Millionen Einwohner.

Rußland. Die Einwohnerzahl wird auf etwa neun Millionen geschätzt. Das Großfürstentum Moskau umfaßt noch bei weitem nicht das Gebiet des heutigen europäischen Rußland. Auf Iwan III. den Großen folgten sein Sohn Wassilij III. (1505) sowie sein Neffe Iwan IV. der Schreckliche (1533).

Osmanisches Reich. Nach Mehmed II., dem Eroberer von Konstantinopel (1453), folgten als Sultane sein Sohn Bajezid II. (1481) und sein Neffe Selim I. (1512). Beim Tode Mehmeds II. waren die europäischen Territorien des Osmanischen Reiches etwa so groß wie die asiatischen und umfaßten auf dem Balkan ca. 5,5 Millionen Einwohner.

Mit einer Pferdestärke

»Vor einiger Zeit hatte ich Gelegenheit, von Italien nach England zu reisen«, schrieb Erasmus von Rotterdam, den Unruhe und Neugierde zeit seines Lebens durch ganz Europa trieben, im Jahre 1508 an seinen Freund Thomas Morus. Er habe, so fuhr er fort, im Geiste Themen und Sätze seines *Lobes der Narrheit* hin- und hergewälzt, um die »lange Zeit, die ich zu Pferd verbringen mußte, nicht mit dummem Geschwätz zu verschwenden.« Reisen bedeutete also vor allem, endlose Tage im Sattel zu verbringen.

Man reiste in erster Linie zu Pferd. Das Pferd entsprach unserem Privatwagen, freilich war es viel teurer. Man hat sich gefragt, wie Frauen geritten sind, ob im Damensitz oder rittlings wie die Männer. Maria erscheint auf der Flucht nach Ägypten im Damensitz auf dem Esel, aber die Kaiserinnen folgten ihren Ehemännern über die Alpen fest im Sattel sitzend mit wehenden Röcken, die von der Schabracke kaum zu unterscheiden waren. So jedenfalls sehen wir sie auf einigen Miniaturen aus dem 14. Jahrhundert.

Man ritt, aber nicht nur zu Pferd. Der Esel war zwar langsamer und weniger vornehm, dafür aber sicherer in unwegsamem Gelände, und vor allem billiger, weil er auch das magerste Grün in Energie verwandeln konnte. Das Pferd war zwar schneller, aber auch viel kostspieliger, denn die Reisekosten wurden durch die Haltung eines Pferdes verdoppelt. In jeder Hinsicht günstiger wäre das Maultier gewesen, aber auch

Das Pferd war das wichtigste Transportmittel, Reiten ebenso prestigeträchtig wie kostspielig. Unten: Reiter bei einer Rast, Miniatur aus dem Livre du Cuer d'Amours espris, *einem allegorischen Roman von René von Anjou mit Illustrationen des anonymen Meisters des Königs René (um 1460, von einigen dem König selbst zugeschrieben). Links: ein Reiter auf dem Weg zur Burg, Ausschnitt aus der* Muttergottes des Jakob Floreins *von Hans Memling.*

damals gab es Leute, die mehr auf die äußere Wirkung achteten als auf Effizienz.

Doch öfter noch als zu Pferd oder mit dem Esel reiste man zu Fuß, die Ärmeren aus Not, die Pilger aus Büßergeist. Auch fehlte es nicht an mehr oder weniger kunstvoll gebauten Wagen, die von Rindern, Maultieren oder Pferden gezogen wurden. Wo das Gelände einigermaßen passable Straßen zuließ, wurden auf Wagen vor allem Waren befördert, aber auch Reisende, alte Menschen und Frauen, die nicht im Sattel sitzen konnten oder wollten. Erst seit kurzem, ungefähr seit dem Jahre 1470, waren bewegliche Vorderachsen in Gebrauch. Diese Erfindung entstammte der Militärtechnologie, denn sie war für die Artillerie nützlich. Kutschen gab es noch nicht, und als in der zweiten Hälfte des 16. Jahrhunderts die ersten Modelle

Reise mit dem Wagen: Die Vorderräder hatten noch keine drehbare Achse, und es gab auch noch keine elastische Aufhängung. Es ging quietschend in die Kurven und holpernd durch die Schlaglöcher. Der abgebildete Wagen aus der Miniatur Jakob auf dem Weg nach Ägypten *aus der Bibel von Toggenburg war immerhin mit einer Plane überdacht, mit hochklappbaren Seiten, so daß die Reisenden hinausschauen konnten.*

auftauchten, hatten sie noch keine Glasfenster und keine bewegliche Radaufhängung. Bis zur Einführung der Postkutschen sollte es weitere hundert Jahre dauern. Aber auch zu Land gab es außer Schusters Rappen, Sattel und Wagen noch andere Arten des Reisens. Giosafat Barbaro, Patrizier, Kaufmann und venezianischer Botschafter, erläutert die Transportmöglichkeiten in Rußland (1487): Im Sommer vermied man größere Reisen wegen des Schlamms und der Insektenschwärme aus den riesigen, größtenteils unbewohnbaren Wäldern. Aber im Winter, wenn alles gefroren war, kam man – abgesehen von der Kälte – leicht vorwärts. Man benutzte »sani«, die mit jeder Art Waren zu beladen waren und die Funktion von Fuhrwerken erfüllten. »Sani« ist das russische Wort für Schlitten, und ein anderer venezianischer Botschafter, Ambrogio Contarini, der auf einem solchen Schlitten im Januar 1476 von Moskau aus die Heimreise nach Venedig antrat, beschreibt sie folgendermaßen: »Besagte Schlitten haben fast die Form eines Hauses und werden von einem Pferd gezogen, und sie dienen nur für die Zeit des Frostes, und jeder hat am besten seinen eigenen. In diesen sani sitzt man eingepackt in so viele Decken, wie man will, und lenkt das Pferd, und sie kommen sehr, sehr weit...«

Für die Pferde der europäischen Reisenden vor einem halben Jahrtausend wurde erstmals seit der Antike eine Infrastruktur geschaffen. Sigmund von Herberstein, Gesandter Maximilians I., reiste im Jahre 1516 mit einem ungarischen Wagen und guten Pferden in wenigen Stunden von Wien nach Buda, weil er in den nötigen Abständen die Pferde wechseln konnte. Es gab auf dieser Strecke fünf Poststationen; in einer wurden sogar die Hufeisen kontrolliert, das Zaumzeug ausgebessert und der Wagen repariert. Zusätzliche Pferde aber waren offensichtlich für jede Reise notwendig. Der böhmische Baron Lev von Rozmital, der mit einem Gefolge von etwa vierzig Personen Europa bereiste (1465–1467), brach mit zweiundfünfzig Pferden und einem Gepäckwagen auf. Auch Benvenuto Cellini spricht von Poststationen und Postmeistern. Bei seiner zweiten Reise nach Frankreich 1540 sah er an einer Poststation, daß dort einige Stuten darauf warteten, von einem Reisenden gegen Entgelt nach Siena zurückgebracht zu werden. Cellini nahm ein solches Pferd, aber als er es an der Poststation außerhalb der Porta Camollia von seinem Diener zurückgeben ließ, vergaß er darauf die Steigbügel und ein Sattelkissen. Als der Künstler später versuchte, seine Habe zurückzubekommen, entstand ein mehr als heftiger Streit mit dem Postmeister, den Cellini »den fürchterlichsten Menschen, den diese Stadt jemals gesehen hat« nannte. Der Streit artete so aus, daß der Postmeister von einem abgeprallten Armbrustschuß tödlich getroffen zusammenbrach. Auch als Reisender war Cellini aufbrausend, und er lebte in einer Welt voller Gewalt.

Dis ist als Jacob von chanaan dem lant mit aller siner hab fur jn egypten land zu sinem sun josephen etc.

Straßen

Im Frühjahrs- und Herbstregen schienen sich Wege und Straßen oft in Pfützen und Schlamm aufzulösen; als Orientierung mußte dann etwa ein Kirchturm am Horizont dienen. Im Winter machte der Schnee den Reisenden zu schaffen; Staub wirbelte jedoch im Hochsommer höchstens der Wind auf, denn die Reisegeschwindigkeit war gering. Die Straßen setzten sich nicht als Menschenwerk von der Natur ab, sondern gingen fast vollständig in ihr auf. In den Städten wurde hier und da schon Pflaster gelegt; sonst waren gewöhnlich höchstens einige Reste des römischen Straßennetzes zu sehen. Zur Instandhaltung beschränkte man sich darauf, die größeren Schlaglöcher mit einigen Wagenladungen Erde zuzuschütten oder Strohbündel im Schlamm auszubreiten.

Wie man heute annimmt, erreichten Infrastrukturen und Transportmittel zu Land ihre höchste Leistungsfähigkeit erst an der Schwelle zum Zeitalter der Dampfmaschinen und Eisenbahnen, durch die dann technische Neuerungen im Straßenverkehr bis zur Erfindung des Verbrennungsmotors und der Teerung zunächst zurückgedrängt oder zumindest vernachlässigt wurden. Auch hielten Straßen- und Fahrzeugbau wohl nie mit den technischen Möglichkeiten der Zeit Schritt. Beim Übergang vom Mittelalter zur Neuzeit jedoch konnte all das genutzt werden, was in den vorangehenden drei Jahrhunderten getan worden war, um neue Straßen anzulegen, vorhandene auszubessern und Brücken zu bauen. Der Straßenbaueifer hatte sogar eigene Heilige bekommen: einen jungen Schafhirten namens Bénézet, dem wir angeblich die berühmte Rhone-Brücke bei Avignon verdanken, und den Ordensbruder Dominigo de la Calzada, dem die Pflasterung und die Brücken auf dem *camino francès* nach Santiago de Compostela zugeschrieben wurden.

Die Städte waren Knotenpunkte eines feinmaschigen Straßennetzes, das überall dort um so dichter war, wo die Verstädterung bereits weit vorangeschritten war, wie im Norden Italiens, in Flandern, in bestimmten Teilen Frankreichs und Deutschlands. Durch den Warenverkehr hatten sich bevorzugte Handelsrouten herausgebildet, und diese sind gut bekannt. Offenbar gab es jedoch zu jeder Route eine Vielzahl von Varianten. Sogar im fernen und zweifelsohne rückständigen Nordosteuropa mußte Sigmund von Herberstein auf seinem Wege vom litauischen Wilna nach Moskau nicht die »öffentliche und meistbenutzte Straße« nehmen. Ja, es gab nicht nur eine, sondern zwei bekannte Routen; eine über Livland, die andere über Smolensk. Der Deutsche aber wählte eine dritte dazwischen. Welche der Wegstrecken man wählte, hing auch von den häufigen Kriegen ab. Als Benvenuto Cellini im Jahre 1537 zum ersten Mal an den Hof Franz I. nach Frankreich reisen wollte, waren die Straßen zu den Alpenpässen des Piemont wegen des Krieges unpassierbar. Von Padua nahm er die Straße nach

Gepfropfte Bäume entlang eines Grabens, Zäune aus geflochtenen Weiden, ein großes Haus, das von einer Mauer umgeben ist, im Hintergrund eine Häuserzeile, und ein einsamer Reiter auf der Straße, die in zwei Kurven durch das Bild läuft: Ausschnitt aus der Geburt Christi *des Meisters von Flémalle, vielleicht Robert Campin aus Tournai, weshalb die Landschaft den Hennegau in Belgien darstellen könnte.*

Vor zwei oder drei Jahrtausenden hatte man begonnen, Brücken zu bauen; dennoch mußten viele Wasserläufe an Furten durchquert werden. Bei den großen Flüssen war man auf Fähren angewiesen. Unten: eine kleine Steinbrücke aus dem Triptychon der Heiligen Drei Könige *von Hieronymus Bosch. Gegenüber: eine kleine Holzbrücke aus dem* Triptychon des Sir John Donne *von Hans Memling.*

Graubünden über den Albula und Bernina, wo er Anfang Mai »sehr großen Schnee« fand, bis er endlich zu »einem See zwischen Valdistate und Vessa« kam, d.h. zum Walensee zwischen Weesen und Walenstadt im Kanton Sankt Gallen.

Zu jeder Jahreszeit bildeten die Berge die schwierigste Etappe einer Reise. »Durch das Eis war der Abhang so glatt geworden, daß der Abstieg unmöglich schien...« Man mußte auf allen vieren kriechen, sich auf die Schultern des Vordermannes stützen, und wenn man ausrutschte, rollte man ein großes Stück zu Tal. So schlimm war es freilich nicht immer bzw. nicht mehr, denn dieser Bericht bezieht sich auf Kaiser Heinrichs IV. Übergang über den Mont Cenis auf dem Wege nach Canossa im Januar 1077. Vier Jahrhunderte später hatte sich die Lage gebessert, denn für die ortsansässigen Feudalherren hatten sich Investitionen zur Verbesserung der Alpenübergänge – hauptsächlich durch Einsatz ihrer Lehensabhängigen – als vorteilhaft erwiesen. Um die Einnahmen aus Zöllen und Wegegeld erhöhen zu können, wurden Steigungen geebnet und Straßen abge-

stützt und erweitert. Die Talbewohner hatten entdeckt, wie gewinnbringend es war, sich den Reisenden als Führer, Träger und Kutscher anzubieten und Saumtiere zu vermieten und zu führen. Doch obwohl die Bergketten, die Europa teilen, unzählige Male überschritten worden waren, blieb jede neue Überquerung ein Abenteuer, von Angst begleitet, teils wegen der realen Gefahren und Mühen, teils aber aus instinktiver Abwehr und Aberglauben. Schon im *Rolandslied* war die Rede von »hohen Bergen, dunklen Tälern, finsteren Felswänden und schwindelerregenden Abgründen«.

Der zweite kritische Moment jeder Reise zu Land war die Überquerung von Wasserläufen. In den vorausgegangenen zwei oder drei Jahrhunderten waren viele neue Brücken gebaut worden, andere stammten noch aus der Römerzeit oder waren wiederhergestellt worden. Auch heute noch können wir an Steinbrücken die eindrucksvollen Leistungen der Ingenieurskunst der Zeit bewundern. Man nannte sie »Teufelsbrücken«, ein Name, in dem sich ungläubiges Staunen über das unerwartete technische Gelingen ausdrückt. Die wenigen heute noch verbliebenen Holzbrücken haben nichts von ihrem malerischen Reiz eingebüßt, wie z. B. die Kapellbrücke in Luzern von 1323, die freilich aus militärischen Gründen zur Verteidigung der Stadt auf der Seeseite errichtet worden war. In sehr vielen Fällen aber waren Flüsse und Wasserläufe nur durch Furten oder mit Fähren zu durchqueren. Über den Rhein führte zwischen Basel und Rotterdam keine feste Brücke. Die Fährleute erhöhten das an sich schon bestehende Risiko der Überquerung eines großen oder reißenden Flusses manchmal dadurch, daß sie ihre fast monopolartige Stellung zu

---

Die Alpenpässe

Brenner *(1370 m). In vorgeschichtlicher Zeit gelangte auf diesem Weg Bernstein vom Baltikum in den Süden. Als Handelsweg seit dem 13. Jh. bedeutend, im 15. Jh. vor allem für den Handel zwischen Venedig (und dem Orient) und Deutschland und Flandern.*

Großer Sankt Bernhard *(2469 m) zwischen Aosta, Martigny (Wallis) und Genf. Das Hospiz wurde im 11. Jh. von Bernhard von Menthon gegründet.*

Mont Cenis *(2098 m) zwischen Susa und Savoyen. Das Hospiz geht auf Ludwig den Frommen (815) zurück. Auf der italienischen Seite übernachtete man in der berühmten Abtei von Novalesa.*

Mont Genèvre *(1854 m) zwischen dem Tal der Dora Riparia und der Durance. Über diesen Paß zog der französische König Karl VIII. 1494 nach Italien.*

Sankt Gotthard *(2109 m) zwischen Bellinzona und Luzern. Das Hospiz wurde 1171 von dem Mailänder Erzbischof Galdino gegründet. Im 13. Jh. wichtigste Handelsverbindung über die Alpen.*

Simplon *(2005 m) zwischen Domodossola und Brig. Das Hospiz stammt aus dem Jahre 1235.*

Die flämische Miniatur illustriert die Bemühungen der Obrigkeit, Straßen und Wege zu eröffnen. Auf der fertiggestellten Brücke arbeiten zwei Männer mit dem Meißel an der Pflasterung; Holzfäller roden den Wald, um eine Verbindungsstraße zwischen den beiden Städten zu schaffen.

schamloser Erpressung ausnutzten. Eine abenteuerliche Situation anderer Art wird von dem Venezianer Ambrogio Contarini bei der Überquerung des Dnjepr beschrieben: »Die Tataren schnitten Holz, banden es zusammen und legten Laubwerk und dann unsere Habe darauf. Sie gingen ins Wasser, indem sie sich am Hals ihrer Pferde festhielten, an deren Schwänzen wir jene Holzbündel mit Seilen festgebunden hatten, auf die wir selbst geklettert waren. Wir trieben die Pferde durch den Fluß und kamen mit Gottes Hilfe heil am anderen Ufer an.«

Anhand der Quellen können wir uns die dramatischen Augenblicke des Reisens zu Lande vorstellen, und ebenso die idyllischen Momente: ein Ritt im Morgengrauen, das Auf und Ab der sanften Hügel in Burgund, das saftige Grün mit dem Horizont dunkler Wälder in Deutschland, das sommerliche Gelb, das Wogen vorbeiziehender Schafherden in Kastilien... Schwieriger dagegen ist es, den Umfang des Verkehrs abzuschätzen.

Schon zweieinhalb Jahrhunderte vor dem Ende des Mittelalters jedenfalls gab es Vorfahrtsregeln, d. h. sie hatten

Treffen auf der Straße. Holzschnitt aus dem Buch der Weisheit der Alten Weisen, *Ulm 1438, Übersetzung einer Art »Fürstenspiegel«, Werk eines weisen Brahmanen aus Kaschmir und Minister einer indischen Herrscherfamilie (3. Jh. v. Chr.).*

sich bereits damals als notwendig erwiesen. Im *Sachsenspiegel,* dem berühmten Rechtsbuch, heißt es, der leere Wagen muß dem beladenen ausweichen, der Reiter dem Wagen, der Fußgänger dem Reiter, aber der Wagen, ob leer oder beladen, muß anhalten, um Platz zu machen, wenn jemand, zu Pferd oder zu Fuß, verfolgt wird.

Dieses Detail verdeutlicht, wie schlecht es um die öffentliche Sicherheit für Menschen und Güter bestellt war. In Deutschland stand gegen Gebühr ein »Geleitschutz« zur Verfügung. Dürer listet diese Ausgabe bei seiner Reise in die Niederlande auf. Andere setzten auf ihre Waffen und ihren Mut. Eine Reise bewaffnet oder unbewaffnet anzutreten, war keine einfache Entscheidung. Unbewaffnet war man Straßenräubern hilflos ausgeliefert, der Bewaffnete dagegen erregte das Mißtrauen der öffentlichen Gewalt. Wenn man seinen Charakter kennt, so überrascht es kaum, daß Cellini auf die Waffen vertraute: »Es war eine angenehme Reise, außer daß uns eine Räuberbande ans Leben wollte, als wir nach Palissa kamen. Und nur mit großer Mühe konnten wir uns retten...«

Andere Unfälle ergaben sich aus dem mangelnden Respekt für »Sitten und Gebräuche« des Gastlandes. Das Gefolge des Böhmen Lev von Rozmital geriet deswegen in einer spanischen Stadt in eine heikle Lage. Etwa vierhundert Personen griffen die Herberge an, in der die Fremden wohnten. Diese wehrten sich mit Armbrustschüssen, konnten aber nur durch das Eingreifen einiger Edelleute gerettet werden, die der König selbst geschickt hatte. Das Ganze hatte damit begonnen, daß einer der böhmischen Ritter den Busen eines Mädchens berührt und den Spanier, der dagegen protestierte, aus dem Wirtshaus geworfen hatte.

Manchmal war es die bloße Einbildungskraft, die Schreckensbilder entstehen ließ. Ein Augsburger Bürger, sicher ein durchaus nüchterner Mann, der mit beiden Beinen fest auf der Erde stand, reiste in Ungarn durch unbekannte Wälder. Er folgte zwei Reitern, die plötzlich verschwunden waren. Am Abend erhob sich aus den Nebelschleiern in der Ferne ein finsteres Schloß. Auf dem Weg drängten sich drohend schnaubende Wildschweine... All das waren Halluzinationen, die sich durch ein Kreuzeszeichen und ein Gebet in nichts auflösten. Aber sie waren so eindrücklich, daß der Mann sie in seiner Autobiographie festgehalten hat.

Flüsse

Als Benvenuto Cellini auf dem Walensee, der »fünfzehn Meilen lang ist«, mit Dienern und Pferden die Reise zu Schiff fortsetzen mußte, hatte er große Angst, »weil diese Boote aus Tannenholz sind, nicht sehr groß und nicht sehr breit, und weil die Planken nicht gut gefügt und nicht einmal verpicht sind«. Trotz eines schweren Unwetters und einer Notlandung kam es nicht zum Schiffbruch.

Wie üblich es um die Wende des 15. zum 16. Jahrhundert war, vom Landweg auf Binnengewässer überzuwechseln, läßt sich nur noch schwer vorstellen. Die Wasserstraßen bildeten die natürliche Verlängerung des Landweges und umgekehrt. Dürer schiffte sich bei seiner Reise von Nürnberg nach Antwerpen im Jahre 1520 in Frankfurt auf dem Main ein und verließ nach sechs Tagen das Schiff in Köln am Rhein. Man wechselte erstaunlich oft von Pferd oder Wagen zu Schiff, Fähre oder Floß und umgekehrt.

Ganz allgemein läßt sich aus den Quellen der Schluß ziehen, daß der Transport von Menschen und Waren zu Land kostspieliger und schwieriger war als zur See, und dies galt auch für die Wasserstraßen im Landesinneren. Allerdings wurde der Schiffsverkehr hier in vielen Fällen von den Territorialgewalten – Feudalherren und Städten – mit so hohen Abgaben belegt, daß der Verkehr auf den Flüssen beinahe oder ganz zum Erliegen kam. Sogar am Rhein, einer der wichtigsten Verkehrsadern Europas, und am Po, der seit dem frühen Mittelalter den Handel in Oberitalien belebt hatte, scheinen viele Kaufleute die Straße dem Fluß vorgezogen zu haben, um den unzähligen Mauten zu

---

Der Schiffsverkehr auf den Flüssen

Einige europäische Flüsse und ihre Bedeutung als Schiffahrtswege am Ende des 15. Jahrhunderts:
Arno: *245 km: Zwischen Pisa und Florenz war Schiffsverkehr möglich.*
Donau: *2900 km: schiffbar zwischen Deutschland und dem Schwarzen Meer, reger Handelsverkehr (u. a. Salz) vor allem an der oberen Donau.*
Elbe: *1112 km: zwischen Böhmen und Hamburg bis in die Nordsee befahren.*
Loire: *1000 km: Wasserweg von Zentralfrankreich bis zum Atlantik.*
Po: *672 km: zwischen Pavia und der Adria befahren.*
Guadalquivir: *680 km: Durch die Flußmündung wurde Sevilla zum Atlantikhafen.*
Rhein: *1250 km: die wichtigste Wasserstraße Europas mit Schiffsverkehr von Basel bis zur Nordsee.*
Rhone: *775 km: von Lyon abwärts schiffbar; Verbindung zur Saône.*
Seine: *776 km: Verbindung der Region von Paris zum Ärmelkanal.*
Tajo: *1008 km: Zumindest das untere Drittel des Flußlaufes war befahren.*
Themse: *323 km: vom Meer aus bis London und etwas darüber hinaus befahren.*
Weichsel: *1100 km: für das polnische Getreide der Weg zur Ostsee, wegen Eis jedoch nur wenige Monate befahrbar.*

Talwärts reiste man lieber zu Schiff als auf der Straße, solange nicht allzu häufige Abgaben die Fahrt verteuerten. Auf dem Fluß war die Reise vielleicht weniger anstrengend, vor allem aber schneller. Rechts ein Holzschnitt aus der Weltchronik *von Hartmann Schedel, mit Holzschnitten von Michael Wolgemut und Wilhelm Pleydenwurff: Hafen am Fluß unmittelbar vor den Toren der Stadt.*

entgehen, die mit einer über den Fluß gespannten Kette eingefordert wurden. Dürer, der vor allem zur Zeit seiner Flandern-Reise keineswegs über Armut klagen konnte, aber sein Geld auch zusammenhielt, bat den Bischof von Bamberg um Befreiung von diesen Abgaben. Das kostete ihn einen Gulden für die Verwaltungsgebühren und einige seiner Werke, mit denen er sich als gesuchter Künstler beim Fürstbischof bedankte. Freibrief und Empfehlungsschreiben des Bischofs ersparten ihm sechsundzwanzig Abgaben zu Land zwischen Bamberg und Frankfurt, und zehn Abgaben für den Schiffsweg zwischen Frankfurt und Köln. In einigen Fällen mußte er dennoch zahlen, einmal aber spendierte ihm der Zöllner aus Freude darüber, eine berühmte Persönlichkeit vor sich zu haben, ein Bier. Nicht alle Reisenden hatten das Glück, so bekannt zu sein wie Albrecht Dürer, und gerade seine Erzählung, wieviel er nicht zahlen mußte, gibt ein Bild davon, wie oft normale Sterbliche zum Geldbeutel greifen mußten.

Die große Zeit des Baus schiffbarer Kanäle in England, Frankreich und Deutschland hatte noch nicht begonnen. Auf den Kanälen wurde der Verkehr zwar durch die Schleusen verlangsamt, aber das später mit großem Aufwand angelegte, riesige Kanalnetz verband den Golf von Biskaya mit dem Golf von Lyon, das Mittelmeer mit der Nordsee, die Nordsee mit den mitteleuropäischen Tiefebenen und über die Donau mit dem Schwarzen Meer. Bereits seit dem 14. Jahrhundert existierte allerdings ein Kanal zwischen Nord- und Ostsee, der einigen Schiffsarten die Umsegelung der Halbinsel Jütland ersparte. Abgesehen davon aber war die Zahl der befahrenen Flußläufe bereits eindrucksvoll: Loire, Rhone, Donau und vor allem der Rhein, der mit seinen Zuflüssen die Schweiz, Nordfrankreich und die flämischen und holländischen Niederlande zu einem einzigen Verkehrssystem verband. Auf dem Rhein verkehrten Schiffe, Boote und Lastkähne aller Art, und man flößte das Holz. Große, aus Baumstämmen zusammengefügte Flöße schwammen stromabwärts, auf denen auch Waren und Passagiere mitreisten. An der Flußmündung wurden die Flöße auseinandergenommen und die Stämme zu den Sägemühlen gebracht. Die Flößer kehrten zu Land geruhsam zu ihrem Ausgangspunkt zurück, um eine neue Ladung in Empfang zu nehmen. Hinzuzuzählen wäre den genannten Flüssen noch der Guadalquivir, der bis Sevilla und Córdoba schiffbar war, der Ebro, der vom Meer bis Tortosa befahren wurde, die Etsch, der Po mit seinen Zuflüssen Adda, Oglio und Mincio und die damit verbundenen Seen von Garda und Como, der Tessin und der Lago Maggiore, der gerade in jenen Jahren durch das Kanalsystem des Naviglio Grande und Naviglio Pavese mit Mailand verbunden wurde. Jenseits der Oder in Polen und Litauen, das sich zur damaligen Zeit bis ins Herz Rußlands erstreckte, trieben auf den

Flüssen Osteuropas große Flöße mit einem Holzaufbau für die Flößer dem Meer zu.

Flußabwärts ging die Reise ziemlich schnell. Von Lyon nach Avignon brauchte man zwischen zwei und fünf Tagen, aber es ging auch in vierundzwanzig Stunden. Für Rhein und Po rechnet man mit einer Durchschnittsgeschwindigkeit von hundert bis hundertfünfzig Kilometern pro Tag. Flußaufwärts – nicht alle Wasserfahrzeuge wurden wie die Flöße demontiert – konnte man bisweilen Segel setzen und Ruder oder Stangen benutzen, die bis zum Grund reichten. Am häufigsten aber wurden die Schiffe von Rindern oder Pferden auf dem Uferdamm getreidelt. Anscheinend konnten auf diese Weise zwischen fünfzehn und zwanzig Kilometer am Tag zurückgelegt werden. Der gleiche Lastkahn, der den Weg zwischen Lyon und Avignon in vierundzwanzig Stunden bewältigt hatte, konnte für den umgekehrten Weg einen ganzen Monat brauchen.

Diese Daten oder besser Datenbruchstücke geben nur eine ungefähre Vorstellung von den Größenordnungen. Um zu ermessen, was eine solche Durchschnittsgeschwindigkeit in Wirklichkeit bedeutete, muß man die äußerst wechselhaften Bedingungen berücksichtigen, wie etwa Hoch- und Niedrigwasser, den winterlichen Frost, der die Flußschiffahrt oft gänzlich unterbrach, Gefahren durch Treibgut oder Sandbänke, schließlich auch die Reisegeschwindigkeit zu Land.

Kehren wir also zum Pferdetrott zurück. Es gibt Berechnungen einer Geschwindigkeit von dreißig bis fünfzig Kilometern pro Tag für einen »Durchschnittsreiter«, soweit ein solcher Begriff überhaupt sinnvoll ist. Einige konkrete Beispiele geben vielleicht ein besseres Bild. Für die Strecke zwischen Chur und Bellinzona über den damals vielbenutzten San Bernardino, d. h. achtzig Kilometer Luftlinie, brauchte man zwischen vier und sechs Tagen. Aber mit dem kostspieligen System von Schnellkurieren mit Pferdewechsel konnte man eine Botschaft in vier Tagen von Nürnberg nach Venedig gelangen lassen. Andere Mindestreisezeiten waren z. B. zwölf Tage zwischen Paris und Rom, und sieben zwischen Venedig und Turin. Das sind die Rekorde einer Zeit, die noch nicht dem Geschwindigkeitsrausch verfallen war. Gewöhnlich ließ man Botschaften sich ansammeln, um die hohen Kosten für die Schnellkuriere zu senken.

Die Reise des Domherrn Bernhard von Breydenbach aus Mainz, der sich im Jahr 1483 nach Venedig begab, um sich ins Heilige Land einzuschiffen, gibt dagegen ein Bild von der Alltagswirklichkeit des Reisens. Für den Weg über Speyer, Ulm, Innsbruck, Sterzing, Bruneck, Cortina d'Ampezzo, Conegliano und Treviso benötigte er fünfzehn Tage, legte also die siebenhundertfünfzig Kilometer mit einer Durchschnittsgeschwindigkeit von fünfundfünfzig Kilometern am Tag zurück: für die damalige Zeit eine schnelle Reise.

Schiffe

Im Mai 1458 segelte eine venezianische Galeere in der Adria vor der Küste von Šibenik mit allen drei Lateinsegeln vor dem Wind. An Bord war Gabriele Capodilista, ein Edelmann aus Padua, und eine große Gruppe von Pilgern auf dem Weg ins Heilige Land. Bisher war der Wind noch nie so günstig gewesen, und Pilger und Seeleute waren vergnügt: »Aus Freude machten sich die Seeleute einen Spaß, und einige besonders Geschickte stellten sich zusammen, einer von ihnen an den Anfang eines Taus, das den Mastbaum hält. Die anderen kletterten auf dieses Tau, einer immer mit den Füßen auf den Schultern des anderen, so daß sie den Ausguck erreichten, und jeder stand aufrecht mit den Füßen auf den Schultern des Genossen.« Diese Darbietung für die Passagiere wurde wahrscheinlich mit einem Trinkgeld belohnt.

Die häufig geäußerte Ansicht, daß man zur See schneller und bequemer reiste als zu Land, gilt nur mit Einschränkungen. Der Eindruck einer Luxuskreuzfahrt, wie ihn der Bericht des Edelmannes Capodilista erweckt, darf uns nicht täuschen. Selbst die positivsten Berichte über das Leben an Bord sind voller schreckenerregender Details. Auch die Geschwindigkeit war eine Frage des Glücks. Die Schiffe der Zeit schafften mit einer leichten Brise zwischen drei und fünf Knoten, über neun Knoten mit günstigem und steifem Wind. Der Knoten entspricht einer Seemeile in der Stunde, d. h. die drei Geschwindigkeiten entsprechen 5,5; 9,2 und ungefähr 17 km/h. Das Schiff war gewöhnlich Tag und Nacht unterwegs. Kolumbus legte einmal 182 Seemeilen (ca. 340 km) an einem Tag zurück, aber...

Waren Seereisen schneller und bequemer als Landreisen? Dies war die allgemeine Meinung, trotz der bekannten Gefahren und Unwägbarkeiten. Unten eine Miniatur, die das Beladen eines Schiffes in Pisa darstellt. Links ein Hafen: Ausschnitt aus der Predella der Madonna in der Laube *von Giovanni Boccati (1447).*

Als sich der Habsburgerprinz Karl, der spätere Karl V., nach Spanien aufmachte, um sich zum König von Kastilien und Aragón krönen zu lassen, erwartete ihn am 4. Juli 1517 seine Flotte im niederländischen Middelburg. Obwohl der Sommer die beste Jahreszeit für die Schiffahrt war, mußte die Abfahrt wegen widriger Winde bis zur zweiten Septemberwoche verschoben werden. Die Schiffe gerieten dann in ein Unwetter, so daß sie nicht, wie geplant, in Santander, sondern an einer unwirtlichen Küste Asturiens landen mußten. Karl und seine Begleitung von einigen hundert Hofdamen und Edelleuten durchquerten Spanien auf Maultieren, Pferden, Rinderkarren und was man eben aufgetrieben hatte. Er konnte seine Mutter in Tordesillas erst im November begrüßen.

Das Mittelmeer ist bekanntlich weniger heimtückisch als der Atlantik, aber auch Francesco Janis aus Tolmezzo, der Anfang April 1519 mit einem Schiff aus der Biskaya von Neapel nach Spanien fahren wollte, saß wegen ungünstiger Winde neun Tage in Pozzuoli fest. Dafür konnte er, sobald der Wind günstig war, Procida besuchen. Voll innerer Bewe-

41

gung notierte er: »Auf der genannten Insel steht ein Kastell, es gibt wenig Bewohner, aber viele und schöne Frauen, die sich über die Ankunft unseres Schiffes sehr wunderten.«

Die verschiedenen Schiffe, die um diese Zeit die Meere befuhren, lassen sich bekanntlich in zwei Kategorien unterteilen: in rundbauchige und lange Schiffe. Beide Gruppen entstammten jeweils verschiedenen nautischen Traditionen; das lange Schiff kommt aus dem Mittelmeer, die rundbauchigen aus dem Atlantik und den nordeuropäischen Meeren. Das rundbauchige Schiff war hoch, geräumig, breit, fuhr nur mit Segeln und erforderte keine große Mannschaft. Damals wußte man es noch nicht, aber diesem Schiffstyp gehörte die Zukunft. Das lange Schiff dagegen war schlank, niedrig, fast vollständig ausgefüllt von den Ruderbänken und erforderte eine große Besatzung, war aber dafür schnell. Dennoch wurden wenn möglich Segel gesetzt. Die beiden nautischen Traditionen waren seit

Unten: Schiffe auf dem Meer, Ausschnitt aus der Galleria delle Carte Geografiche *von Antonio Danti (1580–83) im Vatikan. Links: ein rundbauchiges Schiff vor einer Stadt (aus der* Weltchronik*). Auf den folgenden Seiten: die* Contarina, *eine Galeere, die von Venedig aus Pilger ins Heilige Land brachte und Agostino Contarini gehörte (aus der Handschrift der* Pilgerreise von Constanz nach Jerusalem *von Konrad Grünemberg, 1486).*

langem in Berührung gekommen; rundbauchige Schiffe segelten im Mittelmeer, und Galeeren aus dem Mittelmeer verließen regelmäßig die Meerenge von Gibraltar.

In Europa, d. h. im Mittelmeer, in der Ostsee, längs der Atlantikküsten und natürlich zwischen dem Kontinent und England herrschte ein reger Schiffsverkehr, aber es gab noch nichts, was den Namen eines »regelmäßigen Passagierdienstes« verdient hätte, außer vielleicht die Galeere, die jedes Jahr von Venedig aus Pilger ins Heilige Land brachte.

Auf den Galeeren, und besonders auf den Pilgergaleeren zu reisen, war ohne Zweifel unbequemer als auf den rundbauchigen Schiffen und auch den »Handelsgaleeren«, den regelmäßigen venezianischen Schiffslinien, die hauptsächlich dem Warenverkehr dienten. Es herrschte Enge und Überfüllung. Die Reisenden waren meist nicht ans Meer gewöhnt, denn an der Mole vor dem Dogenpalast setzte der größte Teil der Pilger wohl zum ersten Mal im Leben den Fuß auf die schwankenden Planken.

Der Mailänder Santo Brasca, der diese Reise im Jahre 1480 unternahm, sagt über den Pilger: »Er muß zwei Taschen mitbringen; die eine voll mit Geduld und die andere mit zweihundert venezianischen Dukaten«, und außerdem »genügend Hemden, um sich die Läuse und all den anderen Dreck möglichst fernzuhalten.« Ein anderer Pilger rät dazu, sich gleich bei Fahrtantritt mit dem Kapitän anzufreunden, um einen Platz »auf der Brücke« zu bekommen, denn unter Deck vergehe einem der Atem vor Hitze und Gestank. Der Dominikaner Felix Faber aus Ulm, einer der wenigen, der diese Reise zweimal gemacht hat (1480 und 1483), beklagt sich über die zu vielen Menschen, die keine Kleider zum Wechseln hätten, weshalb sich schlechte Gerüche und Ungeziefer in Kleidung, Bart und Haaren festsetzten. Das schlimmste aber waren die sanitären Einrichtungen. Auf den Galeeren waren sie seitlich am Bug angebracht. Bei schlechtem Wetter wurden sie von den Wellen überspült, und man riskierte, vollkommen naß zu werden. Deshalb zogen sich manche ganz aus und gingen nackt hin. Im besten Fall mußte man anstehen, und der Mönch fühlte sich an die Beichte zur Fastenzeit erinnert, wenn

yetlicher etwas besunders sehen Als das die frowen vnd Junkfrown des gewar
lachten vnd wie wol es yetzund mittag was, was doch kainer zum essen der
herberg gedenken yetlicher sast besunders gesehen haben, doch ward da zu
worten bracht, den hoff ze Lantzester des kings Artus mussen wichen
vam schönne vnd tost der frowen vnd Junkfrown

man sich stehend über die endlosen Beichten der anderen ärgerte und mißmutig wartete, bis man selbst an der Reihe war.

Der Vorteil der rundbauchigen Schiffe bestand vor allem in ihrer Geräumigkeit. Da nur gelegentlich Passagiere mitfuhren, wurden diese wie die Schiffsoffiziere behandelt. Aus den Briefen des Spaniers Eugenio de Salazar aus dem Jahre 1573 weiß man, daß der Maat die Essenszeit mit einem Singsang ankündigte, der so anfing: »*Tabla tabla, señor capitan y maestra y buena compaña.*« (Zu Tisch, zu Tisch, Herr Kapitän, Offiziere und gute Gesellschaft.) Er fuhr mit einer Hymne auf den König von Kastilien fort und schloß »*Tabla en buena hora, quien no viniere que no coma.*« (Der Tisch ist gedeckt, wer nicht kommt, ißt nicht.) Ein junger Mann stellte den Holzteller mit dem Pökelfleisch auf den Tisch, jeder nahm sich seine Ration und entbeinte das Fleisch mit dem eigenen Messer.

Die Schiffe verkehrten schon fast das ganze Jahr hindurch. In der Nordsee wurde der Schiffsverkehr weitgehend erst am Sankt Martinstag (11. November) eingestellt und Ende Januar wieder aufgenommen. Im Mittelmeer, wo zur Römerzeit der Verkehr von Oktober bis April geruht hatte, und noch bis zum Ende des 13. Jahrhunderts zwischen Sankt Andreas, d. h. dem 30. November, und 1. März, gab es nur noch eine Unterbrechung zwischen Ende November und dem 20. Januar. Die Ausdehnung der Verkehrszeiten bedeutete aber selbst im Mittelmeer ein erhöhtes Risiko. Zwischen dem 19. und 22. April trieb ein Nordweststurm eine Abteilung spanischer Galeeren im Golf von Lyon so auseinander, daß einige an der sardischen Küste notlandeten, eine auf Pantelleria, und eine auf Sizilien in Agrigent, andere erlitten sogar Schiffbruch. Daher kann man verstehen, was Andrea Doria mit einem seiner Lieblingsaussprüche meinte: »Im Mittelmeer gibt es drei vernünftige Häfen, Cartagena, Juni und Juli.«

Das Schicksal der Schiffsreisenden lag in der Hand Gottes, auch wenn sie es den Seeleuten anvertrauten. Denn diese waren nach den Worten Cervantes in seinen *Exemplarischen Novellen:* »Ungehobelte Heiden, die keine andere Sprache kennen als die, die sie auf dem Schiff gebrauchen. Sie sind bei Windstille fleißig, aber bei Unwettern werden sie faul, und dann kommandieren viele, und wenige gehorchen.« Die stürmische See hat immer Opfer gefordert, und damals waren sie besonders zahlreich. Aber bei gutem Wetter zu segeln konnte wunderbar sein. In klaren Sommernächten trieb das Schiff unter einem sanften Wind dahin, das helle Mondlicht zeichnete die Schatten der Segel auf die ruhige Wasseroberfläche, bis sich der Morgen strahlend erhob. Delphinschwärme begleiteten das Schiff, und bei Sonnenuntergang trug die ablandige Brise den Duft der Macchia zum Schiff, das dem sicheren Hafen zusteuerte.

Auf dem Holzschnitt links: Einschiffung aus einer Illustration zum Filocolo *von Giovanni Boccaccio, Neapel 1478. Im englischen Sandwich wundert sich Schaseck, einer der Begleiter des böhmischen Barons Lev von Rozmital, als Binnenländer über die geheimnisvolle Kunst der Seefahrt: Die Seeleute sagen Windrichtung und Windstärke voraus und wissen im voraus, welche Segel gesetzt werden müssen.*

Reisegeschwindigkeit: Mögliches und Unwahrscheinliches.

Zu Fuß

Wenn man stetig zu Fuß geht, legt man etwas mehr als 4 Kilometer in der Stunde zurück, das entspricht einer Lieue *oder Großen Meile, einem früher in England, Frankreich und den Mittelmeerländern üblichen Längenmaß von 4,5 km. In zehn Stunden kann man auf diese Weise 40–45 km/Tag zurücklegen. Von Genf nach Konstanz z. B. würde man acht oder neun Tage brauchen – bei gutem Wetter, ohne Ruhetag und unter der Voraussetzung, daß man in der Ebene den Zeitverlust der Aufstiege wettmachen konnte und das Übersetzen über die Flüsse nicht zu lange dauerte. Eine Durchschnittsgeschwindigkeit von **25 km/Tag** für lange Reisen anzunehmen, kommt wohl der Wirklichkeit am nächsten.*

Zu Pferd

*Im Galopp kann ein Reiter Geschwindigkeiten bis zu 25 Stundenkilometern erreichen. Man weiß jedoch von Briefen, die von berittenen Kurieren von Rom nach Venedig in eineinhalb Tagen befördert wurden (Tagesstrecke 350 km), von Paris aus in sieben, von Barcelona in acht. (Für die gleichen Strecken brauchten andere 9, 34 und 77 Tage.) Der normale Reisende kam sicher nicht so schnell voran, mußte sich auch oft dem Schritt der Lasttiere anpassen. Im Durchschnitt legte man wohl **30–50 km**, vielleicht auf Strecken mit regelmäßigem Pferdwechsel auch 80 km zurück.*

Zu Schiff

*Flußabwärts konnte man **100** oder auch **150 km/Tag** zurücklegen, d. h. die Reise zwischen Basel und Köln z. B. dauerte etwa vier Tage. Flußaufwärts das Schiff zu benutzen war nur in Ausnahmefällen sinnvoll, z. B. auf der Loire, wo man die atlantischen Westwinde nutzen konnte. Zur See schaffte eine **Galeere unter Segeln durchschnittlich sechs Knoten, ein rundbauchiges Schiff vier oder fünf Knoten**, und so ließen sich an einem Tag 260, 170 bzw. 215 km zurücklegen. Windstille und Stürme machten jedoch Seereisen noch unberechenbarer als Reisen zu Land.*

Herbergen

Der päpstliche Zeremonienmeister Johannes Burcardus war im Jahre 1496 in der Lombardei im Auftrag der Kurie zu Kaiser Maximilian I. unterwegs. Nachts um zwei Uhr kam er in Carimate an, zu einer Zeit also, die für eine Audienz schlecht geeignet war, aber er fand auch kein Quartier. Auf der Suche nach einem Bett mußte er bis Lentate zurückkehren, das von Carimate etwa eineinhalb Meilen entfernt ist. Auch damals war es besser, nicht zu spät dort anzukommen, wo man übernachten wollte. Guzman de Alfarache, die Hauptfigur des gleichnamigen Romans des Spaniers Mateo Alemán, brachte genau dies zum Ausdruck: »Der Fremde, der kommt, solange die Sonne am Himmel steht, wird immer besser aufgenommen, findet immer zu essen und ein Bett für die Nacht.«

Die Gasthöfe hießen *Krone, Zum Löwen, Zum Adler, Drei Säulen, Mond* oder *Zum Rad*. Johannes Burcardus stieg in Rimini im *Engel* ab, und in der Emilia und in Monza traf er zweimal auf den Namen *Glocke;* eine andere berühmte Herberge dieses Namens war in Rom. Ein Gasthaus *Lamm* lag am Platz des Pantheons in Rom; Ariost erwähnt es in seinen *Satiren*. Im *Brunnen* war 1473 ein Engländer an der Porta Ticinese in Mailand abgestiegen, und denselben Namen konnte Arthur Young noch 1789 finden. Der *Rote Hut* in Bordeaux war nach Auskunft eines Mailänder Kaufmanns ein ausgezeichnetes und berühmtes Wirtshaus, wo zwei Ställe für je hundert Pferde bereitstanden. In den Reiseberichten aus Spanien ist häufig von *ventas* die Rede: die venta del Alcande, venta del Trabuque, venta del Rio... Der genannte Mailänder Reisende erklärte dazu (1517 – 1519), daß eine venta zu vergleichen sei mit einem Gehöft aus der Gegend von Bergamo, mit einem Kamin in der Mitte und sonst nichts. Es gab weder Betten noch Stroh zum Schlafen, man schlief in Kleidern auf den Bänken. Da fragt man sich, wie wohl das »kleine Wirtshaus in den Bergen« ausgesehen haben mag, das derselbe Kaufmann in Navarra auf dem Weg nach Roncesvalles erwähnt.

Namen wie *Drei Könige, Drei Kronen, Zum Stern, Der Mohr,* die sich häufig in der Rheingegend finden, sollen, so wird behauptet, darauf bezugnehmen, daß Rainald von Dassel, der Bischof von Köln und Kanzler Barbarossas, die Reliquien der Heiligen Drei Könige aus der Kirche Sant'Eustorgio in Mailand hatte fortschaffen und nach Köln bringen lassen. Aber diese Namen finden sich fast überall und spielen vielleicht einfach darauf an, daß die Könige selbst Reisende und sozusagen eine Art frühe Schutzpatrone waren. Der eigentliche Schutzheilige der Gastwirte war der Wirt und Märtyrer Teodotus. Sicher dagegen bezieht sich der Name *Zum Elefanten* – noch heute eine berühmte Gaststätte in Brixen – darauf, daß Maximilian von Habsburg, der spätere Maximilian II., einen Elefanten, den er bei einem Besuch von seinem Verwandten Johann III.

Auf eine ruhige und bequeme Übernachtung hoffen konnte nur, wer vor Sonnenuntergang eine Ortschaft mit einem guten Gasthof erreichte. Die Reisegeschwindigkeit war gering, die Etappen kurz: Der Kardinal d'Aragona übernachtete z. B. zwischen Ferrara und Innsbruck achtmal. Unten ein Ausschnitt aus den Sieben Freuden Mariä *von Hans Memling, 1480.*

Das Schild zeigt den Weg zum Gasthaus, doch wieviel Komfort man dort finden wird, ist ungewiß. Die unten abgebildete Miniatur spricht für sich: Viele Betten stehen in einem Zimmer, und mehrere Personen schlafen in einem Bett (aus den Cent Nouvelles Nouvelles, *15. Jh.). Im gemeinsamen Speisesaal ging es jedoch vergnüglich zu, wenn die auf der folgenden Seite abgebildete Miniatur einer Ausgabe des 15. Jahrhunderts der* Facta et dicta memorabilia *des Valerius Maximus nicht nur eine Allegorie zur moralischen Erbauung ist.*

von Portugal zum Geschenk erhalten hatte, im Jahre 1551 über die Alpen mit nach Wien nahm.

Im allgemeinen stand der Name auf einem Schild, aber in den einfacheren Gasthöfen genügte ein Buschen über der Tür. Man unterschied auch noch nicht zwischen Gasthöfen mit und Wirtshäusern ohne Übernachtungsmöglichkeit. Die Gasthöfe hat man sich als zwei- oder dreistöckige, mehr oder weniger komfortable Häuser vorzustellen. Küche und ein großer Raum zum Essen, Trinken und Unterhalten mit einzelnen Tischen oder einem Gemeinschaftstisch lagen im Erdgeschoß, die Schlafräume in den oberen Stockwerken. Die Zimmer waren nicht immer durch einen Korridor voneinander getrennt. Im Hof konnten die Wagen, im

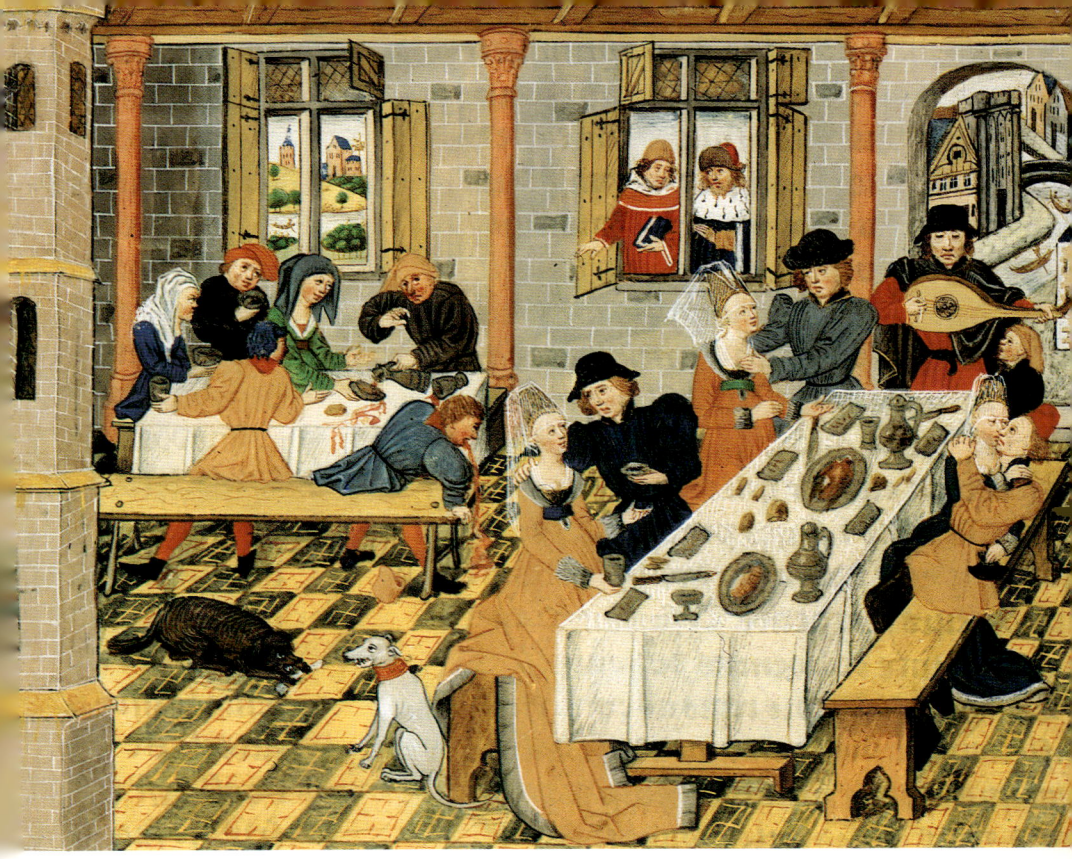

Stall Pferde und Maultiere untergestellt werden. Das Gasthaus war manchmal zugleich Poststation. In Spanien gab es am Ende des 15. Jahrhunderts einen Erlaß, der die Mindestausstattung für Gasthöfe, einschließlich der Kücheneinrichtung, der Tischwäsche und des Geschirrs, vorschrieb. 1580 staunte Montaigne in der *Couronne* von Châlons-sur-Marne über das Silbergeschirr: Offensichtlich gab es also bereits deutliche Qualitätsunterschiede in der gebotenen Gastlichkeit.

Auch in der Literatur kreuzen sich die bewegten Schicksale der Figuren von Novellen und Ritterromanen häufig in Gasthöfen. Wenn man das Romanhafte beiseite läßt, treten darin Bruchstücke von Informationen zutage. In der Novelle »Die erlauchte Scheuermagd« aus den *Exemplarischen Novellen* von Cervantes besitzt das Gasthaus des Sevillaners, »eines der besten und meistbesuchten von Toledo«, ähnlich wie *La Couronne* »ziseliertes Silbergeschirr« in großer Menge, obwohl nur das gekocht und serviert wird, was die Gäste mitgebracht haben. Die Aufgabe, im Hof Stroh und Hafer an die Pferdeknechte der Gäste zu verteilen, obliegt einer Vertrauensperson des Wirtes; es gilt aufzupassen, daß nicht einer die anderen betrügt oder umgekehrt. Ein Diener ist mit nichts anderem beschäftigt, als ständig für die Erneuerung der Wasservorräte aus dem nahen Fluß zu sorgen. Dieser Service dient der Werbung, denn weil die Maultiertreiber wissen, daß sie ihre Tiere nicht erst zum Tajo zur Tränke führen müssen, lassen sie ihre Kunden beim Sevillaner absteigen. Es gibt auch Zimmer »nicht für Herren, noch für Diener, sondern für Leute, die genau in der Mitte zwischen diesen beiden Extremen stehen.« Der Wirt befiehlt mit lauter Stimme, die Betten mit frischen Laken zu beziehen, damit die ankommenden Gäste es hören. Die beiden galizischen Mägde ma-

Bei Reisen zu Pferd oder zu Fuß war der Reisende unmittelbar der Witterung ausgesetzt. Auf der Miniatur rechts wärmt sich ein Gast am Ende eines anstrengenden Regentages am Kamin. Unten: Küche, Koch und Küchenmagd in einem Holzschnitt aus der Kuchemaistrey, *Augsburg 1507.*

chen den gutaussehenden jungen Männern schöne Augen, abends tanzen Maultiertreiber und Mägde vor dem Haus, und ein junger Mann improvisiert Lieder zur Gitarre.

Ein Mann aus Sevilla war also Wirt in Toledo, Deutsche waren Wirte in Venedig, wo es in einem Gasthof sogar einen deutschen Hund gab, oder zumindest einen, der die Deutschen am Geruch erkannte und sie freudig begrüßte. Unter den Aufzeichnungen des Humanisten Enea Silvio Piccolomini, des späteren Papstes Pius II., findet sich in diesem Zusammenhang die merkwürdige Notiz: »*Hospitia faciunt theutonici. Hoc hominum genus totam fere Italiam hospitalem faciunt.*« (Die Deutschen betreiben Gasthöfe. Diese Art von Leuten hat fast ganz Italien gastlich gemacht.)

Von einem Land zum anderen traf der Reisende auch in Gasthöfen auf unterschiedliche Gewohnheiten, z. B. bei den Betten. So behauptete Montaigne, ein Deutscher werde krank, wenn er auf einer Matratze schlafen müsse, der Italiener in einem Federbett, der Franzose ohne Bettvorhang und ohne Feuer. Erasmus hebt hervor, wie angenehm der Empfang in der »Stube« mit dem Ofen war, wie sie nördlich der Alpen üblich war: »Hier könnt ihr die Stiefel ablegen, Pantoffeln anziehen und, wenn ihr wollt, das Hemd wechseln. Ihr könnt die vom Regen durchnäßten Kleider am Ofen aufhängen und Euch selbst zum Trocknen danebensetzen...«

Don Antonio de Beatis, ein Domherr aus Molfetta, der in den Jahren 1517/18 den neapolitanischen Kardinal Luigi d'Aragona durch Europa begleitete und ein Reisetagebuch führte, konnte einen Vergleich zwischen den Gasthöfen in Deutschland und Frankreich anstellen. In Deutschland benützt man riesige Federbetten, weil es so viele Gänse gibt. Die Betten sind breit, und es gibt weder Flöhe noch Wanzen. Dafür besteht hier die wenig lobenswerte Gewohnheit, in jedes Zimmer so viele Betten zu stellen, wie nur hineingehen. In Frankreich ist man besser untergebracht, denn in jedem Zimmer steht ein großes Bett für den Herrn und ein kleines für den Diener. Immer gibt es »ein gutes Feuer«. Der *lieu d'aisance* mit Wasserspülung ist noch nicht erfunden, aber »wahrhaft gibt es in Deutschland

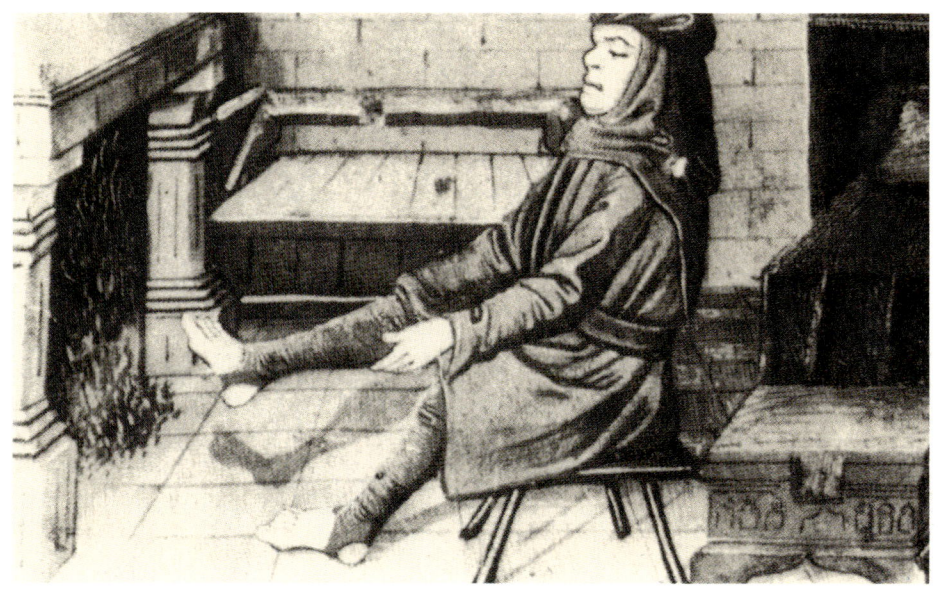

unter jedem Bett einen oder zwei Betttöpfe aus Zinn zum Pissen, in Flandern sind sie aus Kupfer und sehr sauber. In Frankreich aber muß man nachts und auch am Tag ins Feuer pissen, und je größer die Edelleute und Herren sind, desto offener und lieber machen sie es.« Schaseck, ein böhmischer Edelmann aus der Begleitung des Lev von Rozmital, vermerkt in seinem Reisetagebuch, daß in England die Wirtin zur Begrüßung der Gäste aus dem Haus tritt und sich küssen läßt. Ein Kuß ist wie die dargereichte Rechte, denn die Engländer schütteln sich zur Begrüßung nicht die Hände.

Natürlich gab es auch unehrliche Wirte. Guzman de Alfarache lernte in seiner anfänglichen naiven Unerfahrenheit gleich zwei hintereinander kennen. Der zweite sagte über die erste, eine Frau: »Hundert Peitschenhiebe hat man ihr schon aufgebrummt und auch die Lizenz genommen. Ich kann nicht verstehen, wie sie noch weitermachen kann und niemand kommt, um sie wieder auszupeitschen.« Dann machte er sich daran, seinerseits den Gast übers Ohr zu hauen. Aus dem Tagebuch des bereits erwähnten Mailänder Kaufmanns aus den Jahren 1517 bis 1519 erfahren wir von einem viel schlimmeren Vorfall. Zwei Monate, bevor er selbst nach Toulouse kam, waren dort ein Wirt, der Verantwortliche für die öffentliche Ordnung und etwa fünfzig Komplizen zum Tod durch Vierteilen verurteilt worden. Der Wirt hatte seine vermögenderen Gäste in einem Zimmer schlafen lassen, zu dem die anderen Mitglieder der Räuberbande heimlichen Zugang hatten. Die Sache war vier Jahre lang gutgegangen, und etwa hundert Opfer waren mit einem Stein am Hals in der Garonne verschwunden.

Was aber soll man über einen Gast wie Cellini sagen? Auf seiner Reise von Venedig nach Florenz im Jahre 1535 übernachtete er in einem Ort zwischen Chioggia und Ferrara. Als der Wirt Bezahlung im voraus verlangte, war er sehr verärgert. »Wir hatten gute Betten, ganz neu und wirklich sauber.« Dennoch fühlte sich Cellini durch das Ansinnen des Wirtes beleidigt und wollte sich rächen. Nach Verlassen des Gasthofes am anderen Morgen kehrte er heimlich zurück, zerschnitt die Bezüge von vier Betten und richtete einen Schaden von über fünfzig Scudi an.

Das Geld

Die Beschäftigten der Münze von Paris mußten gemäß ihrer Arbeitsordnung von Sonnenaufgang bis zur Abenddämmerung arbeiten, solange, bis man die Münzen aus Tours von denjenigen aus Paris nicht mehr unterscheiden konnte. Es gab tatsächlich eine *livre tournois* und eine *livre parisis* mit unterschiedlichem Wert, aber eigentlich waren es Abstraktionen, Recheneinheiten, denn in der Zirkulation befanden sich nur kleinere Münzen.

Diese merkwürdige Bestimmung der Arbeitsordnung der Pariser Münze führt uns zu dem verwirrenden System des Geldwesens der Zeit. Ein großer Teil der Bevölkerung Europas wußte genau, daß ein Pfund, englisch *pound*, italienisch *lira*, französisch *livre*, zwanzig Schilling, ein Schilling wiederum zwölf Denare oder Pfennig wert war, ein Pfund somit zweihundertvierzig Denare. Niemand aber hatte je ein Pfund, ja nicht einmal einen Schilling gesehen. Um das zu verstehen, muß man bis zur Zeit Karls des Großen zurückgehen, der die von seinem Vater im Frankenreich begonnene Münzreform vollendete und auch auf das neugewonnene Langobardenreich ausdehnte. Durch diese Reform, die später auch jenseits des Ärmelkanals Nachahmung fand, wurde im wesentlichen der Silber-Monometallismus und als neue Münze der Silberdenar oder Silberpfennig eingeführt. Aus einem Pfund Silber, nach heutigem Maß etwa 410 g, erhielten die Münzmeister 240 Pfennige, d. h. kleine Münzen von 1,76 g zu 950 g Feingewicht.

Münzen zu einem Vielfachen des Pfennigs waren nicht vorgesehen, und das erwies sich als sehr unpraktisch. Deshalb begann man in Pfund zu rechnen, wenn es sich um zu viele Pfennige handelte. Es erschien einfacher, von acht Pfund und einunddreißig Pfennig zu sprechen als von 1951 Pfennigen. Das Pfund diente als Rechnungseinheit.

Der Silber-Monometallismus blieb über ein halbes Jahrtausend in Geltung. Zur Zeit Karls des Großen koexistierte das »Währungsgebiet« des Silberpfennigs mit zwei Währungsgebieten auf Goldbasis, nämlich dem islamischen und byzantinischen. In der byzantinischen Welt, der Nachfolgerin des römischen Reiches, war der *solidus* (Schilling) in Umlauf. Es wurde festgelegt, daß zwölf Silberpfennige einem Gold-Schilling entsprachen. So erklärt sich der Name für die dritte genannte Rechnungseinheit, und statt 1951 Pfennige sagte man acht Pfund, zwei Schilling und sieben Pfennig.

Dieses System blieb bis zur Französischen Revolution in Geltung; am Ende des 15. Jahrhunderts lagen die Dinge jedoch wesentlich komplizierter als das für uns schon schwierige Verhältnis Pfund – Schilling – Pfennig, mit dem die Engländer aber bis vor wenigen Jahren hervorragend zurechtkamen. Zum einen gab es in Europa noch andere Münzwerte. In Deutschland und überhaupt im Reich, außer in Italien, war die Mark in Gebrauch gekommen, eine Währungseinheit, die acht alten römischen Unzen entsprach. Die Mark gab es in verschiedenen lokalen Ausführungen; am meisten Ansehen genoß die Kölner Mark von etwa 234 g. In Kastilien benützte man den *maravedi*, dessen Namen an die islamische Berber-Dynastie der Almoraviden erinnert, die Teile Spaniens beherrschte.

In den sieben Jahrhunderten seit der Münzreform Karls des Großen war überdies das gesamte Münzwesen starken Veränderungen unterworfen. Seit dem Ende des 10. Jahrhunderts verfiel der Wert der karolingischen Münzen zusehends, weil bei den folgenden Prägungen immer weniger Silber verwendet wurde. Da weiterhin zweihundertvierzig Pfennige ein Pfund ausmachten, gab es viele verschiedene Pfunde mit unterschiedlichem Silbergehalt.

Inzwischen war noch mehr geschehen. Für den wieder aufblühenden internationalen Handel hatte sich die kleine Pfennigmünze aus schlechtem Silber als wenig geeignetes Zahlungsmittel erwiesen. Man erkannte die Notwendigkeit, eine größere Münze zu schlagen, den *grosso* oder Groschen. Venedig machte 1194 den Anfang mit dem *grosso* des Dogen Andrea Dandolo, eine Münze von 2,2 g Gewicht in einer Legierung von 965 Tausendstel Feinsilber. Alle anderen folgten schrittweise nach. In Frankreich hatte Ludwig IX. 1266 den *gros Tournois* schlagen lassen. Zu dieser Zeit begann – wieder ausgehend von Italien – mit der Rückkehr zum Gold und damit dem Ende des Silber-Monometallismus eine neue Phase der Währungsgeschichte.

Gold und Silber in der Tasche

Da es keine Banknoten gab, wog das Geld schwer. Manchmal war es unvermeidlich, eine größere Menge Gold- und Silbermünzen in der Tasche oder Börse zu tragen. (Es gab auch Münzen aus einer Legierung von Silber mit Zink oder Blei, aber nur für kleine Münzen, also für die Armen, und die reisten nicht.) Münzen aus Edelmetall verließen die Münze mit unregelmäßigen Rändern, und unehrliche Menschen kratzten ein wenig Metall ab. Auf beiden Seiten trugen die Geldstücke Figuren, Symbole, Wappen und lateinische Inschriften. Trotzdem waren sie wohl teilweise leicht zu verwechseln. Aber es lohnte sich aufzupassen, denn die Kaufkraft eines einzigen Geldstückes war beträchtlich. Der Golddukaten des Papstes Kalixt III. (1455–58) zeigte auf der einen Seite den heiligen Petrus mit den Schlüsseln und den heiligen Paulus mit dem Schwert; auf der anderen Seite das Wappen der Borgia mit dem Stier. Teston (von lat. testa = Kopf) hießen viele Münzen, denn in der Renaissance war häufig der Kopf des Herrschers abgebildet. Der George noble Heinrichs VIII. von England (1509–47) zeigte auf der einen Seite den heiligen Georg zu Pferd, auf der anderen ein Schiff, dessen Mast auf halber Höhe eine Rose und auf der Spitze ein Kreuz trägt. Auf dem Silbertaler des Matthäus Schiner, Bischof von Sion und Graf von Wallis (1501), war ein Bischof zu sehen, der versunken vor dem Altar kniet, neben dem auf der einen Seite ein Engel, auf der anderen ein Teufel stand. So konnte das Geld auch der Erbauung dienen.

Münzprägung auf einem Holzschnitt von Jost Amman aus dem Ständebuch *von Hans Sachs (1568). Rechts: einer der Kreditbriefe, mit deren Hilfe man die Unbequemlichkeiten und Risiken des Reisens mit Bargeld vermeiden konnte. In Salzburg von Thomas Prantstetter aus Landshut ausgestellt, wird ein Kredit von 31 Rheinischen Gulden bestätigt, zahlbar bei der Reliquienmesse in Nürnberg. Datiert am 22. März 1443.*

Seit 1252 prägten Genua und Florenz eine Goldmünze von 3,5 g Gewicht, den *genovino* und *fiorino,* den Florin oder Gulden. Bei seinem Entstehen entsprach der Florin genau dem Wert einer florentinischen Lira von Silberpfennigen, danach aber verlor die Silbermünze zunehmend an Wert. 1284 folgte Venedig mit dem *ducato d'oro,* dem Golddukaten, der später *zecchino* hieß. Er war zunächst 576 venezianische Silberpfennige wert, um 1500 dagegen schon 5280.

Auch diese Neuerung fand bald Verbreitung. Seit 1325 prägten die Könige von Ungarn und Böhmen Gulden; der Kaiser verlieh 1386 den vier rheinischen Kurfürsten, d. h. den Erzbischöfen von Köln, Mainz und Trier und dem Pfalzgrafen bei Rhein, das Recht, den Rheinischen Gulden zu schlagen. Auch in England begann die Prägung von Goldmünzen mit dem Gulden; 1489 wurde der *sovereign* geschlagen. In Frankreich erhielt der *denier d'or* von 1366 den Namen *écu,* d. h. Schild, weil auf der Rückseite ein liliengeschmückter Schild abgebildet war.

Das Wechselverhältnis zwischen Gold und Silber hatte zwar immer geschwankt, hielt sich aber doch seit der Römerzeit in einem Rahmen zwischen 1:10 und 1:13. Erst am Ende des 16. Jahrhunderts wurde dieses Gleichgewicht durch den Zustrom großer Silbermengen vom amerikanischen Kontinent zerstört.

Im gesamten Mittelalter war die Entwicklung des Münzwesens durch den Mangel an Edelmetallen geprägt; doch schon in den letzten Jahrzehnten des 15. Jahrhunderts begann sich die Situation zu ändern, also noch *bevor* der Einfluß der amerikanischen Edelmetalle bemerkbar wurde. Die Portugiesen hatten in Guinea Goldminen entdeckt. Der portugiesische *cruzado* aus Gold wurde seit 1457 geprägt, später schlugen die Engländer mit dem gleichen Gold die **guinea.** Die Silberminen in Sachsen, Böhmen, Salzburg, Tirol und Ungarn wurden neu ausgebeutet oder erhöhten ihre Produktion. Deshalb wurden Silbermünzen in bisher ungekannter Größe eingeführt. Sigmund von Habsburg, Herzog von

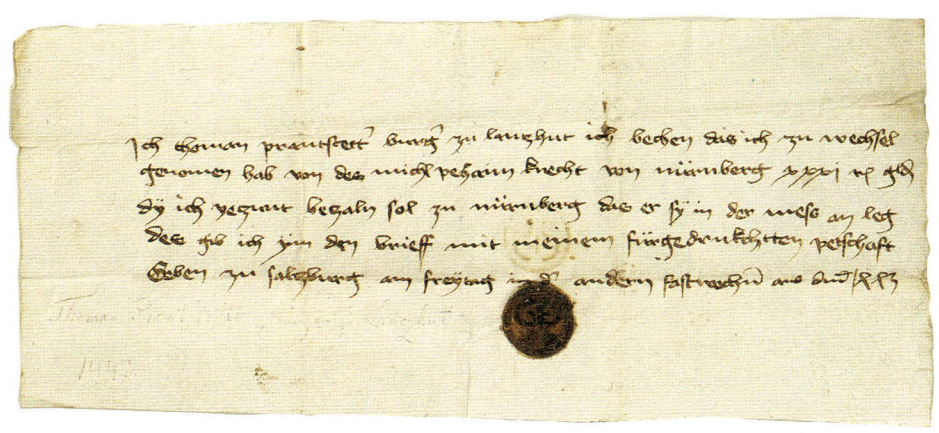

Österreich, ließ im Jahre 1484 zum ersten Mal eine Silbermünze im Wert eines Guldens aus den Tiroler Silberminen herstellen. Sie wurde später (seit 1518) in der Münze von Sankt Joachimsthal in Böhmen als *Joachimsthaler Groschen,* kurz *Taler,* in großen Mengen geprägt. Daß auch diese Münze in der Folgezeit viele Nachahmungen fand, zeigt allein die Tatsache, daß der amerikanische Dollar seinen Namen vom niederländischen Taler, dem *doalder* aus der Zeit Philipps II. herleitet.

In dieser unübersichtlichen Währungssituation war der Geldwechsler mit seinen Feinwaagen ein wichtiger Mann. Schließlich bestimmte sich der Ankaufswert und das Wechselverhältnis zwischen den einzelnen Münzen nach ihrem Edelmetallgewicht. Dabei galt nicht einmal das Ausgabegewicht, sondern das Gewicht beim Tausch, das durch Abnützung und dadurch zustandegekommen war, daß sich wegen der Unregelmäßigkeit der Münzen Stückchen des Edelmetalls entfernen ließen. Um diese illegalen Eingriffe und die Abnützung zu vermeiden, zirkulierten die Florentiner Gulden in von der Münze versiegelten Ledersäckchen unter dem Namen *fiorini di suggello.*

Der Reisende besaß bereits Möglichkeiten, den Komplikationen der Währungssituation, dem häufigen Aufsuchen der Wechselstuben und dem Risiko, mit zu viel Geld unterwegs zu sein, zu entgehen. Bei den Banken konnte man einen Kreditbrief kaufen, der dann in der Währung des darin bezeichneten Landes eingelöst werden konnte. Aus einem Kreditbrief vom 8. Juni 1474 geht z. B. hervor, daß die Filiale der Medici-Bank in Mailand an den Flamen Paolo di Battista, einen Studenten in Pavia, zweihundert Dukaten auszahlte, die ein Stefan van der Gheyst, vermutlich ein Verwandter, vorher in Antwerpen an den Vertreter der Medici-Filiale von Brügge gezahlt hatte.

Freuden des Reisens

Kunst, Tafelfreuden, mancherlei Zerstreuungen wie Feste, Karneval, Prozessionen, Pferde- und Eselsrennen, geistliche Spiele, Bälle, Predigten, Hinrichtungen, und nicht zuletzt Frauen gehörten zu den Freuden des Reisens. Die Rolle der Frauen erinnert an die aus heutiger Sicht befremdliche Ungleichheit der Geschlechter, aber im Rückblick läßt sich die Geschichte nicht ändern. Im Humanismus war das Menschenbild ganz und gar männlich geprägt; in der Renaissance erlebte die Frau keine »Wiedergeburt«, und man geht allgemein sogar davon aus, daß sich die Lage der Frauen am Ende des Mittelalters verschlechterte. Wo auch immer »Reiseerinnerungen« an Frauen auftauchen, geben sie typisch männliche Eindrücke wieder. Der päpstliche Notar Poggio Bracciolini, der in den Klöstern jenseits der Alpen unzählige antike Texte entdeckte, lobte die Schweizer Mädchen im heiratsfähigen Alter mit den Worten, sie besäßen Aussehen und Gehabe von Göttinnen. Der Domherr aus Molfetta, der für den Kardinal d'Aragona das Reisetagebuch führte, notierte genauestens alles, was ihm an den Frauen in Deutschland, Frankreich und Flandern auffiel. Zurückgekehrt ins »schöne, sanfte, liebliche, süße und gesittete Italien«, spricht er nur über die Genuesinnen, die von hoher Gestalt sind, blendend weiße Zähne haben, ihr goldenes Haar offen tragen und die anmutigsten und schönsten Frauen Italiens sind. Auch in Savona gibt es schöne Frauen, aber an der Riviera sind sie »sehr häßlich«. Die Fläminnen sind weiß und rot, von lebhaftester Hautfarbe und benützen keine Schminke. Durch den häufigen Genuß von Bier und Butter haben sie oft »schlechte Zähne«, aber wenn dies nicht der Fall ist, gehören sie zu den Schönsten. Die französischen Frauen kommen den Fläminnen nicht gleich, aber die Edelfrauen tanzen voller Grazie und »Sinn für die Musik«. Die deutschen Frauen sind nach den Aussagen einiger Reisegefährten »von Natur kalt, aber aufreizend«.

Jedermann weiß, daß es »gewerbetreibende Frauen« gab, wie sie ein Mailänder Diplomat nannte (1492). In Paris waren sie Anfang des 15. Jahrhunderts in kleinen Häusern auf der Ile de la Cité untergebracht, worüber sich ein Nachbar bei König Karl VII. beschwerte. In Venedig durften sie sich bis 1498 nur in einem Viertel nahe dem Rialto aufhalten, dann aber verbreiteten sie sich über die ganze Stadt. Marin Sanudo gibt in seinem Tagebuch die erstaunlich präzise Zahl von 11654 zu Beginn des 16. Jahrhunderts an. Ein Chronist nennt für das Jahr 1490 in Rom die Zahl von 6800, was er selbst für zu niedrig hält. Der Mailänder Kaufmann, der über seine Reisen nach Spanien, Frankreich, den Niederlanden und England in den Jahren 1517 bis 1519 berichtet hat, behauptete, daß es in Brügge nur wenige Kurtisanen gebe, dieselben Dienste aber für billiges Geld von den Mägden der Gasthöfe verrichtet würden. In Valencia dagegen gebe es ein von Mauern umgebenes Vergnügungsviertel, das man nur unbewaffnet betreten dürfe. Nachts stellten die Frauen in allen hundertfünfzig Häusern dieses Viertels drei oder vier Kerzen vor die Haustür, so daß es ein »Lichtermeer ist, das alles erleuchtet«.

Im 16. Jahrhundert wurde dieses Thema mit Vorliebe behandelt, z. B. von Pietro Aretino, aber schon 1535 erschien ein Werk mit dem Titel: »Der Preis der Dirnen. Dialog zwischen einem Fremden und einem Edelmann, in dem Preis und Qualität aller venezianischen Kurtisanen aufgezählt werden, sowie die Namen der Zuhälterinnen.« Montaigne notierte voller Verwunderung in seinem *Journal de voyage,* das Aufzeichnungen über seine Reisen nach Deutschland und Italien in den Jahren 1580 und 1581 enthält, daß eine italienische Kurtisane »in absoluter Freiheit« mit einem Mann verkehrte und beim Ave-Maria-Läuten aus dem Bett stürzte, um auf dem Fußboden zum Gebet niederzuknien. Sünde und Glaube gehörten zusammen, aber die Sünde lag ganz bei den Frauen. Trug sie vielleicht sogar weibliche Kleider? Der päpstliche Zeremonienmeister Burcardus berichtet mit der gewohnten Teilnahmslosigkeit ein schreckliches Ereignis: 1498 wurden in Rom eine Kurtisane und ein Maure verhaftet, der als Frau verkleidet mit ihr zusammengelebt hatte. Zum »Zeichen der Schande« wurden sie durch die Stadt geführt, wobei dem Mauren der Rock bis über den Nabel geschürzt war. Die Frau wurde freigelassen, der Transvestit dagegen am Pfahl des Scheiterhaufens auf dem Campo dei Fiori erdrosselt. Das Feuer, das sofort danach entfacht werden sollte, ging wegen des Regens aus.

Kaum eine Epoche der Kunst war so fruchtbar wie das letzte Jahrzehnt des 15. Jahrhunderts, in dem eine Reihe berühmter Künstler ihr Werk vollendeten, ihre Reifezeit erlebten oder ihre Laufbahn begannen. Zu diesen Künstlern gehörten Leonardo, Michelangelo, Bramante, Signorelli, Perugino, Botticelli, Giovanni Bellini, Memling, Bosch, el Bermejo, Berruguete, Holbein der Ältere, Dürer... Ihre Werke aber konnte der Reisende nicht in Museen bewundern.

Museen nämlich gab es nicht, oder höchstens ein einziges, den Palazzo dei Conservatori auf dem römischen Capitol, in dem die Antiken ausgestellt waren, die Sixtus IV. im Jahre 1471 dem »römischen Volk« geschenkt und damit die Ära der öffentlichen Sammlungen eingeleitet hatte. Es handelte sich bei diesen Ausstellungsstücken in erster Linie um Bronzeskulpturen, die vorher im päpstlichen Lateranspalast oder in dessen Umgebung auf Säulen gestanden hatten: die etruskische *Wölfin,* noch ohne die 1509 beigefügten Zwillinge, der *Herkules,* der erst in der damaligen Zeit auf dem Forum Boarium ausgegraben worden war, der *Camillus,* den man auch als Zigeunerin bezeichnete, und der sehr geschätzte *Dornauszieher.* Von ihm wurden schon zur

59

damaligen Zeit kleine Bronzekopien angefertigt, zum Beispiel für Isabella d'Este. Die Eigentümer profaner »modernen« Kunstwerke, die diese meist zugleich in Auftrag gegeben und bezahlt hatten, behielten sie in ihren Häusern. So hing die *Primavera* Botticellis (heute in den Uffizien) im Saal der Villa von Castello, dem Wohnsitz der Vettern von Lorenzo dem Prächtigen. Das *Gewitter* Giorgiones aus den ersten Jahren des 16. Jahrhunderts (Accademia von Venedig) war im venezianischen Palast von Gabriele Vendramin, für den der Maler das Werk vermutlich angefertigt hatte.

Auch ohne weiter auf das Kunstinteresse der Zeit einzugehen, stellt sich die Frage, ob es üblich war, Kunstwerke zu besichtigen und welche Möglichkeiten dafür bestanden. Bedeutende monumentale Kunstwerke standen auf öffentlichen Plätzen, z. B. in Italien die *Fonte Gaia* von Jacopo della Quercia auf dem Campo in Siena, wo man Wasser holen ging; oder der *Gattamelata* von Donatello in Padua, der an der gleichen Stelle neben der Kirche des heiligen Antonius steht wie heute, wo jedoch ein Friedhof lag. In Florenz stellte die Signoria wenig später den *David* von Michelangelo (heute in der Accademia) am Eingang des Palazzo della Signoria auf. Wesentlich mehr Kunstwerke konnte man jedoch in den Kirchen bewundern, und den Eindruck, den sie vermittelten, kann man auch heute noch nachempfinden. Kirchen, die später nicht sehr verändert wurden, boten damals ungefähr denselben Anblick wie heute. Vielleicht gab es, wie Erasmus sagt, mehr Wände und sogar Decken, die mit Votivbildern bedeckt waren, und es fehlten auf jeden Fall die dunklen Beichtstühle, die erst im Laufe des 16. Jahrhunderts Verbreitung fanden. Ganz abgesehen von der Frage des Glaubens scheint jedoch mehr Interesse für Reliquien bestanden zu haben als für Kunstwerke, mehr für die Heiligengestalt als für die Art, wie sie gemalt oder gemeißelt war. Der Kardinal d'Aragona allerdings besichtigte ebenso das Altarbild des *Mysterium des heiligen Lammes* von Jan von Eyck in Gent wie in Mailand im Refektorium von Santa Maria delle Grazie das *Letzte Abendmahl* von Leonardo da Vinci. »Ein hervorragendes Bild, das kaputtzugehen beginnt, ob wegen der Feuchtigkeit der Mauer oder wegen einer anderen Widrigkeit, weiß ich nicht«, schrieb der Kardinal 1517, also noch zu Lebzeiten des Künstlers. Das *Abendmahl* sah sich auch Ludwig XII. von Frankreich bei seiner kurzfristigen Eroberung des Herzogtums Mailand an, und nach der Aussage von Paolo Giovio bewunderte und begehrte er es so sehr, daß er überlegte, ob es nicht möglich sei, die Wand herauszutrennen und nach Frankreich zu bringen.

Die italienische Kunst gewann in ganz Europa Ansehen. Der Niederländer Erasmus, der sich im gebildeten Kreis seiner englischen Freunde glücklich fühlte, schrieb in einem Brief, daß er keine Sehnsucht nach Italien empfinde außer nach den Dingen, die dort

Mancher suchte auf Reisen auch Kunstwerke und Künstlerwerkstätten auf, schrieb auch zuweilen sein Urteil darüber nieder. Maler bei der Arbeit: Unten flämische Miniatur aus den Rhetorica *Ciceros in der Übersetzung und mit Illustrationen von Raphael de Mercatel. Links: Holzschnitt* Die unter dem Zeichen des Merkur Geborenen *von Hans Sebald Beham.*

Die Künstler

Hugo van der Goes, Portinari-Altar, *1476, Ausschnitt*

Bosch, Die sieben Todsünden, Der Hochmut, *1475–80*

Botticelli, Der Frühling, *1478, Ausschnitt*

In der Zeit zwischen dem letzten Viertel des 15. und den ersten Jahrzehnten des 16. Jahrhunderts erlebte die Kunst einen absoluten Höhepunkt. Die Namen der Künstler, die in dieser Zeit aufwuchsen, arbeiteten oder ihre Schaffenszeit beendeten, sprechen für sich. Da die Kunst von Meister zu Schüler weitergegeben wurde, müssen auch die Namen der ersten Meister der Renaissance aus Florenz genannt werden, die damals schon tot waren, aber durch ihre Werke eine ungeheure Wirkung ausübten: Filippo Brunelleschi (gest. 1446), Donatello (gest. 1466) und Masaccio, der schon mit siebenundzwanzig Jahren gestorben war (1428). Außer in Italien erlebte die Malerei auch in Flandern eine besondere Blütezeit; beide Länder standen in regem Austausch. Auch die ersten flämischen Meister waren bereits verstorben: Jan van Eyck 1441, Rogier van der Weyden 1464.

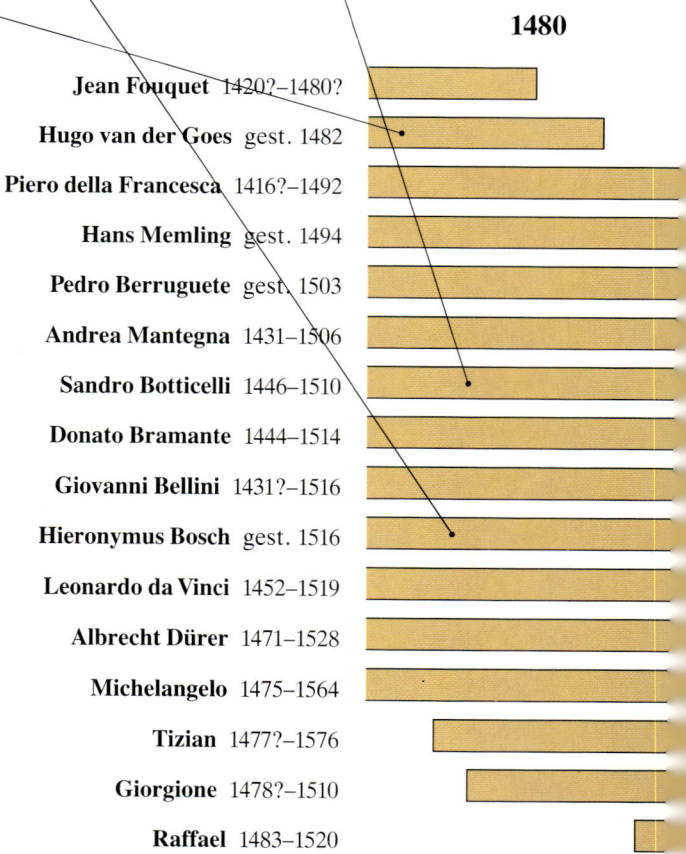

Jean Fouquet 1420?–1480?
Hugo van der Goes gest. 1482
Piero della Francesca 1416?–1492
Hans Memling gest. 1494
Pedro Berruguete gest. 1503
Andrea Mantegna 1431–1506
Sandro Botticelli 1446–1510
Donato Bramante 1444–1514
Giovanni Bellini 1431?–1516
Hieronymus Bosch gest. 1516
Leonardo da Vinci 1452–1519
Albrecht Dürer 1471–1528
Michelangelo 1475–1564
Tizian 1477?–1576
Giorgione 1478?–1510
Raffael 1483–1520

**Die großen Künstlerpersönlichkeiten in Europa
um die Wende vom 15. zum 16. Jahrhundert**

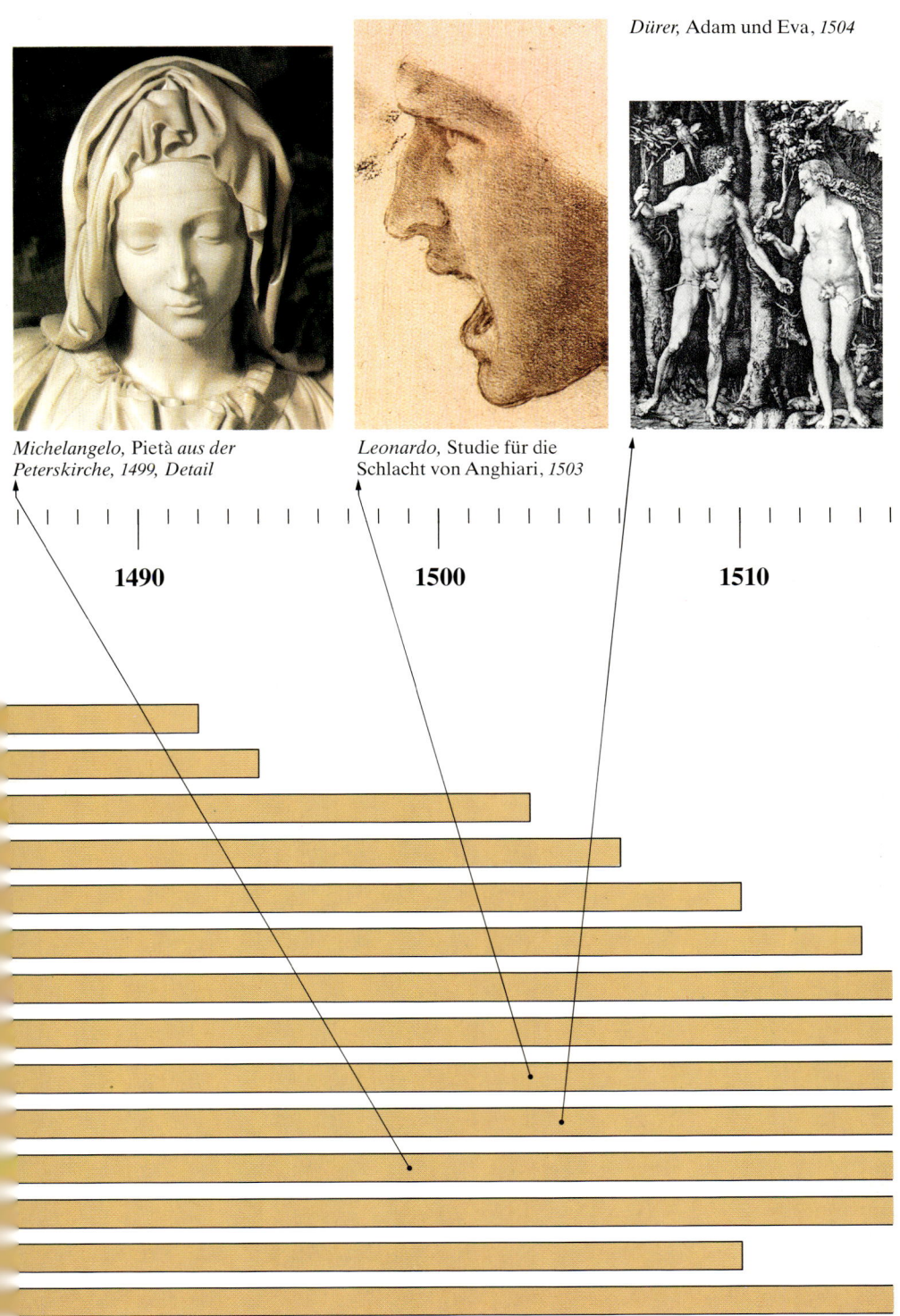

Michelangelo, Pietà *aus der Peterskirche, 1499, Detail*

Leonardo, Studie für die Schlacht von Anghiari, *1503*

Dürer, Adam und Eva, *1504*

Am gemeinsamen Tisch in einem Gasthof sitzen die Pilger der Canterbury Tales *von Chaucer in einer Ausgabe von Caxter, Westminster 1484. Kann man gutes Essen zu den Genüssen des Reisens zählen? Gastronomische Abenteuer erlitt man wohl mehr, als daß man sie suchte. Doch in den* Exemplarischen Novellen *von Cervantes erinnert sich ein spanischer Soldat an die angenehmen Mahlzeiten in den Gasthöfen Italiens.*

zu sehen seien. Franz I. von Frankreich äußerte voller Stolz gegenüber Cellini, nachdem er die Halbinsel erobert und wieder verloren hatte, er habe die besten Kunstwerke der besten Künstler ganz Italiens gesehen. Vielleicht war seine Öffnung gegenüber dem Kunstgeschmack und den Künstlern Italiens eine Art Kompensation für die Niederlage.

Um einen Begriff von den »Tafelfreuden« des Reisenden der Zeit zu erhalten, muß man sich vergegenwärtigen, daß die Mehrheit der Sterblichen die meiste Zeit in äußerster Sparsamkeit am Rande der Unterernährung lebte. Es gab Suppen, Mehlbreie, wenig Fleisch und viel Brot von verschiedensten Getreiden, dem aus Unkenntnis gelegentlich halluzinogene Pflanzen wie die Tollgerste beigemischt waren.

Dem standen seltene, aber um so maßlosere Gelage und die ostentative Üppigkeit von Banketten gegenüber. Dazu gehörten unzählige Gänge und ungeheure Mengen, verschiedenste Wildarten, Vögel, Wildschweine, Rot- und Damwild, Rehe. In Nordeuropa wurden auch Meerschweine, Robben und Wale serviert. Ebenso wichtig waren raffinierte und manchmal bizarre Gewürze; so benutzte man in Venedig und am französischen Hof Goldstaub, von dem es hieß, er sei gut fürs Herz. Gewisse Exzesse versuchte man mit Verboten einzudämmen. 1460 untersagte der venezianische Senat Bankette, bei denen mehr als ein halber Dukaten für jeden Gast ausgegeben werde, aber wie alle Verordnungen dieser Art blieb auch diese wirkungslos. Ein Reisender von Stand, der entsprechende Gastfreundschaft genoß, konnte Gelegenheit haben, an einem solchen mondän-gastronomischen Ereignis teilzunehmen.

Die Raffinesse, oder besser der Luxus der Küche, bestand vor allem im reichlichen Gebrauch orientalischer Spezereien. Erst im 17. Jahrhundert rümpften französische Reisende die Nase, deren Gaumen und Magen gegen die zu stark gewürzten Speisen rebellierten, die im übrigen Europa noch überall auf den Tisch kamen. Als feine Braten galten im Mittelalter besonders Geflügel und Wild, aber im 15. Jahrhundert wurde auch für Rost- und Schmorbraten immer mehr Schlachtfleisch benutzt, das bis dahin nur für Suppen und Füllungen Verwendung gefunden hatte.

Gleichzeitig verfeinerte sich die Kunst, das Tier zu zerteilen, und es entwickelte sich eine feste Hierarchie, welche Teile des Rindes besonders geschätzt wurden. Zum Wildgeflügel gehörten Tiere, die auch heute noch geschätzt sind, wie Rebhühner, Wachteln und Fasane. Besonders beliebt aber waren große Wildvögel, die man heute für überhaupt nicht schmackhaft hält, wie Fisch- und Silberreiher, Schwäne, Pfauen, Störche, ja sogar Kormorane. Diese Tiere wurden im Federkleid aufgetragen. Köche und Küchenjungen verwendeten viel Mühe und Geschick darauf, die Tiere zu rupfen, zu braten und danach die Federn wieder an den richtigen Platz zu setzen.

Die Käse würden unseren heutigen Eßgewohnheiten wahrscheinlich mehr entsprechen. Es gab die Korbkäse, d. h. Frischkäse, die in Körben zum Abtropfen angerichtet wurden. Käselaibe aus Candia wurden nach Venedig verkauft, und der Parmesan kam in Frankreich in Mode, nachdem Karl VIII. vom Kampf um Neapel zurückgekehrt war. Der erwähnte Domherr aus Molfetta spricht von einem scharfen, grünen Käse aus Flandern, der »mit dem Saft von verschiedenen duftenden Kräutern« gewürzt sei, aber von einem ähnlichen Käse in Deutschland meint er, daß ihn wohl kein Italiener essen würde. Ganz allgemein ist sein Urteil über die deutschen Käseprodukte nicht vorteilhaft: »Wenn er nicht schimmelt, schmeckt ihnen der Käse nicht.«

Auch zur damaligen Zeit erregten

Einladung zum Festmahl

Ein Festmahl aus der Zeit, als die französischen Könige sich am liebsten auf ihren Loire-Schlössern aufhielten, konnte aus drei üppigen Gängen bestehen: Erster Gang: Geröstetes Brot mit Honig und Gewürzen, Pökelschinken, geräucherte Wurstwaren, Bratwürste, Zunge gepökelt und geräuchert mit grünem Salat, Frikassee von Singvögeln und Kalbshack in Eigelb. Zweiter Gang: Auflauf, gekochtes Huhn mit grünem Salat, Rind-, Kalb-, Schweine- und Hammelfleisch, Suppen, davon einige mit Gemüse, eine mit Ei, Safran und Weinessig. Dritter Gang: Braten von Huhn, Tauben, Gänse, Schweinshaxe und Hammelschulter, außerdem Wildragout; als Beilage Erbsen in der Schale gekocht. Forelle, Hecht, gebratene Flußkrebse mit Saucen aus Essig, Kapern, Zitronen, Orangen, Oliven und Sauerampfersaft. Zum Schluß Käse, Torten, Milchreis, Pfirsiche, Feigen, Trauben, Datteln und Melonen. Als Dessert Konfitüre aus Anis, Fenchel und Koriander. Weiß-, Rosé- und Rotweine. Die Speisen wurden in Anwesenheit des Hofmeisters, des Brotmeisters, der Pagen, des Küchenmeisters und des Vorlegers aufgetragen. Man tafelte von zehn Uhr bis Mittag.

Ein Fastenmahl, das in Ferrara einem condottiere *gegeben wurde: fünf Süßspeisen, Salate, gefüllte Cannelloni; Hechte, Störe, Aale, Schleien, Karpfen und Frösche, gekocht, frittiert, gegrillt oder am Spieß; verschiedene Meerestiere, darunter Austern. Zum Schluß Obst: Äpfel, Birnen, Trauben, Mandeln, Kastanien, Rosinen.*

verschiedene lokale Eßgewohnheiten widersprüchliche Reaktionen. De Beatis, der Domherr aus Molfetta, äußert sich enthusiastisch über eine nach französischer Art geschmorte Hammelschulter. Die große Zeit der französischen Küche kam allerdings erst viel später. Montaigne dagegen zeigte sich verwundert darüber, daß es in deutschen Wirtshäusern nur gekochte Eier gab, die geviertelt unter den Salat gemischt wurden. Auf jeden Fall aß man um die Wende des 15. zum 16. Jahrhunderts gut und reichlich. Später erinnerte man sich sehnsüchtig an diese Zeit, als die Tische unter der Last der Speisen zusammenbrachen, als immer einer da war, der die Dorfbewohner einlud, als man jeden Tag Fleisch aß und Wein wie Wasser trank.

Der Wein bereitete allen ein oft übermäßiges Vergnügen. Trotz des islamischen Verbotes wurde er auch im türkischen Konstantinopel verkauft, zumindest an die griechischen Seeleute. Es handelt sich immer um jungen Wein, der in Fässern auf Wagen oder zu Schiff über beachtliche Entfernungen transportiert wurde. Der Montepulciano war bereits ein berühmter Wein der päpstlichen Tafel. Erasmus schätzte den Burgunder, während Luther vor allem das Bier liebte. Die französischen Weine werden auch vom Begleiter des Kardinals d'Aragona gelobt, ebenso die deutschen Weiß- und Rotweine, von denen »einige mit Salbei, Schlehen und Rosmarin aromatisiert« seien. Im 15. Jahrhundert wurde in der Normandie der Cidre, der aus der Biskaya kam, heimisch gemacht. Aquavit sah man dagegen gewöhnlich als Heilmittel an, das der Pest vorbeuge, Gicht heile und das Tieferwerden der Stimme verhindere. Aber gerade gegen Ende des 15. Jahrhunderts war der Aquavit nicht mehr nur auf ärztliche Verschreibung erhältlich, und gleich mußte man aus einleuchtenden Gründen zumindest an Feiertagen seinem Konsum Einhalt gebieten. Kaffee, Tee und Schokolade gab es in Europa noch ebensowenig wie den Tabak. Nur Kolumbus hatte in den ersten Tagen seines Aufenthaltes in Amerika das Rauchen von Tabak beobachtet.

Der Reiz des Reisens besteht schon seit jeher im neugierigen Betrachten von Land und Leuten. Unten: Fischfang am Hofe Wilhelms VI., Graf von Holland, Seeland und Hennegau, in einem niederländischen Aquarell des 15. Jahrhunderts. Links: Marktszene aus dem Contrasto di Carnesciale e la Quaresima, *Florenz, 15. Jahrhundert. Auf den folgenden Seiten: Pieter Bruegel,* Hochzeitszug, *1566; während in der Ferne ein Sommergewitter den Himmel Flanderns verdunkelt, ziehen das Brautpaar, Verwandte und Nachbarn zur Kirche.*

Im Gasthof bekam der Reisende selten einen eigenen Teller, eher ein Holzbrett oder ein Stück Brot für das Fleisch, das man mit den Fingern vom Servierteller nahm. Jeder benutzte sein eigenes Messer. Die Gabel wurde erst im 16. Jahrhundert erfunden und verbreitete sich von Venedig aus sehr langsam über Europa. Noch zu Beginn des 17. Jahrhunderts erregte es gelegentlich Verwunderung, wenn jemand die Fleischstücke »mit einem kleinen Instrument mit zwei Zinken« zum Munde führte. Manch einer beäugte und belächelte den Gabelbesitzer mit einer Mischung aus Bewunderung und Spott über die ungewöhnliche Geschicklichkeit, mit der er vom Servierteller Artischocken, Spargel und Erbsen aufspießte. Weitere Jahrzehnte später gab man den Rat, den eigenen Löffel, den man schon im Mund gehabt hatte, zu säubern, wollte man etwas vom Servierteller nehmen. Dagegen galt es als gutes Benehmen, Brot mit dem Messer zu schneiden, statt es mit der Hand zu brechen, wie es seit dem 18. Jahrhundert als Ausdruck eleganter Natürlichkeit in Übung kam.

An kulturellen und anderen Zerstreuungen fehlte es nicht. Kein Reisen-

Adlige nahmen auf Reisen gerne an den Jagden ihrer ebenfalls adligen Gastgeber teil; dies war sogar eine gesellschaftliche Verpflichtung. Unten: Jagdszenen auf einer florentinischen Truhe des 15. Jahrhunderts. Ungehört verhallte gewiß der Spott des Erasmus in seinem Lob der Narrheit *über die Jäger, die »in der Überzeugung, ein fürstliches Leben zu führen«, durch diesen Zeitvertreib nichts anderes erreichen, »als selbst zu Tieren zu werden«.*

der scheint es versäumt zu haben, bei der Ankunft in einer neuen Stadt ein hohes Gebäude, einen Rathaus-, Glockenturm oder Kirchturm zu besteigen, um sich den Ort und die Landschaft von oben zu besehen. Doch nicht alle Gebäude aus dem Mittelalter, die man heute noch besteigen kann, hatten schon damals ihre volle Höhe. Die Türme des Kölner Doms wurden erst im letzten Jahrhundert fertiggestellt, nachdem im Jahre 1842 durch einen Zufall die Originalpläne gefunden worden waren. Der Vierungsturm von Giovanni Antonio Amadeo am Mailänder Dom wurde erst zu Beginn des 16. Jahr-

hunderts vollendet, die Madonnenstatue darauf erst in der zweiten Hälfte des 18. Jahrhunderts. Die Reiseberichte lassen immer ein bemerkenswertes Interesse für Befestigungsanlagen erkennen, aber ein solches Interesse stieß auch auf Mißtrauen. Im – damals englischen – Calais bemerkt der erwähnte unbekannte Mailänder Kaufmann (1517–19), daß es für Fremde verboten war, sich dem Stadtgraben zu nähern, und die Besteigung der Stadtmauern mit der Todesstrafe geahndet wurde.

Das Glücksspiel war verlockend, weit verbreitet und gefährlich. Heimlich fand man sich nachts zum Würfel-

Interesse für das klassische Theater bestand nur in gebildeten Kreisen und an den Höfen. Nebenstehend eine Szene aus einer Ausgabe der Comoediae *des Terenz, Lyon 1493. Andere Formen des Theaters fanden in allen Schichten Anklang: In der* Legende der heiligen Ursula *von Carpaccio hat man neuerdings bildliche Hinweise auf die Form der szenischen Darstellung von Heiligenlegenden entdeckt.*

spiel zusammen; die Grüppchen, die sich in Häusern oder im Freien in einem Winkel um eine Lampe scharten, mußten die Entdeckung durch die Nachtwächter fürchten. Tags wurde das Glücksspiel auf dem Markt oder bei den Handelsmessen toleriert. An fürstlichen Höfen, unter Adeligen oder Kaufleuten, spielte man ohne Furcht vor Entdeckung, aber durch unbedachte Worte und Gesten konnten leicht riskante Situationen entstehen. So geschah es Bonaccorso Pitti in Paris, als ihn der Vicomte de Meaux anfuhr: »Was hast du vor, du verräterischer lombardischer Tölpel? Willst du die ganze Nacht gewinnen, du bulgarischer (d. h. wilder) Sodomit?« Der Herzog von Berry konnte am anderen Tag nur mit Mühe und in Anwesenheit seines königlichen Bruders Frieden stiften. Viele Familien fürchteten, daß die jungen Leute auf die schiefe Bahn geraten könnten. Cosimo de'Medici ließ deshalb unter die Anweisungen für die Leiter seiner Bankfilialen aufnehmen, daß sie sich vom Spieltisch fernzuhalten hatten.

Gewinn war jedoch auch im kaufmännischen Leben des Mittelalters nur mit höchstem Risiko zu erzielen. Jede geschäftliche Operation glich dem Würfelspiel oder den Wetten, die man ständig bei der Wahl von Kardinälen, beim Tod von Königen, über die Fruchtbarkeit von Ehen oder die Rückkehr der Pest einging. Manche Wirtschaftshistoriker haben sich sogar gefragt, ob die Schiffsversicherungen, die damals allmählich in Gebrauch kamen, nicht ursprünglich einfach eine Wette zwischen dem Versicherer und dem Versicherten über die glückliche Rückkehr des Schiffes war.

Reisende aus dem Mittelmeerraum waren überrascht und verwirrt darüber, daß die öffentlichen Bäder in Nordeuropa von Frauen und Männern gemeinsam benutzt wurden. Der Spanier Pero Tafur (1435–39) berichtet verwundert, daß in Flandern das gemeinsame nackte Baden so normal sei wie in seiner Heimat der Besuch der Messe. Slawen und Deutsche kannten seit der Antike das Dampfbad. Im 15. Jahrhundert hatten sich die »Öfen« durch einen Deutschen bis Rom verbreitet, aber sie wurden schnell zu schlechtbesuchten Außenstellen der Bordelle. Der Gebrauch des Wassers diente dem Vergnügen und der Therapie zugleich, und die öffentlichen Bäder stammten noch aus dem Mittelalter. Ihr allmähliches Verschwinden hat man auch mit der Angst vor der aufkommenden »französischen Krankheit« in Verbindung gebracht.

Poggio Bracciolini hat zu Beginn des Jahrhunderts ein hübsches Bild eines damaligen Thermalbades skizziert. Eine halbe Meile südlich von Baden nahe Zürich besuchte er die Badeanlagen am Fluß. Es gab dort großartige Gasthöfe und etwa dreißig öffentliche und private Bäder. Jedermann war der Eintritt sogar in die Privatbäder erlaubt, um sie zu besichtigen, sich zu unterhalten und spazieren zu gehen, »während die Frauen, wenn sie ins Wasser gehen und herauskommen, sich fast ganz nackt sehen lassen«. Man aß im

Wasser auf einem schwimmenden Tisch und vertrieb sich die Zeit mit Singen und Tanzen.

Unseren heutigen Sportveranstaltungen in etwa vergleichbar waren die verschiedenen Formen des *palio* in Italien. Der berühmte Palio von Siena wurde seit 1656 ohne Unterbrechung durchgeführt, aber das Pferderennen als solches ist sehr viel älter und war weit verbreitet. Der »palio« war ein kostbares Tuch, das für seinen Gewinner weit mehr als einen bloß symbolischen Wert besaß. Die Chroniken berichten jedes Mal genau über Farbe, Länge und Qualität des Tuches. Auch in Rom gab es beim Karneval verschiedene Veranstaltungen dieser Art, eine für Knaben bis fünfzehn Jahren, eine für Juden unter zwanzig, und eine für Männer über fünfzig. Man ritt Berberfohlen, Hengste, Stuten, aber auch Esel und Büffel, ja es gab sogar Rennen mit Schweinen. Solche Darbietungen fanden unter lärmender Beteiligung der Bevölkerung auf der Straße statt. Oft kam es zu Unregelmäßigkeiten, so daß der Wettbewerb annulliert wurde und wiederholt werden mußte. Manchmal nahmen sogar Kardinäle in Verkleidung teil.

In der Hauptstadt der Christenheit fanden wie in Spanien auch Stierkämpfe statt. Bei einer derartigen Veranstaltung im Stadtviertel Testaccio machten sich zwei Stiere los und schwammen durch den Tiber. Zu Johanni des Jahres 1500 wurde der Petersplatz mit Gittern für eine »corrida« mit sechs Stieren abgesperrt. Die Toreros, die zu Pferde die Stiere mit Pfeil und Degen angriffen, waren Cesare Borgia und seine Kumpane. Auch Erasmus wohnte einer ähnlichen Corrida in Rom bei. Er amüsierte sich überhaupt nicht, sondern empfand das Schauspiel als ein barbarisches Relikt.

Eine andere Art von Sportveranstaltungen waren die Turniere und Ringelspiele. Fälschlicherweise assoziiert man sie nur mit der ritterlichen Welt nördlich der Alpen, die bereits der Vergangenheit angehörte. Gerade in den letzten Jahren des 15. Jahrhunderts berichtet Burcardus über einen »Wettbewerb mit Lanzen nach italienischer Art« auf dem Petersplatz in Rom. Philippe de Commynes gab seinem Verdruß darüber Ausdruck, daß Karl VIII. nach der Rückkehr aus Italien im Jahre 1496 längere Zeit in Lyon blieb, »*à faire tournais et joutes*«, und auf diese Weise den Erfolg seines Feldzuges zu verspielen drohte.

Lev von Rozmital und seine Gefährten versäumten keine Gelegenheit, »eine Lanze zu brechen«. Am burgundischen Hof in Brüssel gab der Baron Jan Zehrovsky, der Onkel von Rozmital, auch eine Vorstellung im Ringkampf. Die Turniere wurden vor allem zum Vergnügen des Kreises derjenigen abgehalten, die sie ausrichteten. Aber die Mächtigen liebten die Selbstdarstellung, und deshalb wurde das Volk mit Sicherheit nicht ausgeschlossen, am wenigsten in Rom.

Es gab noch keine Theater, aber es wurde viel Theater gespielt. Possenrei-

Der wichtigste Zeitvertreib der Edelleute war nach wie vor das Turnier. Unten: Reiter vor dem Zaun der carriera; *aus den Fresken von Marcello Fogolino (oder Romano Girolami, genannt Romanino), 1520, im Schloß Malpaga bei Bergamo. Die Bilder erinnern an die Feste, die der Condottiere Colleoni im Jahre 1474 für Christian I. von Dänemark ausgerichtet hatte. Rechts eine Turnierszene aus dem* Traité de la Forme et Devis d'un Tournois *von René von Anjou, 15. Jahrhundert.*

ßertruppen führten Farcen, religiöse Bruderschaften »Mirakelspiele« vor, Bilder aus dem profanen Leben, in dem Heilige oder die Jungfrau Maria die Aufgabe hatten, das Drama durch ein Wunder zu einem glücklichen Ende zu bringen. Ebenfalls durch die Kirche wurden »Moralitäten« dargeboten, erbauliche Theaterstücke, in denen abstrakte Begriffe, wie Tugend, Tod oder Leben als Personen auf die Bühne traten. Die Wiederbelebung des antiken Theaters hatte gerade begonnen. Seit 1486 waren erstmals am Hof von Ferrara am Ende von Tanzfesten regelmäßig fünf oder sechs Schauspiele pro Saison aufgeführt worden. Dabei wurden im Saal oder im Schloßhof italienische Übersetzungen von Plautus und Terenz auf die Bühne gebracht. Das Publikum saß auf Stufen, die mit kostbarem Samt verkleidet waren. Die Darsteller, gebildete Höflinge, übernahmen auch die Frauenrollen. Zwischen den Akten wurden pantomimische oder tänzerische Intermezzi vorgeführt. Als Publikum waren außer dem engen Kreis des Hofes sicher auch durchreisende adelige Gäste willkommen. Die geistlichen Spiele dagegen waren für das Volk gedacht und bezogen die ganze Stadt mit ein. Sie dauerten manchmal einen ganzen Tag oder erstreckten sich sogar in »Fortsetzungen« über Wochen. Die Stoffe stammten aus der Heiligen Schrift oder den Heiligenviten, waren

aber vermischt mit Szenen aus dem täglichen Leben. Ernstes und Heiteres verband sich manchmal bis zur Farce, was bei den Obrigkeiten Proteste hervorrief. Solche geistlichen Spiele waren am Ende des 15. Jahrhunderts vor allem in Frankreich weitverbreitet, aber auch in Florenz gab man 1491 eine *Darstellung der Heiligen Johannes und Paulus* aus der Feder von Lorenzo dem Prächtigen.

Zu den großen Predigten wandernder oder ortsansässiger Ordensbrüder hatten alle Zutritt. Persönlichkeiten wie Savonarola, Bernardinus von Siena oder Johannes von Capestrano, von denen der erste auf dem Scheiterhaufen, die anderen beiden als Heilige endeten, vermochten ihre Zuhörer bis ins Innerste zu erschüttern. Die Menschen kletterten auf die umliegenden Dächer, wenn der Platz überfüllt war, und danach dauerte es oft Wochen, bis die Schäden wieder repariert waren. Für die Gemeinden schufen deshalb diese Veranstaltungen die gleichen Probleme wie heute die großen Rockkonzerte.

Der Weg der Bank

Von Florenz nach Brügge

Die beiden wichtigsten Bank- und Finanzzentren des damaligen Europa, Florenz und Brügge, unterhielten intensive Beziehungen. Der hier geschilderten Reiseroute durch die Länder der Herzöge von Savoyen und von Burgund mußte ein Florentiner Bankkaufmann der Medici auf dem Weg zu seiner Niederlassung in etwa folgen.

Florenz • Mailand • Vercelli • Aosta
Großer Sankt Bernhard • Besançon
Nancy • Brüssel • Gent • Brügge

Auf der Seite gegenüber der Kapitelüberschrift: junge Florentiner vor Bürgerhäusern, Ausschnitt aus dem Fresko der Heilung des Krüppels und Auferweckung der Tabita *in der Brancacci-Kapelle von Santa Maria del Carmine in Florenz. Der Kaufmann Felice Brancacci beauftragte mit der Ausgestaltung der Kapelle 1425 Masolino da Panicale (der sicher die Figuren des Ausschnitts gemalt hat), dem Masaccio zur Seite trat (vielleicht ist der Hintergrund von seiner Hand).*

Der Padrone: Cosimo der Alte

Im Jahr unserer Reise war Cosimo sechsundfünfzig Jahre alt. Nachdem er zwölf Jahre zuvor aus einer kurzen Verbannung in seine Heimatstadt zurückgerufen worden war, war er unangefochtener Herr über Florenz. Neben seiner Tätigkeit als Bankier, Kaufmann und Textilunternehmer kümmerte er sich auch um seine Landgüter, in die er seine Gewinne investierte. Er gab sich sehr bescheiden, und nach der Verfassung war er auch ein ganz normaler Bürger, der nur ab und zu ein öffentliches Amt bekleidete; in Wirklichkeit aber übte er durch sein Geld und, wie Machiavelli später betonte, durch seine »Freigebigkeit« und »Klugheit« fast unbeschränkte Macht aus. Enea Silvio Piccolomini (Papst Pius II.), der sich in der Politik gut auskannte, schreibt in seinen Commentarii, *daß alle wichtigen Entscheidungen in der Hand Cosimos lagen, daß das Schicksal der Stadt in seinem Hause entschieden wurde und ihm zum Königtum nur Name und äußerer Glanz fehlte.*
Cosimo zahlte auch die meisten Steuern: Nach dem Kataster von 1457 zahlte sein Haus, insgesamt vierzehn Personen, 576 Gulden, d. h. zwei Kilo Gold. Zum Vergleich sei erwähnt, daß die zweit- und dritthöchste Summe 132 und 102 Gulden betrug; alle übrigen Bürger zahlten weniger als 100 Gulden. Nicht alle waren mit diesem sanften Tyrannen, der sich als großer Mäzen betätigte, einverstanden. Wie man weiß, nahm Cosimo Einfluß auf die Steuerveranlagung, um seine Freunde zu begünstigen und seinen Gegnern zu schaden.

Gerozzo di Jacopo de'Pigli verließ **Florenz** im Jahre 1446. Der Vierzigjährige hatte bereits in der Lombard Street Geschäfte getätigt, sprach Englisch und war nun von Cosimo de'Medici damit beauftragt worden, die Londoner Geschäftsstelle der Brügger Niederlassung in eine eigene Filiale der Medici-Bank zu verwandeln und deren Leitung zu übernehmen. In dieses Abenteuer investierte Gerozzo aus eigener Tasche dreihundert Pfund Sterling von den zweitausendfünfhundert, die das Grundkapital für diesen neuen Stein im Bankimperium Cosimos bildeten. Sein Vertrag garantierte Gerozzo ein Fünftel des Gewinns. Als er nun zu Pferd die Porta San Gallo in Richtung Apennin verließ, führte er in seinem Gepäck den *ricordo* mit, die detaillierte Anweisung der Direktion für die Reise und seine künftige Aufgabe. Man empfahl ihm, mit Rücksicht auf die jungen Männer seiner Begleitung, die *garzoni* für das neue Büro, keine allzu großen Tagesetappen zu machen und den Weg über Mailand, Genf und die Länder des Herzogs von Burgund bis nach Brügge zu nehmen, wo er sich einschiffen sollte. Für Mailand besaß er ein Empfehlungsschreiben, mit dem er sich Geld und vor allem Informationen über die Kreditwürdigkeit der Mailänder Kaufleute verschaffen konnte, die mit London Handel trieben. In Genf und Brügge sollte er sich ein Bild über den Geschäftsverlauf dieser beiden Filialen machen.

Die Stadt, die Gerozzo di Jacopo de'Pigli hinter sich ließ, war noch fast ganz mittelalterlich. Noch standen eine ganze Reihe der hohen Geschlechtertürme, die allerdings sämtlich seit der Mitte des 13. Jahrhunderts als Zeichen der antighibellinischen Gesinnung der

Unten: die Porta di San Frediano in Florenz und ein Ausblick auf das gleichnamige Viertel. Ausschnitt aus der Muttergottes mit dem Kind *von Filippino Lippi (ca. 1490) in Santo Spirito, Florenz. Auf den folgenden Seiten: Florenz innerhalb des sechsten Mauerrings. Das detailgenaue Gemälde aus dem 19. Jahrhundert gibt exakt den sogenannten* Kettenplan *des Francesco Rosselli aus dem Jahre 1472 wieder.*

Florenz

Stadt auf fünfzig Ellen (29 m) gekürzt worden waren. Die Häuser waren noch hauptsächlich aus Sandsteinquadern und aus Ziegeln gemauert, die häufig unverputzt blieben. Übergänge aus Holz oder Stein verbanden die eng stehenden Häuser im Stadtzentrum und stützten sie gegeneinander ab, Brücken und Bogen spannten sich zwischen den Häusern einer Familie oder eines Familienclans. Den weißen Marmor aus Carrara, den grünen aus Prato und den roten aus der Maremma sah man im religiösen Zentrum der Stadt, an Baptisterium, Campanile und Dom. Im Jahre 1446 hatte gerade Bernardo Rossellino den Bau des Palazzo für Giovanni Rucellai begonnen; die klare Linienführung und die Verwendung von Stilelementen der Antike basierten auf den Plänen von Leon Battista Alberti. Als führender Kunsthistoriker wurde er bestimmend für die weitere Entwicklung der Architektur, ohne sich je dem Staub der Baustellen auszusetzen. Von den übrigen berühmten Renaissance-Palästen in Florenz war nur der Palazzo Medici (heute Medici-Riccardi) unter der Leitung von Michelozzo seit zwei Jahren im Bau. Bei Luca Pitti lagen die Pläne Brunelleschis für den Palazzo Pitti in der Schublade und warteten darauf, daß Luca Fancelli sie auf dem Gelände an der via Romana in die Tat umsetzte. Auch der Palazzo Strozzi erhob sich noch nicht aus der bescheidenen mittelalterlichen Bebauung um den Mercato Vecchio; Markt und Einzelhandel verteilten sich auf siebzehn kleine Plätze.

Längs des Arno standen neben den Wasserrädern, die Energie für die Manufakturen erzeugten, die *tiratoi*, Holzhütten, in denen das Wolltuch in einer bestimmten Bearbeitungsphase zum Trock-

nen aufgehängt werden mußte. Oberhalb der ersten Brücke befand sich die Lände für die Flöße, die aus dem Casentino herabkamen und hier auseinandergenommen wurden. Unterhalb der letzten, an der Anlegestelle Pignone nahe der Porta San Frediano und der kleinen Porta del Prato, landeten die flachen Lastkähne, die von Pisa Importwolle und aus Elba Eisen den Fluß heraufbrachten.

Über den Arno führten vier Brücken. Bei der verheerenden Überschwemmung von 1333 war nur diejenige stehengeblieben, die nach dem Podestà Rubaconte da Mandela aus Mailand benannt war, der im Jahre 1237 ihren Grundstein gelegt hatte. Sie hieß nun Ponte alle Grazie nach der kleinen Kirche Maria delle Grazie, die neben anderen Gebäuden auf ihr stand. Bis 1424 hatten hier die Murate, Nonnen in Klausur, gelebt. Der Ponte alla Carraia war als erste Brücke in den Jahren 1334–37 vielleicht nach Plänen Giottos wiederaufgebaut worden. Die beiden anderen waren der Ponte a Santa Trinità und der Ponte Vecchio, dessen Wiederaufbau 1345 durch die Vermietung der Läden finanziert wurde, die aus Stein statt wie früher aus Holz in den Arkaden auf beiden Seiten der Brücke untergebracht waren. In der Mitte sparte man bewußt eine Lücke für den genußvollen Ausblick auf Fluß und Hügel aus.

Der letzte Mauerring, der sechste seit der Gründung, umschloß fast die ganze Stadt, die sich auf beiden Arnoufern ungleichmäßig ausbreitet. Er war seit 1284 über ein halbes Jahrhundert im Bau gewesen, bestand zum Teil aus Abbruchmaterial der Geschlechtertürme, war

achteinhalb Kilometer lang und umfaßte dreiundsiebzig Türme und fünfzehn Tore. Die Florentiner hatten die neuen Stadtmauern für eine immer weiter wachsende Stadt berechnet, doch kurz nach der Fertigstellung kam die Pest des Jahres 1348, und danach reichte der von den Mauern umschlossene Raum praktisch bis ins 19. Jahrhundert aus. Wie einzelne Stadtviertel über den Mauerring hinausreichten, gab es umgekehrt viele unbebaute Flächen im Inneren, z. B. die Hügel im Oltrarno-Viertel, die später zum Boboli-Garten wurden. Während sich im älteren Teil der Stadt innerhalb des von der Markgräfin Mathilde von Tuszien angelegten, vierten Mauerrings hohe Häuser eng aneinanderdrängten, breiteten sich in den neueren Vierteln Lust- und Nutzgärten von Ordensgemeinschaften oder reichen Privatleuten aus. Weit draußen im Grün der Hügel oberhalb des Arno liegt der romanische Bau von San Miniato al Monte mit den weiß-grünen Marmorinkrustationen seiner Fassade.

Bauarbeiten zogen sich oft über mehrere Generationen hin, und vor allem die Kirchenfassaden wurden lange nicht fertiggestellt. Die Franziskanerkirche Santa Croce hatte noch keine Fassade, ebensowenig wie die Dominikanerkirche Santa Maria Novella, deren oberer Teil 1470 von Giovanni Rucellai bei Leon Battista Alberti in Auftrag gegeben wurde. An Santa Maria del Fiore, dem Dom, der damals zweitgrößten Kirche der Christenheit nach dem noch unvollendeten Mailänder Dom, war von der Fassade nur das untere Drittel fertig, das 1587 schon wieder zerstört werden sollte. Auch Santa

Maria del Carmine war – und blieb – ohne Fassade; hinter seinen schmucklosen Mauern aus groben Steinquadern verbargen sich die Fresken von Masaccio, Vorbild aller künftigen Malergenerationen der Renaissance. Auch die beiden damals noch unvollendeten Kirchen Brunelleschis, San Lorenzo und Santo Spirito, sollten ohne Fassade bleiben.

Der Genius Brunelleschis wirkte auch noch nach seinem Tod weiter, denn einige seiner Werke harrten noch ihrer Vollendung. So fehlten am Portikus des Spedale degli Innocenti noch die Terrakotta-Medaillons des Andrea della Robbia mit den Wickelkindern (1487). Michelozzos Interpretation der architektonischen Sprache Brunelleschis wurde für die nachfolgenden Architektengenerationen bestimmend. Beim Umbau von Santissima Annunziata ließ sich Michelozzo für die Rotunde des Altarraums von den Plänen für Santa Maria degli Angeli inspirieren. Er arbeitete auch in San Marco, dessen Fresken Beato Angelico, ein Bruder des gleichen Klosters aus Fiesole, schuf. Noch nicht begonnen hatte Michelozzo den Umbau des Hofes im Palazzo della Signoria, von dem nur der von Arnolfo di Cambio erbaute Teil existierte. Gegenüber dem Palast, der mit seinem kühnen Turm das »weltliche« Bild des florentinischen Staates repräsentierte, stand schon die dreibogige, luftige Loggia dei Signori für die öffentlichen Zeremonien der Republik; die spätere Loggia dei Lanzi.

Im »grünen« Kreuzgang (Chiostro verde) von Santa Maria Novella malte gerade in diesem Jahr Paolo Uccello, der Fanatiker der Perspektive, dieser neuen Florentiner Entdeckung, die Fresken der *Sintflut* und das *Opfer Noahs*. Am Baptisterium war die Tür mit den Bronzetafeln von Andrea Pisano noch dem Dom gegenüber angebracht. Sie wurde später auf die Südseite versetzt, als Lorenzo Ghiberti die sogenannte »Paradiestür« fertiggestellt hatte, die ihm 1425 von der Kaufmannszunft in Auftrag gegeben worden war. Im Dom befand sich bereits das Bildnis des John Hawkwood von Paolo Uccello, aber noch nicht dasjenige des Nicolò da Tolentino von Andrea del Castagno. Die Tür zur Sakristei überragten die beiden Sängerkanzeln von Luca della Robbia (1438) und Dontello, die heute im Dommuseum zu sehen sind. Auch die riesige Kuppel des Doms, dieses architektonische Wunder und Wahrzeichen des alten und neuen Florenz, war bereits seit 1436 fertig. Die außerordentliche künstlerische Ausstrahlung der Stadt hatte jedoch erst begonnen.

Auf dem Weg über den Apennin wählte Gerozzo wohl die Straße über Cafaggiolo, das Mugello-Tal und Scarperia. Der fast neunhundert Meter hohe Sattel von Scarperia bildet die Wasserscheide zwischen dem Sieve, d. h. dem Tyrrhenischen Meer, und dem Santerno und damit der Adria. Von da aus führte der Weg über Firenzuola, Covigliaio und den Raticosa-Paß hinunter nach Bologna.

In der Ebene jenseits des Apennin traf Gerozzo auf eine Landschaft, die sich von der Toskana ebenso unterschied wie das Italienisch, das deren Bewohner sprachen. Sicher kannte er diese Sprache bereits, denn ein Finanz- und Kaufmann lernte sein Handwerk durch Reisen. »Das flache Land der Lombardei gehört zu den schönsten, besten und volkreichsten der Erde. Und obwohl es flach ist, kann man dort schlecht reiten, weil es ähnlich oder sogar noch mehr als Flandern von Gräben durchzogen ist. Aber

das Land ist viel besser und fruchtbarer, sowohl für gutes Getreide als auch für gute Weine und Obst«, schrieb Philippe de Commynes, der den Apennin beim Rückzug des Heeres von Karl VIII. 1495 weiter westlich überschreiten sollte.

Zur Zeit der Reise Gerozzos war diese Gegend wie ganz Italien in Unruhe. Bevor durch den Frieden von Lodi im Jahre 1454 bis zum Italienfeldzug des französischen Königs 1494–95 in Italien ein paar Jahrzehnte Frieden herrschen sollte, wurde fast ununterbrochen Krieg geführt. Stadtstaaten, »Signori« und »Condottieri«, die Söldnerunternehmer, waren unaufhörlich in politische Intrigen und kriegerische Auseinandersetzungen verwickelt. Wie in einem gigantischen, hinterhältigen Spiel ging es um Bündnisse, Vor- und Gegenstöße, bewaffnete Einfälle, Eroberungen, Plünderungen, Scharmützel und Schlachten. In jenem Jahr schmiedete der erfolgreichste und gefürchtetste unter den Söldnerführern,

Unten: die Wechselbank (Holzschnitt, Florenz, 15. Jh.). Links: das Land um Florenz, aus einer Predella mit der Flucht nach Ägypten *von Gentile da Fabriano. Beim Aufstieg auf den Apennin läßt der Reisende diese Landschaft hinter sich. Der Weg nach Flandern führte über Mailand; nachdem er die Stadt vom Campanile des Domes aus »gut betrachtet« hatte, kam De Beatis zu der Überzeugung, daß sie so groß wie Paris sei.*

Mailand

Francesco Sforza, auf eigene Rechnung den Plan für einen Überraschungsangriff auf Rom. Sforza selbst war unehelicher Sohn eines anderen Söldnerführers aus der Romagna und Enkel eines Bauern. Im Kleinen, im Alltag des Reisenden schlug sich dieses unruhige Klima in Anekdoten nieder, die abends im Gasthof schaurig und genußvoll ausgeschmückt zum besten gegeben wurden. Gerozzo kannte bestimmt die Geschichte, die Facino Cane zugeschrieben und dann von Poggio Bracciolini in einem höchst lebendigen Latein unter seine *Facetiae* aufgenommen wurde: Ein Mann beklagt sich bei einem Söldnerführer darüber, daß ihm der Mantel gestohlen worden sei. Als dieser jedoch das wertvolle Wams des Reisenden bemerkt, schickt er ihn ungerührt fort mit den Worten: »Wenn dich jemand beraubt hat, dann war es bestimmt keiner von meinen Soldaten. Keiner von ihnen hätte dich mit einem so schönen Kleidungsstück laufen lassen.«

Es mag verwundern, daß in so unruhigen Zeiten das Netz der Handelsverbindungen, der finanziellen Transaktionen, Kreditbriefe und Wechsel nicht zerriß. Aber auch im Frieden konnten sich für die Kaufleute unangenehme Zwischenfälle ereignen. Francesco Sforzas Bruder Alessandro, ebenfalls Söldnerführer, wurde von den Florentinern nach dem Frieden von Lodi von seinem Auftrag für die Stadt entbunden, aber sein Sold war noch nicht vollständig ausbezahlt. Er verhalf sich zu seinem Geld, indem er einen florentinischen Kaufmannszug in Parma überfiel.

Reiche Gewerbestädte wie Parma boten sich längs der via Emilia als Etappenziele auf dem Weg nach **Mailand** an. Der

Verlauf der römischen via Emilia hatte sich seit über 1600 Jahren nicht verändert. Im Herzogtum Mailand, dem vielleicht blühendsten Land im damaligen Europa, herrschte der gerissene, unbeugsame Filippo Maria Visconti. Gerozzo wußte wie alle welterfahrenen Zeitgenossen, daß das Herzogtum nach dessen Tod, der 1447 eintreten sollte, in die Hände seines Schwiegersohnes, des Abenteurers Francesco Sforza geraten würde. Cosimo de'Medici finanzierte ihn und ließ dann von Michelozzo einen schönen Palast für die Medici-Bank errichten, von dem heute nur noch das zierliche, berühmte Portal im Museum erhalten ist. Damals erhoben sich jedoch nur die Mauern des ewig im Bau befindlichen Doms über die niedrigen Dächer der Stadt.

Auch die Gegend um Novara erinnerte Commynes mit ihren tiefen Gräben zu beiden Seiten der Straßen, mit dem

Damals wie heute fand man sich nach der Überquerung der Alpen in einer ganz anderen Landschaft. Unten: Ausschnitt aus dem Tafelbild Die Beweinung des Leichnams Christi *von Dürer (1500). Die dargestellte Landschaft spiegelt wahrscheinlich eine Erinnerung an die Alpen wider. Rechts: die Truhe des heiligen Mauritius, ein Werk verschiedener Goldschmiede aus dem 12./13. Jahrhundert aus der Abtei Saint-Maurice d'Agaune.*

Schlamm des Winters und dem Staub des Sommers an Flandern. In jenen Jahren wurde der Reisanbau in der Lombardei eingeführt. In Vercelli kam man ins Gebiet des Herzogs von Savoyen. Francesco Janis berichtet, daß man dort in den Schenken Rot- und Weißwein »von lieblichem Geschmack« trank, und meinte damit den Wein aus der Markgrafschaft Monferrato.

Zwischen Florenz und Brügge liegen fast acht Breitengrade, und das bedeutet nichts Geringeres als eine Reise aus dem Mittelmeerraum ins nördliche Europa. Die Veränderungen von Klima und Landschaft auf dem Wege unseres Reiters kann man sich auch heute noch leicht vor Augen führen. Schwieriger dagegen ist es, sich die politische Geographie zu vergegenwärtigen. Heute würde Gerozzos Reise von Italien aus über die Schweiz und Frankreich nach Belgien führen. Aber weder Italien noch Belgien existierten in der damaligen Zeit als politische Gebilde. Der Teil der heutigen Schweiz, der zu durchqueren war, gehörte noch nicht zur Eidgenossenschaft, die später französischen Gebiete noch nicht alle zu Frankreich. Von Vercelli nach Brügge reiste man durch zwei einzigartige politische Gebilde, die Staaten von Savoyen und Burgund. Das Haus Savoyen hatte 1416 von Kaiser Sigismund die Herzogswürde erhalten, aber das dazugehörige Herzogtum – damals auf dem Höhepunkt seiner Macht – blieb ein bizarres dynastisch-feudales Gebilde. Es bestand aus einer Reihe nicht besonders fruchtbarer Ländereien mit zahllosen Burgen in unzugänglichen Alpentälern und einer bescheidenen Zahl städtischer Zentren und dehnte sich über die beiden Alpenabhänge vom Meer bei Nizza bis zum

Neuenburger See aus, von Vercelli bis kurz vor Lyon und bis zur Saône.

Von Aosta aus begann die Alpenüberquerung. Der 2473 Meter hohe **Große Sankt Bernhard** ist neun Monate im Jahr schneebedeckt. Das Hospiz in dem rauhen, unwirtlichen Hochtal des Passes war vor vierhundert Jahren vom Erzdiakon der Kirche in Aosta, Bernhard von Menthon, gegründet worden, nachdem die Gegend erst kurz vorher von den Sarazenen befreit worden war. Es war das höchstgelegene Hospiz auf diesem Weg, aber nicht das einzige. Trotz der schwierigen Strecke hatte Herzog Amadeus VIII. von Savoyen hier sogar im Dezember 1434 seine gesamte Artillerie über die Alpen geführt. Die jungen Männer der Ortschaft Saint-Rhemy in einem engen Tal zehn Kilometer vor und achthundert Meter unterhalb des Passes hatten anstelle der Aufgabe, ihrem Feudalherren mit Waffen zu dienen, die Pflicht, die Straße schneefrei zu halten und für die Sicherheit der Reisenden zu sorgen.

Im Rhone-Tal, dem Wallis, lag sodann zur Linken im Schatten steiler Felsen die Abtei Saint-Maurice d'Agaune. Sie war dem Heiligen und seinen Mitstreitern der Thebäischen Legion geweiht, die elf Jahrhunderte zuvor als christliche Märtyrer gestorben waren. Die Kirche besaß bereits Reliquienschreine aus getriebenem Silber, Gold und Emaille, das Aquamanile Karls des Großen aus dem Morgenland und ein Reliquiar mit einem Stück aus der Dornenkrone Christi, das Ludwig der Heilige der Kirche geschenkt hatte. Auf dem Genfer See konnte man die Reise zu Schiff oder längs der Ufer an den sonnigen Weinbergen des Waadtlandes oder des gegenüberliegenden Chablais fortsetzen. Die Seeufer wurden auf der einen Seite von den grauen Kastellen von Chillon und Morges, auf der anderen Seite von Evian und Thonon beherrscht. Zwischen diesen und anderen Burgen zogen die Herzöge von Savoyen, die in der Tradition mittelalterlicher Fürsten ständig in ihren Ländern unterwegs waren, mit Hausrat und Mobiliar hin und her, denn ihre Schlösser waren recht dürftig

Die Zeichnung zeigt das Schloß von Chillon am Genfer See, das schon im 9. Jahrhundert erwähnt wird und bis auf einige Erweiterungen des 16. Jahrhunderts noch heute aussieht wie im 13. Jahrhundert. Bis 1536 gehörte es den Herzögen von Savoyen. Rechts: Landschaft am Ufer des Genfer Sees, Ausschnitt aus dem Gemälde Christus geht über die Wasser *(oder* Der wunderbare Fischzug*) von Konrad Witz (1444), Bürger von Basel, für die Peterskirche in Genf.*

eingerichtet. Betten und andere Möbel mußten häufig von den Untertanen den Herzögen und ihrem Hofstaat freundlichst zur Verfügung gestellt werden.

Zwischen See, Rhone und Arve liegt **Genf** vor dem Hintergrund schimmernder Gletscher und dem Montblanc in eisig klarer Luft. Als Bischofsstadt war es zu jenem Zeitpunkt in der Hand des ehemaligen Herzogs Amadeus VIII., der 1439 durch das Baseler Konzil zum (Gegen)Papst gewählt worden war. Die Bürgerschaft war aktiv und auf die Verteidigung ihrer Freiheiten bedacht. Die wirtschaftliche Bedeutung der Stadt beruhte nicht so sehr auf dem Handel mit Tuchen, Käse, Gewürzen, Salz, Gerber-, Kürschner- und Goldschmiedearbeiten, als vor allem auf ihrer Lage am Kreuzungspunkt der Wege von Italien nach Flandern und von Süddeutschland nach Spanien. Dies prädestinierte sie zur Messestadt mit vier großen jährlichen Messen am Dreikönigstag, an Ostern, am 1. August, d. h. zu Petri Kettenfeier, und an Allerheiligen. Dazu fanden sich Geschäftsleute aus ganz Europa ein, und hier war der Markt für die Kreditbriefe, das wichtigste Instrument des Finanzwesens der Zeit. In dieses internationale Finanzzentrum hatten sich die italienischen Bankiers seit dem Beginn des Jahrhunderts zurückgezogen, nachdem Paris wegen des Hundertjährigen Krieges immer mehr an Bedeutung verloren hatte. Gerozzo fand hier zwischen Geschäftsbüchern, Wechselbriefen und ebenso klugen wie habgierigen Kauf- und Finanz-

leuten die Atmosphäre seiner Heimatstadt und seines Berufes wieder. Nachdem er seine Prüfung des Geschäftsgangs der Medici-Filiale abgeschlossen hatte, machte er sich wieder auf den Weg und überquerte den Jura über den Col de la Faucille (1320 m).

Jenseits des Passes begann das Gebiet des Herzogs von Burgund. Ähnlich wie das Herzogtum Savoyen war auch Burgund nichts anderes als ein Konglomerat verschiedenster, nur durch die – nicht immer gleichbleibende – Treue gegenüber dem Feudalherren zusammengehaltener Territorien. Die burgundischen waren jedoch sehr ausgedehnt, auch wenn sie nicht überall zusammenhingen. Sie reichten von Mâcon an der Saône bis Holland, vom Jura bis zur Nordsee. Ein Teil der Gebiete gehörten formal zur französischen Krone, ein anderer Teil zum Heiligen Römischen Reich. Als Burgund durch die Niederlagen Karls des Kühnen später zerbrach, feierte Philippe de Commynes die Dynastie der Burgunderherzöge, eine Nebenlinie der französischen Valois, mit den Worten, sie sei in den hundert Jahren ihres Bestehens unter vier Herzögen »wie keine andere der Christenheit geachtet worden« und habe »in dauerndem Glück und Wohlstand« gelebt. Damals regierte den Staat der vorletzte Herzog, Philipp der Gute, und sein Hof erging sich in Luxus und den Idealen eines romantisierten Rittertums, das die macht- und finanzpolitischen Ziele der Burgunder überhöhte.

Der Weg des Florentiners führte nun weiter über Besançon, Nancy, die Mosel und die Ardennen. **Besançon** liegt in der Franche-Comté, einem der Teile des burgundischen Reiches, die durch die Heirat der Tochter Karls des Kühnen, Maria,

Im Gebiet der Herzöge von Burgund. Unten: eine wohlhabende Stadt bildet den Hintergrund für die Darstellung einer Hinrichtungsszene. Wie die Miniatur von Liédet Loyset aus den Chroniques *von Jean Froissart (15. Jh.)* zeigt, war ein solches Ereignis ein gewohntes Schauspiel. Rechts: bewaldete Hügel, eine Ortschaft, eine Brücke, Reiter und Bauern; Ausschnitt aus der Anbetung der Heiligen Drei Könige *von Hugo van der Goes aus Gent (1470).*

mit Maximilian an die Habsburger fallen sollten. Damals wie heute lag der Ort malerisch an der Stelle, wo der Doubs sich um den Felsen der Zitadelle schlängelt. Aber die Stadt war noch nicht von den stolzen Festungsanlagen eines Vauban umschlossen, und ebensowenig stand schon das Palais, das sich der Kanzler Karls V., Nicolas de Granvelle, in den Jahren 1534 bis 1547 im Renaissance-Stil bauen ließ. Durch die römische Porte Noire gelangte man wie heute zur gotischen Kathedrale Saint-Jean mit dem ungewöhnlichen Grundriß zweier einander gegenüberliegender Apsiden.

Nancy, die Hauptstadt des Herzogtums Lothringen, gilt heute allgemein als eine der schönsten Städte Frankreichs aus dem 18. und späten 19. Jahrhundert. Es ist deshalb nicht leicht, sich vorzustellen, wie Gerozzo die mit Mauern und Gräben bewehrte Stadt am linken Ufer der Meurthe gesehen haben mag, vor der sich mit dem Fall Karls des Kühnen im Jahre 1477 das Schicksal Burgunds entscheiden sollte. Seine Ratgeber hatten vergebens versucht, ihn auf das ungünstige Kräfteverhältnis gegenüber seinen Feinden aufmerksam zu machen.

»Aveques parolles d'homme insensé«,

Die Beete eines gepflegten Gartens vor einem Herrenhaus. Dieser hübsche Winkel einer flämischen Stadt ist ein Ausschnitt aus dem Gemälde Madonna mit Kind *von Dieric Bouts (gest. 1475). Rechts: die Umrisse von Gent, Ausschnitt aus dem Altarbild mit der* Anbetung des Mystischen Lammes *(1432) in Sankt Bavo in Gent. Ein lateinischer Vierzeiler auf dem äußeren Rahmen sagt, daß das Bild von Hubert van Eyck,* »quo maior nemo repertus« *(zu dem kein Größerer zu finden war) begonnen und von seinem Bruder Jan vollendet wurde.*

(mit Worten eines unvernünftigen Menschen, Philippe de Commynes), antwortete er: »*Si je debvois combattre seul, si les combateray-je.*« (Auch wenn ich allein kämpfen müßte, würde ich dennoch kämpfen. Molinet, *Chroniques*). Nackt und völlig entstellt wurde sein Leichnam zwei Tage nach der Schlacht im Schlamm des Saint-Jean-Weihers gefunden.

Diese Tragödie war freilich erst der Zukunft vorbehalten. Zu der Zeit, als Gerozzo von Genf nach Brügge fast ständig

Brüssel

durch burgundisches Gebiet reiste, sah er ein äußerst wohlhabendes Land, über das der kleine und mittlere Adel in eigenem Interesse oder im Auftrag des hohen Adels wachte. Zum Reichtum des Landes trug die blühende Landwirtschaft bei, aber mehr noch Handel und Gewerbe von Städten wie Arras, Lille, Ypern, Gent, Brügge, Brüssel, Löwen, Antwerpen und Mecheln, die heute zu Belgien oder Frankreich gehören.

Durch die Ardennen, durch endlose Eichenwälder und weite Ebenen kam der Florentiner in das ökonomische Herz des Herzogtums Burgund und damit in einem gewissen Sinn in das ökonomische Herz Europas. De Beatis beschreibt Brabant und Flandern als ein Land, in dem fast alle Häuser Gärten haben mit »Kräutlein, Rosen, Nelken und Lavendel in Mengen«. An den Fassaden aus Fachwerk sind die Holzteile »so kunstfertig gearbeitet, daß sie nicht stören, sondern im Gegenteil verschönern«. Die Dächer sind gedeckt mit »gewissen Tafeln aus schwarzem Stein«, und in dem ab Brüssel völlig flachen Land ragen »hohe, sehr spitze Türme«, die berühmten Belfriede, in den Himmel.

Die erste Blütezeit der europäischen Malerei fiel in diese Epoche. Im Jahre der Reise Piglis waren in **Brüssel** in dem herrlichen gotischen Rathaus, an dem noch der Turm fehlte, die Bilder von Rogier van der Weyden zu sehen, die 1695 bei der Beschießung der Stadt zerstört wurden. In der heute nicht mehr vorhandenen Residenz der Herzöge von Brabant konnten später Lev von Rozmital und seine böhmische Begleitung den Hofstaat Philipps des Guten in seiner ganzen Pracht bestaunen. Sie waren namentlich von den Künsten der Eisläufer auf den zugefrorenen Teichen fasziniert.

Ein Dorf, eine Windmühle am Flußufer und eine Hafenstadt im Hintergrund: In diesem Ausschnitt aus dem Gemälde Ruhe auf der Flucht nach Ägypten *von Joachim Patenier (ca. 1520) spiegelt sich die Heimat des Malers, der in Dinant geboren wurde und in Antwerpen starb. In Wirklichkeit ist der »Kindermord« in Bethlehem dargestellt und das »Wunder des Weizens«, der in einer Nacht wuchs, so daß die Verfolger von der Heiligen Familie abließen.*

Höfisches Leben in Burgund

In der komplexen Persönlichkeit des Herzogs Philipp des Guten kommen die besonderen Umstände seiner Zeit und seines Landes zum Ausdruck: Er war aufbrausend und listig, durchdrungen von ritterlichen Idealen und dem Hochmut der Aristokratie. Es kam vor, daß er die Staatsgeschäfte liegen ließ, um in höchstem Zorn einen Bierbrauer in Lille dazu zu bringen, seine Tochter mit einem seiner Bogenschützen zu verheiraten. Als der Dauphin (der zukünftige Ludwig XI.) wegen Auseinandersetzungen mit seinem Vater in Brabant Zuflucht suchte, unterbrach der Herzog die Belagerung von Deventer, um den Prinzen in Brüssel gemäß dem ritterlichen Ehrenkodex würdig zu empfangen. Das Leben seines Hofes war geprägt von Banketten, Turnieren, Zeremonien und idealisierenden Selbstdarstellungen wie im Orden vom »Goldenen Vlies«, der »aus Liebe zum Rittertum und zur Verteidigung des christlichen Glaubens« gegründet worden war. Die Ritter trugen scharlachrote, hermelingefütterte Mäntel und eine goldene Kette. Der symbolreiche Formalismus der ritterlichen Umgangsformen wurde vor allem in Madrid und Wien zum Vorbild für das Hofzeremoniell. Auf Wunsch Eduards IV. von England schrieb der Ritter Olivier de la Marche ein Traktat, in dem z. B. die Frage diskutiert wurde, ob beim Personal für Küche und Tafel Brotmeister und Mundschenk ein höherer Rang gebühre als Vorleger und Koch. Die Frage wurde bejaht, weil im Umgang mit Brot und Wein das Sakrament des Abendmahls anklinge.

Gent hat eine militärisch äußerst günstige Lage, und man rühmte sich dort, nicht einmal in Belagerungszeiten tags oder nachts die Tore geschlossen zu halten. Tatsächlich konnte man innerhalb von nur drei Stunden durch die Umleitung von vier Flußarmen das gesamte Land eine Meile im Umkreis unter Wasser setzen, so berichtet es jedenfalls ein Mailänder Kaufmann in seinen Reiseaufzeichnungen (1517–1519). Rund um die Stadt standen zahlreiche Windmühlen. In der Stadt war in der Johannes-Kirche, die später in Sankt Bavo umbenannt wurde, der Altar der *Anbetung des mystischen Lammes* von Jan van Eyck zu bewundern, den Dürer als ein »wunderbares Bild voller Klugheit« bezeichnete.

Die Landschaft um **Brügge** wird vom Dunst über dem See, vom saftigen Grün der Gärten und dem hellen Gelb des Sandes bestimmt. In der Ebene, in der die Dünen den Blick auf die Nordsee verstellen, liegt Brügge in der Form einer Mandel. Das Straßennetz dieser allmählich gewachsenen Stadt überschneidet sich mit dem Gewirr der Kanäle und scheint jeder Logik hohnzusprechen. Philippe de Commynes beschrieb Brügge als einen »Sammelplatz von Waren und fremden Nationen, und hier kommen manchmal mehr Waren an als in jeder anderen Stadt Europas, und es wäre ein nicht mehr gutzumachender Schaden, wenn die Stadt zerstört würde.«

Aufstieg und dann auch Niedergang der Stadt wurden zumindest zum Teil durch die dynamischen Kräfte von Wind und Meer bestimmt. Die Reie, an deren Ufern Brügge liegt, mündete ursprünglich in einen Meeresarm, der weit ins Land hineinreichte. Dadurch war die Stadt seit je mit der See verbunden. Im

Das Zentrum von Brügge; Ausschnitt einer perspektivischen Karte von 1562. Der Markt wird von dem Turm der Hallen beherrscht (die achteckige Spitze wurde 1482 gebaut). Auf der linken Seite des Platzes steht über dem Fluß die Waterhalle, in der die Boote entladen werden konnten. Der geschlossene Platz daneben ist die Burg mit der Heilig-Blut-Kapelle.

Jahr 1134 jedoch hatte eine der gefürchteten Sturmfluten einen Meeresarm, den Zwin, bis auf eine Meile vor die Stadt geschoben. Dort wurde als Hafenstadt Damme gegründet und durch einen Kanal mit der Reie und der Stadt verbunden. Als der Zwin immer mehr verlandete, mußte der Warenumschlagplatz nach Sluis verlegt werden. Die Chronisten berichten, daß bei einer einzigen Sturmflut im Jahre 1468 hundertfünfzig fremde Schiffe im Hafen Zuflucht suchten. Durch die immer weiter fortschreitende Verlandung, die Konkurrenz von Antwerpen und die Verlagerung der Handelswege begann bald der allmähliche Niedergang der Stadt. Als Gerozzo dort anlangte, stand sie jedoch noch in voller Blüte. Brügge beherbergte Kaufleute aus siebzehn Nationen, die sich im Haus der Familie van der Beurs, der »Börse« nahe dem Markt, zu Geschäftsbesprechungen trafen. In unmittelbarer Nähe lagen die Häuser der Kaufleute aus Genua und Florenz, die Warenlager der Engländer und der deutschen Hanse. Als erste Galeeren aus Italien waren die Genuesen im Jahre 1277 in Brügge gelandet, und danach machten die Venezianer mit ihren Handelsgaleeren regelmäßig dort halt. Seit der Mitte des 14. Jahrhunderts kamen auch Schiffe aus Portugal und Spanien. Man handelte mit Stoffen aus Italien und dem Orient, mit Rheinwein, Metallen aus Böhmen und Deutschland, Wolle und Käse aus England, und vor allem natürlich mit Gewürzen. Nicht weniger bedeutend war Brügge als Zentrum des Geldverkehrs, denn London war damals noch ein Nebenschauplatz.

Als Gerozzo seine Aufgabe in Brügge und später in London übernahm, bestand im Außenhandel der Niederlande ein strukturelles Handelsbilanzdefizit gegenüber Florenz und den anderen italienischen Städten. Der Export von flämischen Gobelins und holländischer Leinwand wog nicht die Einfuhr von Alaun, Gewürzen, Seide und anderer Luxusprodukte aus Italien auf. Der Ausgleich wurde erst durch den Export von Wolle erreicht, Wolle aus Flandern, die »der Seide gleicht«, wie De Beatis später schrieb, vor allem aber aus England. Die Engländer andererseits waren, auch mit Hilfe von Krediten aus Brügge, vom Export des Rohmaterials zur Tuchproduktion übergegangen und damit in Konkurrenz zu Flandern und Italien getreten. Den Risiken des Handels stand die Aussicht auf hohe Profite gegenüber, und die Vorzeichen einer düsteren Zukunft waren vermutlich noch kaum wahrnehmbar.

Die Stadt bot ein malerisches Bild mit ihren zahlreichen Kanälen, in denen sich die Häuser spiegelten, den gewölbten Steinbrücken und den Bäumen, die ihre Zweige bis ins Wasser hängen ließen. Zum Schutz vor Feuer waren seit langem Ziegeldächer vorgeschrieben. An den Hauptstraßen reihten sich die schmalen Fassaden der Patrizierhäuser mit ihren treppenförmigen Giebeln aneinander. Die Zentren der Stadt waren Burg und Markt. Die Burg war benannt nach dem Kastell, das im 9. Jahrhundert von den Grafen von Flandern am Ufer der Reie zwischen Sand und Marsch errichtet worden war. Jetzt lag dort ein geschlossener Platz mit dem im Jahre 1420 fertiggestellten Stadthuis und der Heilig-Blut-Basilika. Sie barg als äußerst kostbare Reliquie einige Blutstropfen Christi, die im 12. Jahrhundert der Patriarch von Jerusalem dem Grafen von Flandern zum Geschenk gemacht hatte. Bis zum 14. Jahr-

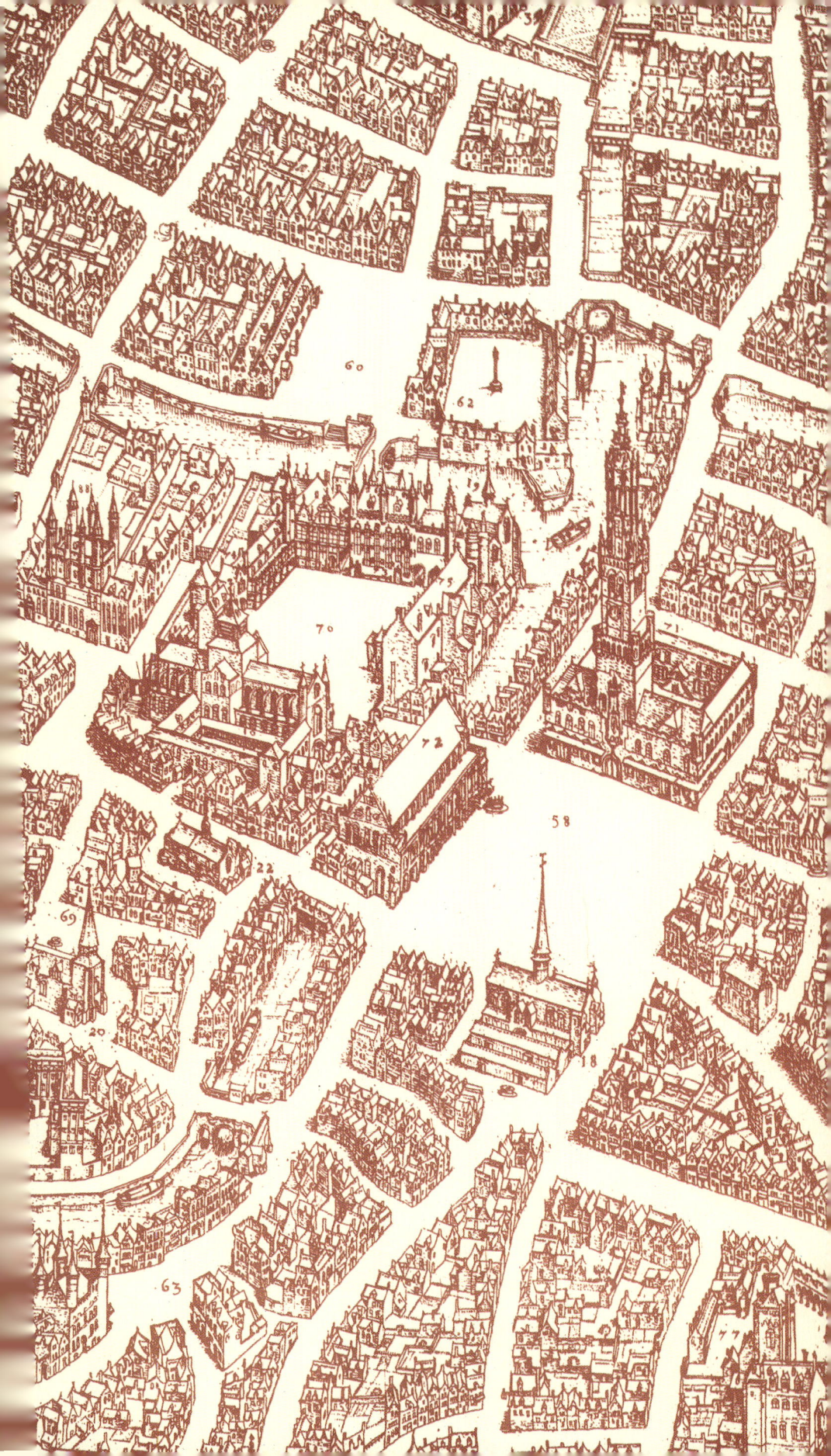

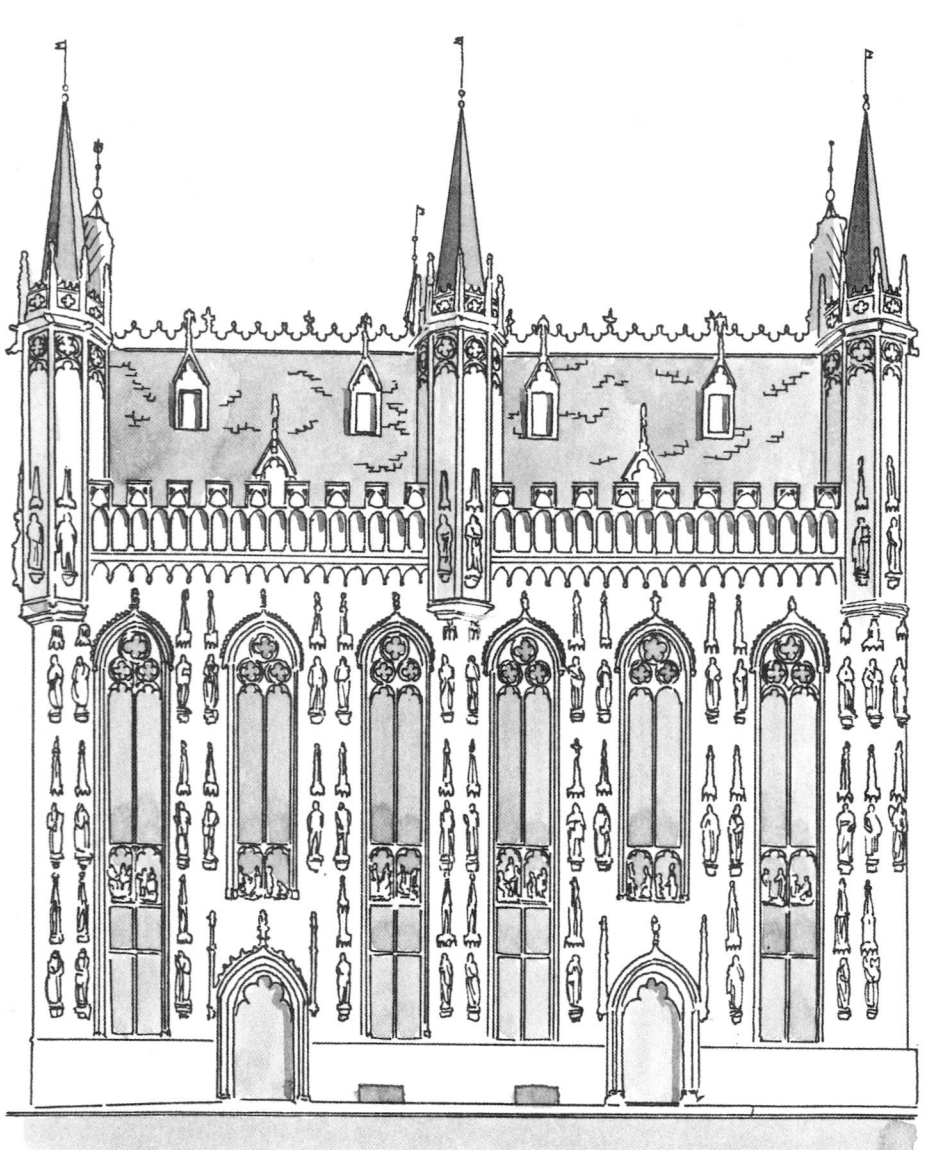

Brügge

Zeichnung links: Das Stadhuis von Brügge, ein stolzer gotischer Bau aus den Jahren 1376–1420, Sitz der Stadtregierung, steht an der Burg. Zwischen den schmalen, hohen Fenstern stellen 48 Figuren die Grafen und Gräfinnen Flanderns dar. Unten: der kleine Platz nahe dem Markt, an dem die Häuser der Kaufleute aus Genua und Florenz standen; Stich des 16. Jahrhunderts.

hundert vollzog sich jeden Freitag das Wunder der Verflüssigung des heiligen Blutes. Am anderen Ufer der Reie erhob sich über dem »Grote Markt« und der »Lakenhalle« der »Belfried« aus dem 13. Jahrhundert. Auf diesem größten Platz der Stadt wurde der Fischmarkt abgehalten, andere nahe Plätze dienten dem Getreide- und Lederverkauf. Auf dem Grote Markt stand das wohl seltsamste Bauwerk der Stadt, die »Waterhalle« des ausgehenden 13. Jahrhunderts, in die Schiffe zum Be- und Entladen der Waren direkt hineinfahren konnten. Sie wurden im 18. Jahrhundert abgerissen.

An der gotischen Kirche Onze-Lieve-Vrouw zog sich der Bau des hohen Ziegelturmes hin. Er wurde schließlich 122 Meter hoch, aber erst 1549 fertiggestellt. Im nahegelegenen St. Jans-Spital sollte später Memling seine Meisterwerke malen. Ein Mann wie Pigli aus dem gebildeten Kreis um Cosimo interessierte sich gewiß für die sogenannte Malerschule von Brügge. Zu ihr gehörten die großen Künstler des 15. Jahrhunderts aus der städtischen Gilde, die jedoch meist nicht aus Brügge selbst stammten. Jan van Eyck kam wahrscheinlich aus Maaseyck, Hugo van der Goes aus Gent, Memling vielleicht aus der Gegend von Mainz. Giovanni Arnolfini, ein Kaufmann aus Lucca, der von Philipp dem Guten zum Ritter geschlagen worden war, bewahrte in seinem Haus das großartige Porträt, das Jan van Eyck zwölf Jahre früher von ihm und seiner Frau Giovanna Cenami gemalt hatte (heute in der National Gallery in London). Und in der St. Donaas-Kirche hing von demselben Maler das Tafelbild der *Madonna des Kanonikus van der Paele.*

Pelze

Von Lübeck nach Nowgorod

Die Schiffe der Hanse befuhren mit Getreide, Bernstein und Pelzen beladen die Ostsee. Wir folgen der Reise eines Kaufmannes aus der bedeutendsten Stadt der Hanse nach Nowgorod. Die blühende Handelsstadt trug den Beinamen die »Große«, bevor der Großfürst von Moskau sie unterwarf.

**Lübeck • Danzig • Riga
Pskow • Nowgorod**

»Auf diesem Meer fahren die Schiffe nicht mit Hilfe von Kompaß und Karten, sondern mit dem Peillot.« Diese Inschrift steht in einem Winkel der Ostsee auf dem Pergament der »Weltkarte« in Kreisform, die der Kosmograph Fra Mauro im Kamaldulenserkloster der Insel San Michele in Venedig auf Pergament zeichnete. Vor allem die Küstenlinie der am meisten befahrenen südlichen Ostsee ist flach, uneinheitlich und schwer erkennbar. Selbst im Sommer erhebt sich die Sonne oft kaum über den Horizont; der Hafen von Riga ist zwischen Ende November und Anfang April vereist, und die Wassertiefe erreicht nur an einer Stelle fünfhundert Meter, während sie im Durchschnitt bei siebzig Meter liegt.

Die Bemerkung des Fra Mauro bedeutet nicht, daß man im Norden die Magnetnadel nicht kannte, sondern vielmehr, daß es für die Seeleute dort zweckmäßiger war, sich nach dem Meeresboden zu richten. Dazu bedienten sie sich eines mit Talg umhüllten Bleilotes, das in regelmäßigen Abständen zu Wasser gelassen wurde; die daran ablesbare Tiefe und die Bodenproben von Sand und Schlamm genügten zur Positionsbestimmung. Um ein Schiff aus Danzig an der Weiterfahrt zu hindern, begnügten sich die englischen Behörden in Plymouth 1449 damit, das Peillot zu beschlagnahmen.

Das typische Ostseeschiff, das den Aufstieg der Hanse begleitete, war die *Kogge,* die auf den Siegeln der Hansestädte abgebildet ist. Die hohen, an Bug und Heck planen Wände des Rumpfs bestehen aus sogenannten Klinkerplanken, d. h. die Planken der Kogge lagen dachziegelartig übereinander. Diese Bauart war charakteristisch für den Norden, während man im Süden eine glatte Beplankung bevorzugte. Am einzigen Mast wurde das viereckige Großsegel mit Hilfe von Brassen aus Hanf manövriert, die seit langem diejenigen aus Holzfasern oder Walroßleder ersetzt hatten. Auf einem Danziger Siegel aus dem 15. Jahrhundert lassen sich die neuen Errungenschaften des Schiffbaus erkennen. Anders als bisher waren die beiden Kastelle fest mit dem Schiffsrumpf verbunden, und die Spitze des Mastbaums krönte ein runder Mastkorb, zu dem man über die Sprossen der zwischen den Wanten hängenden Strickleiter emporkletterte. Außer der Kogge gab es auch den *Hulk* oder *Holk,* der wegen seines größeren Fassungsvermögens die Kogge bald ablöste. Manchmal allerdings werden die beiden Namen für ein und denselben Typ verwendet, denn im 15. Jahrhundert entwickelte sich der Schiffbau schneller als die Seemannssprache. An die Stelle eines einzigen traten drei Mastbäume, und vielleicht besaß der Hulk Ähnlichkeit mit der *Kraweel* oder Karavelle, dem am häufigsten gebauten Dreimaster am Ende des 15. Jahrhunderts.

Das Fassungsvermögen der Schiffe wurde in *Lasten* gemessen, wobei eine Last ursprünglich eine Ladung Korn auf einem vierrädrigen Karren bezeichnet hatte. In diesem Maß spiegelt sich die Natur des Warenverkehrs in der Ostsee. Die Hanse beherrschte den ganzen Ost-Westverkehr zwischen Nowgorod, Brügge und London, mit einer Abzweigung nach Bergen in Norwegen. Durch den regen Handel zwischen Flandern und Italien stand die Welt der Hanse mit dem Mittelmeerraum in Verbindung, und von da aus wiederum mit dem Handel kostbarer Güter zwischen der Levante, Venedig und Genua. So sah in groben Um-

Schiffe und Kaufleute. Links: das Lager eines deutschen Kaufmanns in einem Holzschnitt von Hans Weidlitz, Anfang des 16. Jahrhunderts. Unten: eine Kraweel, Zeichnung eines flämischen Meisters um 1470. Neben dem Mastkorb am Hauptmast das Monogramm des Künstlers (W. A.) und die niederländische Bezeichnung des Schiffstyps (kraek). Gegenüber dem Titel: der gleiche Schiffstyp als Tafelaufsatz, Goldschmiedearbeit aus Nürnberg, 1503.

Lübeck

rissen das Netzwerk des internationalen Warenverkehrs im Mittelalter aus. Was die Hanse in Nord- und Ostsee in Umlauf brachte, waren vorwiegend Artikel des täglichen Bedarfs und Rohstoffe. In Bergen wurden Kupfer und Eisen, Stockfisch und Salzheringe geladen, in England Wolle, in Flandern Tuch, in Livland Bienenwachs, in Preußen, dem Land des Deutschen Ordens, Bernstein, in Rußland Pelze und in Polen Weizen. Weil Hungersnöte auch in den reichsten und blühendsten Teilen Europas eine stete Gefahr blieben, fanden die Hansekaufleute für ihr Getreide gute Märkte.

Die Hanse war im Zuge der deutschen Kolonisierung der Ostseeküsten entstanden. Nicht zuletzt unter Ausnutzung der zeitweise instabilen politischen Strukturen der Ostseeanrainer hatte sie einen gewinnbringenden Handel in Schwung gebracht, aber die Konkurrenz durch englische und holländische Schiffe machte sich nach der Blütezeit des 14. Jahrhunderts immer stärker bemerkbar. Ein Krieg gegen die Engländer war 1474 mit dem Frieden von Utrecht beendet worden, den eine sechsundzwanzigköpfige Bürgerabordnung der Hanse unter Führung des Lübecker Bürgermeisters Heinrich Castorp abgeschlossen hatte. Nun, in der Mitte der siebziger Jahre, waren bei Reisen zwischen Lübeck und Nowgorod wohl manche Vorzeichen einer düsteren Zukunft spürbar. So war die östlichste Niederlassung der Hanse, die Faktorei in Nowgorod, immer mehr vom Zugriff des ehrgeizigen Moskauer Großfürsten bedroht.

Ursprünglich war die deutsche Hanse nichts anderes als einer der Zusammenschlüsse deutscher Kaufleute auf fremden Märkten, aber aus dem Zusammenschluß von Individuen wurde ein Städtebund, der in seiner Blütezeit mehr als neunzig Orte zwischen Friesland und Reval umfaßte und von der Ostsee bis tief ins Hinterland nach Göttingen, Halle, Breslau und Krakau reichte.

Die Hanse, die ihre Mitgliedstädte nur insoweit an sich band, als es deren jeweiligen Eigeninteressen entsprach, hatte ihr Archiv in **Lübeck.** Dort fanden auch die selten vollzählig, häufig eher spärlich besuchten Hansetage statt. Lübecks Bedeutung innerhalb der Hanse lag zum einen darin, daß es die erste deutsche Handelsstadt an der Ostsee gewesen war. Ihr Name rührt von einer slawischen Ansiedlung namens Liubice her. Der Hauptgrund für die führende Rolle Lübecks war jedoch seine günstige Lage in der äußersten Nordwestecke der Ostsee, wo die Kaufleute auf ihrem Weg von Nowgorod nach Brügge das Schiff verlassen

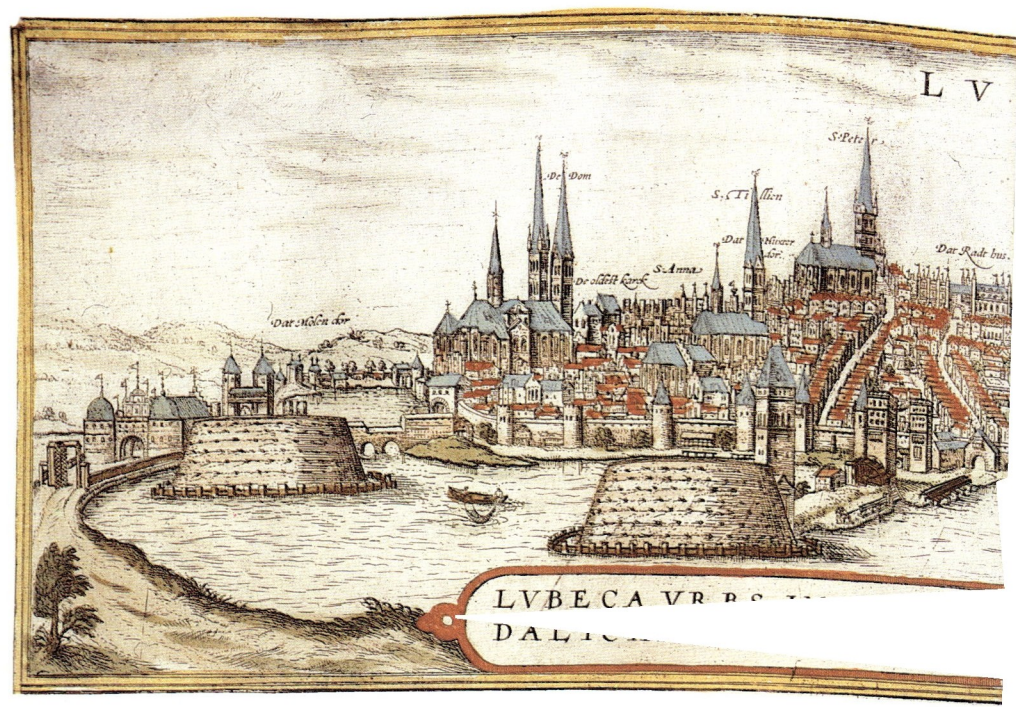

mußten, um zu Land weiter nach Hamburg und zur Elbmündung an die Nordsee zu reisen.

Wie die beiden anderen großen Hansestädte, Hamburg und Bremen, liegt auch Lübeck nicht unmittelbar am Meer, sondern etwa zwanzig Kilometer landeinwärts am Zusammenfluß von Wakenitz und Trave inmitten einer Niederung. Bereits seit dem 14. Jahrhundert existierte ein Kanal zwischen Trave und Elbe. Auf einer langgestreckten Insel war die Stadt mit dem für die niederdeutsche Architektur typischen rötlichen Backstein errichtet worden; die geringen Beimengungen von Kalk und Granit mußten zur See herbeigeschafft werden. Die ganze gotische Stadt war aus Backstein erbaut: Ihre strengen Treppengiebelfassaden spiegelten sich im Wasser der Trave, über die die Weiden ihre Zweige hängen ließen; um das Rathaus, das wohl bedeutendste profane Bauwerk des deutschen Mittelalters, lagen die Wohn- und Werkstätten von Sattlern, Gerbern, Webern, Schustern, Apothekern, Eisen-, Waffen- und Goldschmieden. Es gab einen Tuch-, einen Kohlen- und einen Heumarkt und Salzlagerhäuser am Wasser nahe dem gerade fertiggestellten Holstentor (1476). Mit einer doppelten Reihe von Bogenfenstern in seinen wuchtigen Rundmauern und den beiden Turmhelmen war das neue Tor Ausdruck Lübecker Bürgerstolzes. Von fern schon zeichnete sich das

Lübeck, umgeben von Mauer und Wasser; aus dem Atlas von Janssonius oder Jansson. Im Fluß schwimmen Schwäne, Schiffe liegen im Hafen vor Anker. Zwischen den spitzen Türmen der Stadt erkennt man Dar Rade hus, *das Rathaus, das Herz der Freien Reichsstadt, der Hauptstadt der »*inclita Hanseatica societas«, *wie es in der lateinischen Inschrift heißt.*

Lübeck

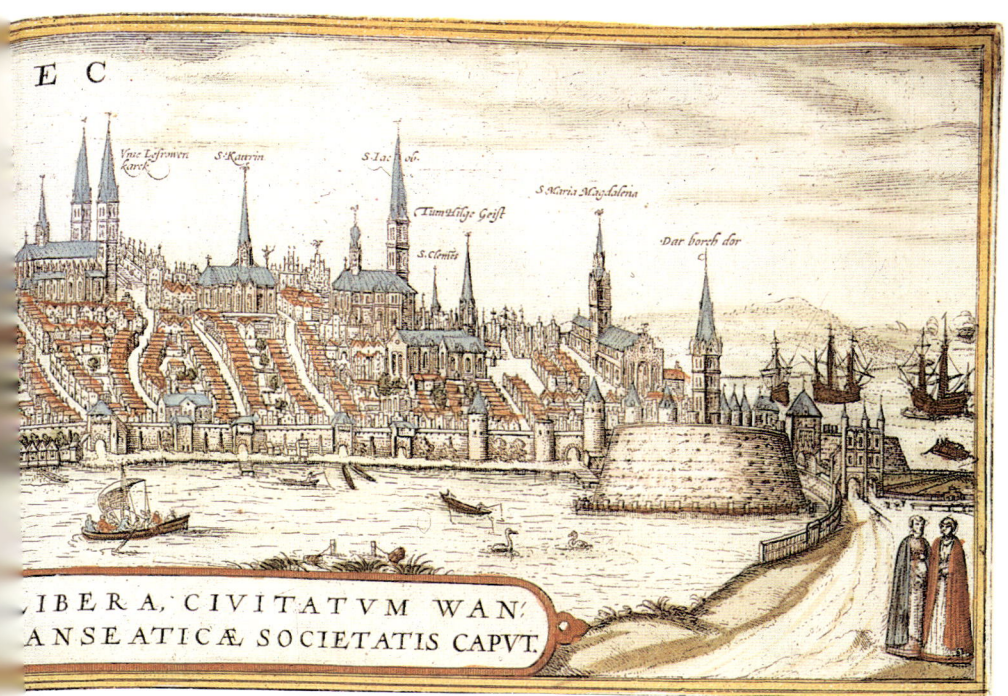

Profil der Stadt mit spitzen Türmen und Dächern am weiten Horizont ab. Als Vorbild für diese Türme hatte der an der Südspitze der Insel gelegene Dom gedient, der im Inneren noch sein romanisches Aussehen bewahrte, während das Äußere ereits gotische Stileinflüsse zeigte. Beherrscht wurde das Stadtbild jedoch durch die achteckigen Helme auf den quadratischen Türmen der Marienkirche, die erst im 14. Jahrhundert der ein Jahrhundert früher erbauten Kirche angefügt worden waren. Sie diente als Vorbild für alle niederdeutschen Backsteinkirchen; im Inneren war schon seit dem Jahre 1420 die gotische Figur der »Schönen Muttergottes« zu bewundern.

Der Menschen- und Kaufmannstypus dieser Stadt läßt sich an der Geschichte der vier Gebrüder Kulich, Kunz, Hans, Paul und Matthias ablesen, die, aus Nürnberg gebürtig, sich hier niedergelassen hatten. Ihre Tätigkeit als Kaufleute fiel in die Jahrzehnte vor und nach der Jahrhundertwende. Das Netz ihrer Handelsverbindungen reichte bis Livland, Skandinavien und Süddeutschland, und im Katalog ihres Angebots fanden sich Papier, Pfeffer, Färbestoffe, Samt aus Mailand in sieben verschiedenen Farben und fünfzehn Tuchsorten vom Goldbrokat bis zu Stoffen aus Ulm. Die Brüder wurden reich, und Matthias, der jüngste, stieg zu Beginn des 16. Jahrhunderts sogar ins Patriziat auf, d. h. er saß im Rat der Stadt. Er heiratete in eine der ange-

Auf der Zeichnung unten: das Holstentor im Westen der Stadt Lübeck (1476) und die quadratischen Türme der Marienkirche, an der hundert Jahre gebaut wurde. Rechts, der farbig gefaßte und vergoldete Fronleichnamsaltar des Lübecker Meisters Henning von der Heide, 1496, früher Burgkirche.

sehensten Familien ein und bekam vom dänischen König ein Lehen.

Ein Bild dessen, was vor dem Lübecker Kaufmann lag, als er die Stadt verließ, gibt Paolo Giovio aus Como, der am päpstlichen Hof lebte und unter Papst Klemens VII. die Ankunft des hochgebildeten Dimitrij Gerasimow als Botschafter des Moskauer Großfürsten Wassilij III. im Jahre 1525 miterlebte, in seinem *Brief über das Großfürstentum Moskau:* »Von Nowgorod bis nach Riga, der Hafenstadt nahe dem Meer von Sarmatien«, sind fünfhundert Meilen in einer Ebene zurückzulegen, die aber angenehmer ist als die Wälder und »einsamen Landstriche« vor Moskau, »weil es wenigstens viele Dörfer gibt«. Zwischen Riga und Lübeck dagegen liegen mehr als tausend Meilen »gefährlicher Seefahrt«.

Von der Trave fuhr man in die Lübecker Bucht ein, dann in die noch weitere Mecklenburger Bucht. Die Schiffe hielten sich nahe der deutschen Küste und kamen vielleicht nicht einmal in Sichtweite der flachen dänischen Inseln Lolland und Falster. Jenseits der Insel Rügen, die wie ein Schutzschild vor der Hansestadt Stralsund liegt, führte die

Seeroute wahrscheinlich bis hinauf zu den wildbewachsenen, 162 Meter hohen Felsen von Bornholm, um dann Rixhöft, die Nordspitze der pommerschen Küste am Eingang der Danziger Bucht, zu umfahren.

Die ursprünglich slawische Siedlung **Danzig** liegt zwischen Mottlau und Weichsel, zwischen Marschland und den letzten Hügeln Pommerns gegen das Meer zu.

Die Weichsel, die nur an wenigen Tagen im Jahr zufriert, machte damals eine Biegung nach Westen, wo sie durch den Dünengürtel Zugang zum Meer fand. Dieses Stück heißt heute Tote Weichsel, weil sich im 19. Jahrhundert während einer Überschwemmung eine direktere Mündung ins Meer bildete. Die Stadt war einer der Hauptstützpunkte der Hanse. Im Jahre 1454 erhoben sich die Einwohner gegen den Deutschen Orden, unter dessen Herrschaft sie seit eineinhalb Jahrhunderten gestanden hatten, und zerstörten die Deutschordensfestung in der Altstadt. Als freie Stadt mit Münzrecht, Stimmrecht im Reichstag und dem Recht, Krieg und Frieden zu erklären, begab sich Danzig dann unter den Schutz der polnischen Krone. Nach dem Sieg über den Deutschen Orden waren die Polen unter Kasimir IV. Jagiello mit Danzig und mit Ostpommern, das sie sich im Frieden von Thorn 1446 gesichert hatten, wieder bis zur Ostseeküste vorgestoßen. Der Deutsche Orden bewahrte nur noch die Herrschaft über Ostpreußen, allerdings in Abhängigkeit von der Krone Polens.

Im Getreidehandel der Hanse mit Flandern und Holland spielte Danzig neben Hamburg und Königsberg eine führende Rolle. Das Getreide wurde von Thorn aus die Weichsel abwärts verschifft. Im Teuerungsjahr 1481 stachen von Danzig aus tausendeinhundert Getreideschiffe in See. Auch Danzig war eine Stadt gotischer Backsteinbauten. In der »Rechtsstadt« erhob sich über dem Langen Markt das Rathaus mit seinem hohen Turm. Daneben wurde in den Jahren 1476 bis 1481 der Artushof wiederhergestellt, wo sich die städtischen Patrizier der »Gilde des Königs Artus« zu ihren Sitzungen und Festen versammelten. Der stumpfe Westturm der Marienkirche überragte mit seinen 76 Metern die Stadt. Die aus dem 14. Jahrhundert stammende und im 15. Jahrhundert vergrößerte Kirche ist eine Hallenkirche mit dreischiffigem Lang- und Querhaus, über denen jedes Dach im Stil der baltischen Spätgotik zweifach gewalmt ist. Seit kurzem konnte man in der Kirche das »Jüngste

108

Danzig

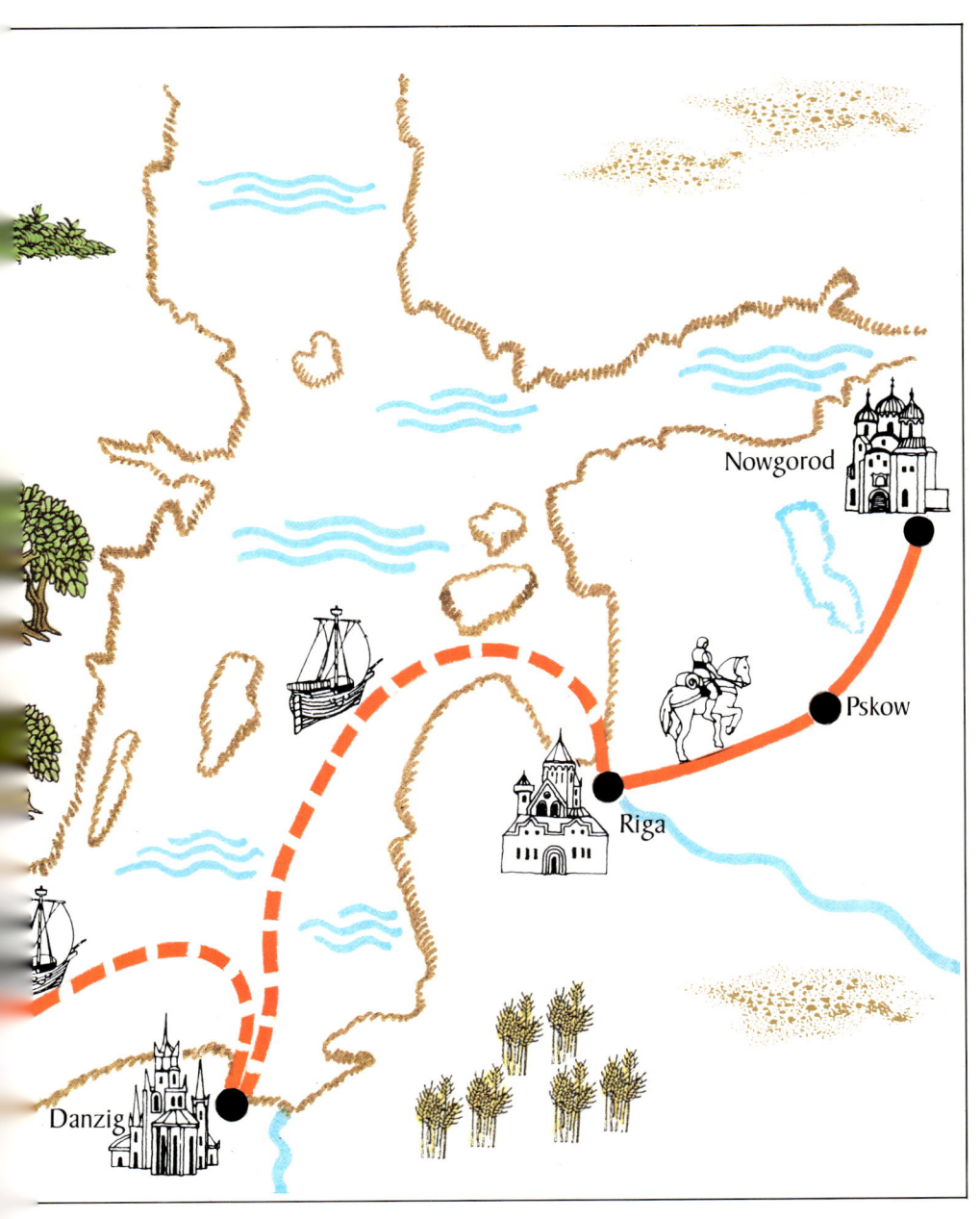

Galeeren, Seeräuber und Gemälde

Um dem Aufruf des Papstes Pius II. zum Kreuzzug gegen die Türken folgen zu können, ließ Philipp der Gute mit einem Kredit der Medici in Porto Pisano zwei Galeeren bauen. Als der Kreuzzug nicht zustande kam, wußten die Burgunder nichts mehr mit den Galeeren anzufangen, fanden aber auch keinen Käufer. Man einigte sich schließlich darauf, die Schiffe mit florentinischer Besatzung unter burgundischer Flagge fahren zu lassen.

Die Galeeren fuhren von Pisa nach Flandern. Am 27. April 1473 wurden sie bei der Rückfahrt nach Italien vor Gravelingen von einem Kaperfahrer der Hansestadt Danzig namens Paul Beneke angegriffen. Die Galeere San Marco *konnte entkommen, die* San Giorgio *aber geriet in die Hand des Seeräubers. Für die Seeleute zahlte niemand ein Lösegeld; auch Schiff und Ladung, vornehmlich Alaun und Seide, waren verloren, trotz der Beschwerde der Medici bei den Beauftragten der Hanse in Utrecht, trotz der Exkommunikation durch den Papst, weil das Alaun aus den päpstlichen Gruben in Tolfa kam, und der Proteste Karls des Kühnen wegen der Beleidigung seiner Flagge. Zur Ladung der San Giorgio gehörte auch das* Jüngste Gericht *von Memling, das Angelo Tani für eine florentinische Kirche in Auftrag gegeben hatte. Der exkommunizierte Kapitän ließ das Bild in der Marienkirche seiner Heimatstadt aufstellen, und bis heute befindet sich das Triptychon mit dem Bildnis des Stifterehepaares Tani in Danzig.*

Gericht« von Hans Memling bewundern, das statt an seinem Bestimmungsort Florenz auf abenteuerlichen Wegen hierher gekommen war.

Wenn das Lübecker Schiff die Weichselmündung wieder verlassen hatte, führte die Route nach Norden entlang der Küste von Ostpreußen und Kurland bis zu der etwa fünfzehn Meilen breiten Einfahrt in den Rigaer Meerbusen.

Riga war von Bischof Albert von Buxhövden im Jahre 1201 für die Heidenmission gegründet worden. Bald nach der Stadtgründung hatte der Bischof den Schwertbrüderorden ins Leben gerufen, der später mit dem Deutschen Orden verschmolz. Riga liegt an der breiten Mündung der Düna dort, wo der Zufluß der Riga die Anlage eines Hafens ermöglichte.

Auch die freie Stadt Riga war Mitglied der Hanse und ein blühendes Handelszentrum. Mindestens ein Viertel der Bürger waren Letten, Russen bildeten eine andere Minderheit. »Dorthin bringen die Moskowiter weiße Felle, wie sie die nördlichen Völker in den sehr kalten Ländern den Bären abziehen«, schreibt der Veroneser Alessandro Guagnino, der im 16. Jahrhundert als Soldat in polnischen Diensten stand und eine Beschreibung des europäischen »Sarmatien« verfaßte.

Nach Verlassen des Schiffes in Riga führte die Reise durch Livland, das als ein Land voller Überfluß an Weizen und Roggen beschrieben wird, mit fischreichen Flüssen und Wäldern, in denen Bären, Elche, Füchse, Luchse, Marder, Biber und Hasen lebten. Die Bauern, »roh an Gesittung und barbarisch«, sind in Wirklichkeit Ausgebeutete und leben kaum besser als Sklaven. Sie tragen Schuhe aus Lindenrinde und essen ein

Riga

Stat to der Ryghi *heißt Riga in den ältesten Urkunden, d. h. Stadt an der Riga, einem Zufluß der Düna. Graben, Mauern und Vorwerke, die man zum Teil auf der perspektivischen Darstellung aus dem Atlas von Janssonius erkennen kann, stammen aus dem 16. Jahrhundert. Mitten im Fluß und am Ufer der Düna ankern Schiffe, und an der Mole ist ein Kran zu erkennen.*

Roggenbrot, das mit Häcksel gemischt ist. Ihre Frauen sind »sehr erfahrene Zauberinnen und widmen sich im Übermaß der Magie«. Die Herren sind, ob adelig oder nicht, überall Deutsche. Ihre Frauen tragen bei der Hochzeit eine Krone aus vergoldetem Silber, werden von Ehrenjungfrauen im roten Mantel begleitet, und die Männer trinken ein Bier aus Hopfen und Malz »von bitterstem Geschmack« (Guagnino).

Die erste russische Stadt war **Pskow** (Pleskau). Sie liegt an der Welikaja, die in den See von Pskow mündet, der wiederum mit dem Peipussee verbunden ist. Von da aus bis zum finnischen Meerbusen führte auf der Narwa ein durchgehender Wasserweg, der nur im letzten Teil des Flusses durch Stromschnellen gefährlich war. In Rußland lernten die Reisenden unbekannte Praktiken der orthodoxen Kirche kennen und fanden sich unter Männern, die sich nicht rasierten und Bart und Haare nicht schneiden ließen. Frauen bekam man kaum zu Gesicht.

Schließlich traf der Reisende am Ziel, in **Groß-Nowgorod** ein. Der polnische Humanist, Geschichtsschreiber und Arzt Matthäus von Miechow beschreibt die Stadt in seiner Abhandlung über Sarmatien 1517 als etwas größer als Rom, aber statt aus Stein ganz und gar aus Holz gebaut. Im Sommer ist der Himmel auch nachts so hell, daß Schneider, Schuster und alle anderen Handwerker ohne Kerzenlicht arbeiten können. Die Stadt erstreckt sich an den beiden Ufern des Wolchow, der den Ilmensee mit dem Ladoga-See verbindet. Von dort führt auf der Newa einer der wichtigsten Handelswege zum finnischen Meerbusen.

Ein mit Türmen bewehrter Holzwall und aus dem Fluß gespeiste Wassergräben umgaben die beiden Stadtteile. Links des Flusses lag die *Sofijskaja storona*, d. h. die Seite der heiligen Sophie, mit der Kathedrale und dem Kreml, d. h. der Burg. Zum Vermögen der Kirche gehörten umfangreiche Fischereirechte und Jagdrechte für Pelztiere. Die Ländereien des Erzbischofs und der zahlreichen befestigten Klöster, die sich wie ein dreifacher Ring um die Stadt zogen, machten mehr als ein Fünftel des ganzen Staatsgebiets aus. Der Erzbischof wurde von der Bürgerversammlung, dem *Wéce*, aus den Reihen der Geistlichkeit gewählt.

Der steinerne Bau der Sophienkirche war im 11. Jahrhundert an der Stelle einer

Wälder und Pelze. Der Norden Rußlands war dicht bewaldet und lieferte die begehrten Pelze. Links oben: Holzhändler in einem französischen Holzschnitt von 1501. Unten: Handwerker bei der Pelzverarbeitung; aus einer Ausgabe der Historia de gentibus septentrionalibus *von Olaus Magnus, 1558. Auf der Zeichnung rechts: die Sophienkirche in Nowgorod.*

Nowgorod

Kirche aus Eichenholz aus dem 10. Jahrhundert errichtet worden. Das weißverputzte Bauwerk mit fünf Zwiebeltürmen auf Trommeln mit schmalen Fenstern repräsentierte den von Byzanz geprägten, altrussischen Baustil. Die Kirche besaß als kostbaren Schatz die Bronzeflügel ihrer drei Portale. Die ältesten, diejenigen des noch romanischen Portals von Korsun, waren in der Mitte des 12. Jahrhunderts im fernen Magdeburg gegossen worden.

Auf dem linken Flußufer lagen drei Stadtviertel. Im Kreml-Viertel, vor allem in der Straße der Preußen, der Verlängerung der Straße Riga–Pskow innerhalb der Mauern, wohnten die Bojaren, die Großgrundbesitzer, die durch den Handel mit Wachs und Pelzen, die sie als Naturalabgaben von ihren Bauern erhielten, reich geworden waren. Im Wasai-Viertel wohnten und arbeiteten auch Schmiede und Silberschmiede. Und vom Nerewskij-Viertel führte die Straße nach Narwa und nach Karelien.

Eine einzige Brücke führte in die Stadt rechts des Flusses, in die Kaufmannsstadt, die *Torgowlja Storona*, die aus dem Slawno-Viertel und dem Zimmermannsviertel bestand. An der »deutschen Mole« wiegten sich die Schiffe für den Binnenverkehr in der Strömung, denn Nowgorod lag am Netz der wichtigsten Wasserstraßen Rußlands, das den Norden und den Süden miteinander verbindet. Nahe dem großen Marktplatz erhob sich die vom Fürsten Jaroslaw (dem Sohn des heiligen Wladimir, der Kiew christianisiert hatte) erbaute Burg. Ihre Befestigungsanlagen waren abgerissen worden, und jetzt diente sie für die Versammlungen der *Wéce* und als Sitz des *Posadnik*, des gewählten Statthalters. Regiert

wurde der Stadtstaat von der berühmten Wéce, einer Volksversammlung unter Vorsitz des Erzbischofs. Von den zahlreichen Sklaven abgesehen, gliederte sich die Gesellschaft in drei Stände: die adeligen Grundbesitzer, die Kaufleute und die Handwerker und Arbeiter. Auch von letzteren besaßen viele das Recht, am Rat teilzunehmen, wenn die *Wéce*-Glocke zur Versammlung rief; bei Abstimmungen setzte sich freilich die Oligarchie der Bojaren und Kaufleute durch.

In der Nähe lagen die »Kaufmannskirchen«, die Sitze einzelner Kaufmannskolonien; der Baukomplex der Karfreitagskirche der russischen Fernhandelskaufleute, die Johannes dem Täufer geweihte Kirche einer weiteren russischen Kaufmannsgilde und die Sankt-Peters-Kirche, die den deutschen Kaufleuten der Hanse gehörte. Sie war von Bogengängen umgeben, in denen Warenlager, Archive und die Kasse des Kaufmannsbundes untergebracht waren. Nachts wurden dort auch Waagen und Gewichte eingeschlossen. Russen war der Zutritt verboten, wahrscheinlich, damit sie nicht

113

Der heilige Georg und der Drache, Ikone aus der Schule von Nowgorod, 15. Jahrhundert. Die Schule von Nowgorod war eine der bedeutendsten der von Byzanz beeinflußten russischen Malerschulen. Sie war im 13. Jahrhundert entstanden und wurde im folgenden Jahrhundert vor allem durch Theophanes den Griechen bekannt, der sich später nach Moskau begab. (Die zweite bedeutende Schule war in Moskau und wurde im 15. Jahrhundert durch Andrej Rublew berühmt.)

die Menge der vorhandenen Waren sehen konnten, denn das Angebot bestimmt den Preis. Deshalb mußte auch während der Aufenthaltszeit der deutschen Kaufleute jeden Abend abwechselnd einer der Ihren als Wache in der Kirche übernachten. Nach Beendigung der Handelssaison wurden die Schlüssel in einer versiegelten Kassette der Stadtverwaltung übergeben.

Für die Deutschen war Nowgorod Zentrum für den Einkauf von Wachs und vor allem von Pelzen, die in ganz Europa in den Wintern ohne ausreichende Heizung allemal von Nutzen, mehr aber aus modischen Gründen und als Statussymbol beliebt waren. Es gab Hermelin-, Fuchs-, Luchs-, Wolfs-, Biber- und die Marderfelle, die von venezianischen Damen, das Köpfchen mit Edelsteinen und Goldkettchen geschmückt, zierlich über die Schulter gelegt wurden. Der Zobel war schon damals rar und teuer: nach den Angaben des kaiserlichen Gesandten Sigmund von Herberstein kostete ein Fell dreißig Golddukaten. Auf dem Markt der Stadt waren aber auch Seide aus Bagdad, Seiden und andere seltene Waren neben Gewürzen aus dem fernen China zu finden. Dagegen wirkte das Angebot der Hanse, Tuche aus Flandern, Salz aus Lüneburg, fast alltäglich, doch der Handel damit brachte große Profite.

Die russische Welt war nicht einfach zu verstehen. Von Herberstein ist uns das vertrauliche Geständnis eines deutschen Schmiedes, der sich hier niedergelassen und eine russische Frau geheiratet hatte, überliefert, das wohl mehr als eine novellistische Erfindung des Autors zur Unterhaltung seiner Leser ist. Die Frau des Schmieds beklagte sich bei ihrem Mann darüber, daß sie nicht genügend geliebt werde, denn sie habe noch kein spürbares Zeichen seiner Liebe erhalten; damit meinte sie Prügel. Überrascht sorgte der Deutsche für Abhilfe, und die Frau wurde immer anhänglicher, bis er ihr schließlich Hals und Beine brach.

Die Stadt Nowgorod war zu ihrem Glück nie von den Mongolen erobert worden. Erst der Moskauer Großfürst Iwan III. nahm sie ein, und das war ihr Ende. Die Kaufleute, deren Weg von Lübeck wir verfolgt haben, spürten wohl, daß eine Ära zu Ende ging. Im Jahre 1471 hatten die Moskowiter mit Hilfe der Stadt Pskow die Truppen Nowgorods geschlagen. Iwan verdankte seinen Sieg nicht zuletzt den Geschützen, die der italienische Architekt Aristotele Fieravanti gegossen und deren Gebrauch er das Heer gelehrt hatte. Der Italiener hatte außerdem in aller Eile für Iwans Truppen eine Brücke über den Wolchow errichtet. Sie war, als der Großfürst nach seinem Sieg wieder abzog, »immer noch da«, wie ein Chronist erstaunt feststellte. In Nowgorod wurden die Führer der moskaufreundlichen Partei hingerichtet, die die Stadt der Schutzherrschaft Litauens hatten unterstellen wollen. Iwans Bedingungen, die die Stadt ihrer Selbständigkeit berauben sollten, wurden zwar nicht sofort angenommen, aber der Druck aus Moskau ließ nicht nach. Die Agonie dauerte noch einige Jahre, doch am Ende mußte sich Groß-Nowgorod ergeben. Im Jahre 1478 wurde als Zeichen der Unterwerfung die *Wéce*-Glocke aus der Jaroslaw-Burg, die das Volk zur Versammlung gerufen hatte, nach Moskau geschafft. Es ist überliefert, daß Iwan dreihundert Wagen Beute aus der Stadt wegführen ließ, alle voll beladen mit »Gold, Silber und Edelsteinen«.

Die Pilgermuschel

Von Vézelay nach Santiago de Compostela

Aus allen Teilen Europas zogen gläubige Christen zum Grab des Apostels Jakob. Durch die Jahrhunderte hatten sich bestimmte Pilgerwege herausgebildet. Wir folgen hier dem »Weg über Limoges« durch Frankreich über die Pyrenäen bis zum *camino francés* von Navarra nach Galicien.

Vézelay • Bourges • Limoges • Périgueux
Port-de-Cize • Roncesvalles • Pamplona
Burgos • León • Santiago de Compostela

Nach dem Gebot der christlichen Nächstenliebe fand der Pilger unterwegs in kirchlichen Einrichtungen gastliche Aufnahme. Auf der Seite neben dem Titel: Beherbergung der Pilger, *Ausschnitt aus den glasierten Terracotten der »Sieben Werke der Barmherzigkeit«, die Leonardo Bonafede, der Verwalter des Ospedale del Ceppo in Pistoia, in der Werkstatt der Della Robbia anfertigen ließ.*

Der Pilger trug ein langes, gegürtetes Gewand, einen breitkrempigen Hut zum Schutz gegen Regen und Sonne und eine Pelerine, die ihm nachts auch als Decke diente. Im Mantelsack führte er Brot und Käse, einen Passierschein, Geld und Feuersteine mit sich; in der Gurde, einem ausgehöhlten Kürbis oder einer Flasche aus Leder oder Ton, war Wein für den Durst. Der Pilgerstab diente zum Abstützen auf steilen Wegen, um Furten abzumessen, über Bäche zu springen, streunende Hunde zu verjagen und, wenn es nottat, auch zur Verteidigung. Beim Aufbruch war auch das Pilgergewand gesegnet worden.

Als Zeichen vollendeter Pilgerschaft brachten die Heimkehrer aus dem Heiligen Land einen Palmwedel mit, aus Rom die Abbildung der Schlüssel Petri oder aber das »Heilige Antlitz«, den Abdruck auf dem Schweißtuch, das Veronika Christus auf dem Weg zum Kalvarienberg gereicht hatte. Die Jakobspilger nannten sich nach den Worten Dantes »Pilger, weil sie in das Haus nach Galicien gehen, denn das Grab des heiligen Jakob ist weiter von seiner Heimat entfernt als das jedes anderen Apostels«. Ihr Abzeichen war die geriffelte Muschel, der Kamm des heiligen Jakob, *pecten jacobaeus*.

Gingen die Pilger zu Fuß? Nicht alle, und nicht immer, obwohl man sich durch Mühen Verdienste im Himmel erwarb. Besonders gläubige oder fanatische Pilger gingen sogar teilweise barfuß oder auf Knien, aber die Pilger Chaucers in seinen *Canterbury Tales* reisten bequem zu Pferd. In einer der Novellen von Cervantes erreicht eine als Pilgerin verkleidete Dame den Gasthof des Sevillaners in Toledo »in einer Sänfte und begleitet von vier Dienern zu Pferd, zwei Dueñas

und einer Zofe in einer Kutsche«. Die Verkleidung war wohl realistisch, sonst hätte sie ihren Zweck nicht erfüllt. Nicht nur einfache Menschen, sondern auch vornehme Herren begaben sich auf Pilgerschaft. So lesen wir von einem Arzt aus Nürnberg namens Hieronymus Monetarius oder Münzer, der 1494 nach Santiago gezogen ist und ein *Itinerarium* hinterlassen hat.

Der Apostel Jakobus der Ältere, Bruder des Johannes, »Sohn des Donners«, hatte Spanien christianisiert und war der Schutzheilige des Landes. Die Wallfahrten zu seinem Grabe erlebten ihre Blütezeit im 11. und 12. Jahrhundert, aber auch danach strömten aus allen Teilen Europas viele Menschen aus Glaubensgründen, aus Neugier oder einfach aus Abenteuerlust nach Galicien. Auch Frauen zogen nach Santiago, wie z. B. in diesen Jahren Isabella d'Este. Als Pilger kamen Jan van Eyck und der Diplomat Philippe de Commynes, letzterer vermutlich nur auf einem Abstecher von einer politischen Mission. Und selbst Ferdinand und Isabella von Spanien pilgerten im Jahre 1486 sicherlich nicht nur der Staatsräson wegen hierher. Allerdings war das geistige Klima der Zeit den Pilgern nicht immer günstig. Erasmus reiht unter die Zahl der Narren in seinem *Lob der Narrheit* auch diejenigen ein, »die als Pilger nach Jerusalem, Rom oder zum Wallfahrtsort des heiligen Jakob fahren, wo sie überhaupt nichts zu suchen haben, während sie zu Hause Frau und Kinder zurücklassen...« Außerdem bestanden Zweifel darüber, ob in Santiago wirklich der Leib des Apostels beigesetzt sei: In Toulouse behauptete man, er sei in Saint-Sernin begraben. Münzer sagt, daß er ihn nicht gesehen, ja daß nicht einmal der König von Kastilien ihn zu Gesicht bekommen habe. *Sola fide credimus, que salvat nos homines* (Allein durch den Glauben glauben wir, der uns Menschen rettet), schließt der deutsche Pilger. Die Tagediebe, Beutelschneider, Vagabunden, Nassauer oder einfach die Verzweifelten, die mit Stab und Sack ausgerüstet die kostenlose Gastfreundschaft der Pilgerhospize in ganz Spanien nutzten, stießen später auf wachsende Ablehnung. Philipp II. verbot 1590 das Pilgergewand und verlangte von allen Fremden entsprechende Dokumente, die sie als Pilger auswiesen.

Santiago de Compostela in Galicien, *Finis terrae,* lag völlig außerhalb aller wichtigen Straßenverbindungen. Die Spanier kamen von Süden und Osten, Portugiesen, Engländer und Pilger aus anderen Ländern zu Schiff über den Atlantik. Sehr viele aber, vielleicht sogar die meisten, mußten Frankreich durchqueren, und hier gab es vier bekannte Wege, jeder mit verschiedenen Varianten. Sie wurden schon im 12. Jahrhundert von dem Geistlichen Aimery Picaud aus Poitiers im letzten Teil des *Liber Sancti Jacobi* beschrieben, einem Kompendium zu Ehren des Heiligen, das heute im Kapitulararchiv der Kathedrale von Santiago aufbewahrt wird. Jede der vier Straßen geht von einem Ort aus, der seinerseits Wallfahrtsort ist: Tours für den heiligen Martin, Vézelay für die heilige Magdalena, Le Puy für die Jungfrau Maria und Saint-Gilles-du-Gard für den heiligen Ägidius. Die ersten drei Straßen laufen auf dem Pyrenäen-Übergang von Port-de-Cize (Roncesvalles) zusammen, die vierte führte über den Puerto de Somport. Von Puente la Reina in Navarra aus folgte man dem *camino francés,* der

Links: der Pilger, Holzschnitt des Meisters DS, 1506. Mit der Unterstützung, die man den Pilgern angedeihen ließ, waren nicht alle zufrieden. Im Tagebuch eines anonymen Mailänder Kaufmanns ist zu lesen, daß in dem von Ferdinand und Isabella 1492 gegründeten Hostal de los Reyos Catolicos neben der Kathedrale von Santiago de Compostela arme Pilger, wenn sie nicht krank sind, nur Platz zum Essen, Brennholz, Salz und »ein paar andere wertlose Dinge« bekommen.

Vézelay

Pilgerstraße der Franzosen durch Spanien über Burgos und Léon, aber man konnte auch der Küste am Golf von Biskaya folgen. Die Straße von Vézelay, die Aimery die *via lemovicensis*, die Straße über Limoges, nennt, nahmen alle Pilger aus oder über Nordfrankreich, Lothringen und Burgund. Unterwegs besuchte man Klöster, Kirchen, Wallfahrtsorte, Hospize und Reliquienstätten.

Vézelay liegt in Burgund. Im Jahr 1486, in dem die Pilger zum Grab des heiligen Jakob das Glück hatten, gemeinsam mit dem Königspaar von Aragón und Kastilien zu beten, existierte der Staat Burgund in der früheren Form nicht mehr, nachdem Karl der Kühne 1477 auf tragische Weise unter den Mauern von Nancy ums Leben gekommen war. Das französische Herzogtum Burgund war an Frankreich gefallen, wo seit drei Jahren der sechzehnjährige Karl VIII. regierte.

In der Kirche von Vézelay verehrte man die Reliquien der Magdalena oder Maria von Magdala, die hierher gebracht worden waren, um sie vor den Sarazeneneinfällen an den Küsten der Provence zu sichern, wohin die Heilige aus dem Heiligen Land geflüchtet war. Niemand zweifelte an dieser poetischen Darstellung der *Legenda aurea* des Jacobus de Voragine, einer von allen frommen Gemütern viel gelesenen Schrift. Aber nicht alle waren davon überzeugt, daß Maria Magdalena wirklich in Vézelay begraben war, wie Aimery Picaud schrieb. Dennoch ist die Kirche der heiligen Magdalena in Vézelay eines der großen Baudenkmäler der französischen Romanik. Sie war Teil eines im 9. Jahrhundert von dem burgundischen Großen Gerhard von Vienne gegründeten Klosters. Dieser erscheint als Girart de Roussillon auch in der Ritterepik, in einer *chanson de geste*, die nicht zufällig gerade im 15. Jahrhundert am burgundischen Hof von Jean Vauquelin wieder zum Leben erweckt wurde. Das Kloster liegt auf dem Hügel der Stadt, von wo sich ein weiter Rundblick eröffnet. Das Giebelfeld der Vorhalle mit der Pfingstdarstellung, den Tierkreiszeichen und Monatsbildern ist als Meisterwerk der Romanik berühmt.

Am Loire-Übergang, auf dem Wege nach Spanien, bot das Cluniazenserkloster La-Charité-sur-Loire Gastfreundschaft. In den Klöstern war der Besuch des Kräutergartens ein einzigartiges Erlebnis. Auf den rechteckigen, säuberlich um eine Quelle oder einen Brunnen angelegten Beeten wuchsen in der Enge des Klosterhofes Basilikum, Beifuß, Kümmel, Estragon, Melisse, Koriander, Borretsch, Dill, Majoran, Rosmarin, Liebstöckel, Ysop und Kerbel. Die Brüder Gärtner oder Gewürzmeister, die alles über Pflege und Eigenschaften der Pflanzen wußten und dem Fremden wie eine Art Hexenmeister erscheinen mochten, waren in der Tat Gelehrte.

Bourges am Zusammenfluß von Yevre und Auron war die Hauptstadt des Berry. De Beatis, der sie zusammen mit dem Kardinal d'Aragona besuchte, beschreibt sie als sehr groß und sehr schön an Straßen und Plätzen: er notiert, daß hier Wolltuche hergestellt werden, und zählt die Reliquien der Kirchen auf. Die gotische Kathedrale Saint-Etienne besaß unter anderem den Kopf der heiligen Lucia, einen Teil des Kopfes des heiligen Stefan und eine Hand des heiligen Andreas »mit Fleisch und Knochen«. Reich an Reliquien war auch die nahe der Kathedrale gelegene Sainte-Chapelle, die der Herzog Jean de Berry, der im Chor begraben

Die vier »Jakobswege« durch Frankreich, die an den Pässen der westlichen Pyrenäen zusammenlaufen – einer davon war der über Vézelay –, waren nicht die einzigen Routen nach Galicien, doch sie boten vielleicht am häufigsten Gelegenheit zu frommer Einkehr beim Besuch von Wallfahrtsorten und Reliquien. Aber man lernte auch das »profane« Leben der französischen Städte kennen, von dem die Miniatur aus dem Régime des Princes *einen Eindruck vermittelt.*

Reisende als Zeitzeugen: Der Kardinal d'Aragona und der Domherr De Beatis

Bei der Verehrung von Reliquien ist Vorsicht geboten, denn manche gibt es doppelt. Trotzdem muß man nachsichtig sein, denn »viele Städte, Länder und Völker, die alte Devotionalien und Reliquien besitzen, würden sich lieber tausendmal ruinieren und zugrunde richten lassen, als ihnen zu entsagen«. Diese nüchterne Ansicht vertritt der Domherr Antonio de Beatis aus Molfetta, der als Sekretär und Kaplan für den Kardinal d'Aragona ein Reisetagebuch führte. Luigi d'Aragona, ein neapolitanischer Fürst, Enkel des Königs Ferdinando oder Ferrante von Neapel, erhielt mit zwanzig Jahren den Kardinalshut. Seine zehnmonatige Reise begann im Mai 1517 und wurde von De Beatis genauestens aufgezeichnet. Von Ferrara aus überquerte der Kardinal die Alpen und reiste nach Nürnberg, von da nach Konstanz und rheinabwärts bis Köln. Dann besuchte er Flandern und wurde in Middelburg von Karl von Habsburg, der damals noch nicht Kaiser war, empfangen. Dies scheint der eigentliche Zweck der ganzen Reise gewesen zu sein. Der Kardinal bereiste dann Frankreich, von Paris über den Mont-Saint-Michel, die Loire, Chambéry, die Rhone von Valence bis Marseille; von dort aus kehrte er nach Ferrara zurück. Zur Begleitung d'Aragonas gehörten Edelleute, Pagen, Reitknechte, ein Arzt, der Sekretär und zwei Köche. Von den drei Dutzend Reittieren waren drei Sattltiere nur für den Kardinal reserviert. Er legte ungefähr 5500 Kilometer zurück.

lag, hatte bauen lassen, größer, aber weniger reich ausgeschmückt als diejenige von Paris. Im 18. Jahrhundert wurde sie zerstört. Andere Reisende notierten, daß unter einem Bogengang außerhalb der Kirche der Schenkelknochen, eine Rippe und ein Zahn eines riesenhaften »Ungläubigen« zur Schau gestellt waren. De Beatis erwähnt dagegen nicht das herzogliche Schloß, das damals noch erhalten war, und den prächtigen Stadtpalast des Jacques Coeur aus dem 15. Jahrhundert. Schon damals glaubte man wohl fälschlicherweise, daß die zwei Skulpturen der vorgetäuschten Fenster den schwerreichen Geldgeber Karls VII. und seine Frau darstellen sollten.

Von Saint-Léonard-de-Noblat herab erreichte man **Limoges.** Der heilige Leonhard war der Befreier der Sklaven, und in seiner Kirche hingen Richtblöcke, Halseisen und Eisenketten von den Deckenbalken. Die Stadt bestand bereits damals aus zwei getrennten Stadtkernen: das Château um die nicht mehr vorhandene Abtei des heiligen Martial, der die Gegend christianisiert hatte, und der Bourg um die Kathedrale Saint-Etienne. Die Emailkunst, die dort im 7. Jahrhundert durch den heiligen Eligius eingeführt worden sein soll, hatte sich auch deshalb so hoch entwickelt, weil die Stadt auf dem Weg nach Santiago de Compostela lag, denn reiche Pilger kauften gern die bunten, kostbaren Devotionalien wie Schatullen, Reliquiare, Hostienkapseln und kleine Altärchen.

Auch **Périgueux** im Gebiet der Dordogne bestand aus zwei Stadtkernen, aus der Cité an der Stelle des gallo-römischen Vesunna und Puy-Saint-Front, das um eine Abtei entstanden war. Dort konnte man das Grab des heiligen Frontus be-

Der weite Mantel war für die Pilger, die zu Fuß gingen, nützlich, wenn sie die Nacht im Freien verbringen mußten. Unten: Jakobspilger mit Mantel, Sack und Stab in der Nähe einer Kirche, Holzschnitt aus der Schedelschen Weltchronik, *15. Jahrhundert. Rechts: Bauernhäuser auf dem Land, Ausschnitt aus der* Flucht nach Ägypten *von Joachim Patenier.*

sichtigen, der von Petrus in Rom zum Bischof geweiht und als Prediger nach Limoges geschickt worden war. Die ihm geweihte romanische Kathedrale auf dem Grundriß eines griechischen Kreuzes wird von fünf Kuppeln überwölbt und ist trotz der Umgestaltungen des 19. Jahrhunderts eines der eindrucksvollsten kirchlichen Bauwerke Frankreichs geblieben.

In Ostabat, wo zu dem Pilgerweg über Limoges diejenigen über Tours und Le Puy stießen, und dann in Saint-Jean-Pied-de-Port taten sich die Pilger zu Gruppen zusammen, um gemeinsam den Übergang über die Pyrenäen zu wagen. Man befand sich in dem kleinen Königreich Navarra, das sich auf beiden Abhängen des Gebirges erstreckte und damals vom Hause Albret regiert wurde. Port hieß soviel wie Paß, und der Paß war der von **Port-de-Cize** und Roncesvalles. Der Weg war wie überall längs der Pilgerstraße von kleinen Steinhaufen gekennzeichnet.

In **Roncesvalles** befanden sich eine Abtei und ein Hospiz, wo die Pilger für die üblichen drei Tage Aufnahme fanden. An den Deckenbalken der Kirche hingen die Elfenbeinhörner (Olifant) und die eisenbeschlagenen Keulen der Helden Roland und Olivier, nicht mehr dagegen die Durandarte, das berühmte Schwert des Paladins, das dort einmal gehangen haben soll. Einhard, der Biograph Karls des Großen, beschreibt das kriegerische Ereignis des Jahres 778, auf dem der Sagenkreis fußt. Es waren die »treulosen Basken«, die dem Frankenheer einen Hinterhalt legten. Das Heer bewegte sich in langen Reihen durch das Gebirge, »das wie für heimtückische Angriffe geschaffen zu sein scheint, reich wie es ist an dichten Wäldern«. Verschiedene Versionen des Rolandsliedes ließen an dem Gefecht sogar Mauren teilnehmen, die etwa vierzig Jahre zuvor bis Galicien vorgestoßen waren. Der Sagenkreis von Karl dem Großen und seinen Paladinen fand eben zu dem Zeitpunkt seine dichterische Gestaltung, als sich zu Beginn des 12. Jahrhunderts in Nordspanien die Herrschaft der christlichen Könige festigte und die geistlichen Orden zu Wallfahrten aufriefen. Auf dem Weg zwischen Klöstern, Kirchen und Hospizen zogen neben den Pilgern auch Ritter und Kriegsleute, die zum Kampf gegen die Sarazenen aufgebrochen waren. Der Feldzug Karls des Großen nach Spanien wurde neu interpretiert als Versuch der Befreiung des Apostelgrabes. Aber die Basken behielten ihren schlechten Ruf: »Die Bewohner von Navarra und die Basken«, sagt Aimery Picaud, »waren nicht

nur gewohnt, die Pilger auf ihrem Weg nach Santiago auszurauben, sondern sie ritten auch noch auf ihnen wie auf Eseln, um sie dann zu töten.« Solche Greuelgeschichten über die Basken gehörten 1486 zwar längst der Vergangenheit an, aber die Atmosphäre der Helden- und Ritterzeit war doch noch spürbar, und die Erinnerung an die Paladine und den heiligen Jakob *matamoros*, d. h. den Maurentöter, der 844 mit gezogenem Schwert auf einem weißen Pferd erschienen war, als Ramiro I., der König von Asturien, in Clavijo gegen die Sarazenen gekämpft hatte, war noch lebendig. Granada war immer noch nicht zurückerobert.

Im spanischen Teil von Navarra führte der »sehr schlechte, bergige, steinige und schlammige Weg« (F. Janis) nach **Pamplona** und Puente la Reina hinab, wo man auf die Pilger traf, die das Gebirge am Puerto de Somport überschritten hatten. Hier erreichte man das Ebro-Tal und die Ebene von Logroño im Weinanbaugebiet der Rioja. Der ganze Weg war »ausgestattet«, d. h. es gab Hospize, Klöster und Kirchen, die an die französischen erinnerten. Seit langem waren an den schwierigen Stellen Brücken und Straßen eröffnet worden. Santo Domingo de la Calzada an den Ufern des Flusses Oja z. B. verdankt seinen Namen dem fleißigen Eremiten, der die Straßen hergerichtet, aus seiner Einsiedelei ein Hospiz gemacht und die Brücke gebaut hatte, an der das gleichnamige Städtchen im 11. Jahrhundert entstanden war.

Im Süden des kantabrischen Gebirges führte der Weg in ostwestlicher Richtung durch das alte Kastilien. Von den »*ca-*

Burgos war und blieb die Hauptstadt des Königreichs Kastilien bis zum Beginn des 16. Jahrhunderts. Unten rechts: die Stadt in einer Darstellung aus dem 16. Jahrhundert (Braun, Civitates Orbis)*. Man erkennt die Kathedrale und auf der Anhöhe das* Castillo, *die Residenz der kastilischen Könige, die im 18. Jahrhundert durch ein Feuer zerstört wurde. Auf der Zeichnung links: die prachtvolle gotische Kathedrale, die neun Jahre nach der Grundsteinlegung (1230) bereits geweiht wurde; dann aber wurde drei Jahrhunderte lang weitergebaut.*

stella«, die von den Christen zur Verteidigung gegen das Vordringen des Islam errichtet worden waren, hatte sich der Name im Laufe der Reconquista immer weiter nach Süden ausgedehnt. Hier, im geschichtlichen Kernland Spaniens, dehnten sich sonnenverbrannte, baumlose Ebenen, die von Schafherden durchzogen wurden. Die beiden größten Städte, Burgos und León, waren Hauptstädte zweier Königreiche.

In **Burgos** erhob sich eine der schön-

sten gotischen Kathedralen der iberischen Halbinsel. Der deutsche Hans von Köln oder Juan de Colonia hatte die eleganten Maßwerkturmhelme der Fassade gebaut und begann nun im Jahre 1486 in der Apsis mit dem Bau der »Capilla del Condestable«. In der Vorstadt fanden die Pilger das Hospital del Rey aus dem 12. Jahrhundert. Im Kloster von Sant' Agostino wurde das berühmte, heute in der Kathedrale befindliche Kruzifix verehrt, das wunderbarerweise von Jeru-

salem hierhergekommen war. Im Real Monasterio de las Huelgas aus dem 12. Jahrhundert, dem Ort der Einkehr und Erholung *(huelgas)* für die Könige, besaß eine Statue des Apostels einen beweglichen Arm, mit dem er den Königen von Kastilien den *espaldazo,* den Schlag auf die Schulter gab. So wurden die Könige zu Rittern des Jakobsordens geschlagen, eine Geste, die sich kein Sterblicher erlauben durfte. Die Kaufleute von Burgos hatten den Export der Wolle der riesigen Wanderherden in der Hand. Auf den ländlichen Märkten Kastiliens kauften sie diese auf, brachten sie in die Stadt und ließen sie dann von Maultierkarawanen nach Bilbao transportieren. Von dort aus fuhren Konvois von Handelsschiffen durch den gefürchteten Golf von Biskaya nach Flandern.

In **León** ruhte der große Isidor von Sevilla in der romanischen Kollegiatskirche. Der gelehrte Heilige hatte dem westgotischen Spanien die Welt durch

León, die alte Hauptstadt. Die Arbeiten des Monats September, Ausschnitt aus den romanischen Fresken (Ende des 12. Jh.s) aus der Kapelle der heiligen Catalina in San Isidoro, bekannt als »Pantheon Real«, da hier elf Könige, zwölf Königinnen und einundzwanzig Prinzen begraben sind (auch Ferdinand I., der im 11. Jahrhundert die Reiche von Kastilien und León vereinigte).

**Reisende als Zeitzeugen:
Der Baron Lev von Rozmital**

Unter den Pilgern, die im Jahre 1466 nach Santiago de Compostela kamen, war auch der böhmische Baron Lev von Rozmital. Er kam zu einem ganz besonderen Zeitpunkt an das Apostelgrab. Der Erzbischof Alonso Fonseca war von dem mächtigen Herrn Bernardo Yañez de Moscoso gefangengesetzt worden, aber die Mutter und ein Bruder des Erzbischofs hatten sich mit Soldaten, Pferden und Kühen in der Kathedrale verschanzt und wurden von Moscoso belagert. Trotz heftiger Kämpfe wurde ein eintägiger Waffenstillstand eingelegt, damit die Fremden den heiligen Ort besuchen konnten.

Der adlige Pilger war verschwägert mit Georg von Podiebrad, dem gewählten König von Böhmen, der aber als Hussit vom Papst exkommuniziert worden war. Vielleicht verfolgte die lange Reise des Barons in den Jahren 1465–67 politische Ziele. Er besichtigte überall die Reliquien und genoß die Gastfreundschaft der Mächtigen. Durch Deutschland und Flandern reiste er nach England, Frankreich, Kastilien, Portugal und kehrte über Katalonien, die Provence, Mailand, Venedig und Wien nach Prag zurück. Über die lange Reise, die manchmal sehr dramatisch verlief, gibt es zwei Berichte. Der des Ritters Schaseck aus der Begleitung des Barons war ursprünglich tschechisch verfaßt, ist uns aber nur in einer lateinischen Übersetzung des 16. Jahrhunderts erhalten. Den anderen schrieb Gabriel Tetzel aus Nürnberg, den der Baron dort in seine Begleitung aufnahm.

seine »Etymologien«, das berühmte Lexikon des Mittelalters, erklärt. In der Krypta reihten sich unter den mit furchteinflößenden Fresken des 12. Jahrhunderts ausgemalten Gewölben die Grabmäler von elf Königen, zwölf Königinnen und einundzwanzig Fürsten von Kastilien und León. In der gotischen Kathedrale, deren Grundriß von der Kathedrale von Reims, deren Hochbau von derjenigen von Amiens beeinflußt ist, fiel das Licht durch die berühmten Glasfenster wie farbiger Regen ins Innere.

In Galicien nahm gewöhnlich jeder Pilger im Tal von Triacastela einen Stein aus einem Steinbruch mit und brachte ihn bis nach Castaneda, wo der Mörtel für die Kathedrale von **Santiago de Compostela** hergestellt wurde. Den »Berg der Freude« mußte man – auch mit nackten Füßen – im Laufschritt erklimmen, denn von oben war das Ziel der Pilgerfahrt sichtbar, »reich an Herrlichkeit und Glauben«, wie sich noch Cervantes ausdrückt.

Nach der *Apostelgeschichte* starb der heilige Jakob als Märtyrer auf Befehl des Königs Herodes Agrippa I. von Palästina. Dann, so berichtet die Legende,

Santiago de Compostela

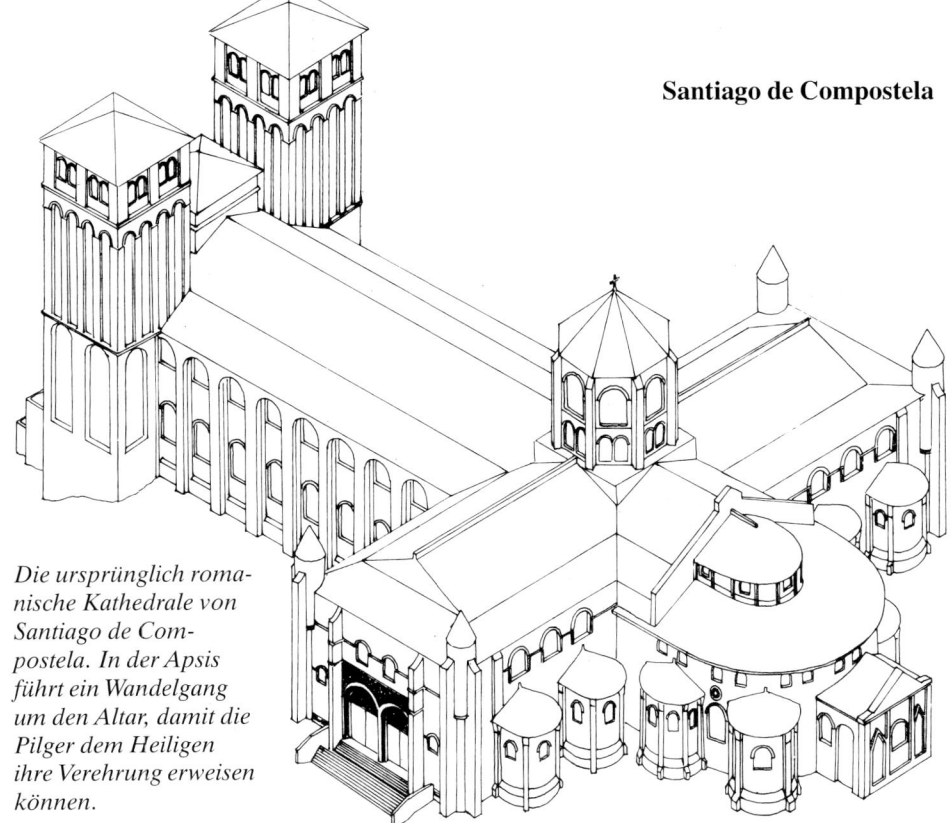

Die ursprünglich romanische Kathedrale von Santiago de Compostela. In der Apsis führt ein Wandelgang um den Altar, damit die Pilger dem Heiligen ihre Verehrung erweisen können.

brachten ihn sieben seiner Jünger zu Schiff bis Galicien und landeten genau dort, wo der Heilige einst die iberische Halbinsel betreten hatte, um sein Missionswerk zu beginnen. Heimlich bestatteten sie den Leichnam unweit der Küste. Als acht Jahrhunderte später das kleine Königreich von Asturien und León den Beistand des Heiligen gegen die vorrückenden Muslime dringend benötigte, wurde das Grab im Jahr 813 im Dickicht eines Eichenwaldes wiederentdeckt. Geheimnisvolle Lichterscheinungen, Engelsgesänge, ja sogar ein Stern führten den Einsiedler Pelagius an die richtige Stelle. Deshalb soll der Name Compostela auf *campus stellae* zurückgehen, eine poetische Deutung, an der freilich auch Zweifel bestehen. Sogleich wurde eine Kirche gebaut. Als der islamische Herrscher al-Mansur im Jahr 997 Santiago de Compostela zerstörte, ließ er die Glocken der Kirche auf den Schultern christlicher Gefangener nach Córdoba bringen, um daraus Lampen für die Moschee zu gießen. Das Grab des Apostels aber blieb unverletzt. Der Bau der heutigen Kirche wurde im 11. Jahrhundert von einem Meister Bernard aus Frankreich begonnen und war so angelegt, daß er dem Ansturm der Pilger gerecht wurde, denn man nimmt an, daß jährlich zwischen zweihunderttausend und einer halben Million Menschen den Wallfahrtsort besuchten.

Die romanische Kirche beherrschte mit ihren neun zinnengekrönten Türmen die Stadt. Auf dem Platz vor der Kirche gab es noch nicht das Hospital Real, das von Ferdinand und Isabella erst 1492 gegründet wurde. Auch die Barockfassade der Kirche zwischen den beiden Türmen, el Obradoiro, d. h. das goldene Werk, fehlte. Man betrat die Kirche durch den 1188 vollendeten Pórtico de la Gloria des Meisters Mattheus. In diesem Meisterwerk religiöser Bildhauerkunst hat der Künstler möglicherweise ein Selbstbildnis hinterlassen. Die kniende Säulenfigur heißt *Santo dos Croques*, d. h. der Heilige der Stöße. Nach einem Volksglauben bringt es Glück, mit dem Kopf dagegenzustoßen, wie es die Studenten am Tag ihrer Prüfung hier tun. Auf der seitlich gelegenen kleinen Plaza dell' Azabacheria, die nach dem *azabache*,

Bevor die barocke Fassade, der Obradoiro, gebaut wurde (1738), betrat man die Kathedrale von Santiago de Compostela durch den romanischen Portico de la Gloria, *das großartige Werk des Meisters Mateo, der die Bauhütte nach 1168 leitete. Rechts: das Hauptportal mit Christus in der Glorie zwischen Engeln und den Evangelisten; in der Bogenleiste die 24 Reiter der Apokalypse. Unten: der Apostel Jakob am Mittelpfeiler.*

dem Gagat oder Jett benannt war, aus dem man religiöse Gegenstände und Amulette herstellte, wurden Schuhe, Hirschledertaschen, Heilkräuter und Pilgermuscheln verkauft.

Auf dem Hauptaltar der Kathedrale stand das Bild des Heiligen, die Axt, mit der er enthauptet worden war, und der Wanderstab, der ihn auf seinen Reisen begleitet hatte. Dieser Stab mußte durch eine Bleiverkleidung vor den Gläubigen geschützt werden, die jeweils einen Splitter davon abzubrechen versuchten. Jeder Pilger bestieg die Treppe hinter dem Altar, setzte sich die silberne Krone, die über dem Bildnis des Heiligen schwebte, selbst auf und bedeckte dessen Haupt mit dem eigenen Pilgerhut. Dann umarmte er den Heiligen mit den Worten »Freund, empfiehl mich Gott«.

Man beendete die Pilgerschaft mit einem Besuch von Kap Finisterre und El Padrón. In Finisterre, das die Reisenden aus dem Norden, die kein Latein konnten, als *»finsterer Stern«* verstanden, war, soweit das Auge reichte, nichts als Wasser und Himmel zu sehen.

Der steinerne Pfahl, der *padrón*, an dem das Schiff mit dem Leichnam des Heiligen festgemacht hatte, befand sich in der Pfarrkirche des gleichnamigen Ortes. Über der Bucht von Arosa, an der El Padrón liegt, war nachts das schwache Leuchten der Milchstraße zu sehen. Durch sie hatte der Heilige Karl dem Großen den Weg zur Befreiung seines Grabes gewiesen. An den Strand des Atlantik, der nicht mehr lange ein unerforschtes Meer bleiben sollte, wurden von den Wellen die Muscheln angespült, die der Pilger als Beweis dafür heimbrachte, daß er bis ans Ende der Welt gelangt war.

Der Waffenhändler

Von Mailand zum Mont-Saint-Michel

Im Jahre 1488 erhoben sich französische Fürsten und Adlige unter Führung des Herzogs der Bretagne gegen den König. Reisende Kaufleute aus Mailand belieferten die Kämpfenden mit Waffen. Wir verfolgen den Weg, den sie von der Lombardei aus über Savoyen und entlang der Loire genommen haben könnten.

**Mailand • Turin • Susa • Mont Cenis
Chambéry • Lyon • Roanne • Orléans
Blois • Amboise • Tours • Langeais
Angers • Mont-Saint-Michel**

Bilder aus Mailand. Unten: Entwurf für die Ca' Grande (das Ospedale Maggiore), das von Francesco Sforza gegründet wurde, aus dem Trattato di Architettura *von Filarete, ca. 1464. Rechts: das Castello di Porta Giovia (Castello Sforza), aus der* Cosmographia *des Sebastian Münster, Basel 1588. Auf der Seite gegenüber dem Titel: Ritter unterwegs, Ausschnitt aus der* Kreuzigung mit Muttergottes und Johannes dem Täufer *von Antonello da Messina, 1475.*

In Mailand lagen in den Sträßchen hinter dem Rathaus gegen San Satiro zu die Werkstätten der Waffenschmiede. Hier war es bekannt und galt als normal, daß man von Händlern lange Zeit keine Nachrichten hatte. Voller Gottvertrauen hofften die Familienangehörigen auf die Rückkehr der Maultierkarawanen und Wagen, die zu Land und auch auf Schiffe verladen weite Strecken zurücklegten. Der Preis steigt mit der Nachfrage, und die Nachfrage nach Waffen steigt mit dem Krieg, aber die Waren dorthin zu schaffen, wo sie gebraucht wurden, barg für die Waffenhändler mancherlei Risiken. Das gehörte zu ihrem Beruf. Aus den historischen Quellen erfahren wir, daß während des Feldzuges in der Bretagne 1488 am Vorabend der Schlacht von Saint-Aubin-du-Cormier zwischen den Zelten des Heeres Mailänder Kaufleute umherliefen, um ihre gut gehärteten Panzer anzubieten. Wie immer, wenn der Alltag aus der großen Geschichte hervorblitzt, macht uns eine solche Nachricht neugierig und regt unsere Phantasie an.

Saint-Aubin-du-Cormier liegt in der Bretagne nahe der Grenze des Herzogtums zum Königreich Frankreich. Zwischen einem Wassergraben und einer tiefen Schlucht stand ein furchteinflößendes Kastell, das heute zerfallen ist. Nicht einmal fünfzig Kilometer davon entfernt, in der Normandie, erhebt sich mitten im Wattenmeer der steile Felsen des Mont-Saint-Michel.

Am 27. Juli 1488 tobte eine heftige Schlacht um Saint-Aubin-du-Cormier. Auf der einen Seite stand das Heer des französischen Königs unter dem Kommando des kaum dreißigjährigen Louis de la Tremoille, des künftigen »chevalier sans reproche« der Kriege in Italien, der in der blutigen Schlacht von Pavia 1515 den Tod finden sollte. Auf der anderen Seite die Soldaten des Herzogs der Bretagne und anderer Rebellen, die sich zur »guerre folle« zusammengeschlossen hatten. Der Sieg des königstreuen jungen Generals hatte weitreichende politische Konsequenzen. Die glanzvolle Zeit der faktischen Unabhängigkeit der Bretagne, deren Herzöge aus dem Hause Montfort dem französischen König nur formale Lehensdienste leisteten, ging zu Ende. Für den Herzog von Orléans und künftigen König Ludwig XII., der als einer der führenden Rebellen auf dem Schlachtfeld gefangengenommen worden war, begann eine dreijährige, zwar fürstliche, aber dennoch harte Gefangenschaft. Ein Vertrag legte fest, daß Anna, die zwölfjährige Tochter des Herzogs der Bretagne und begehrteste Erbin ganz

Mailand

Frankreichs, nur mit Zustimmung des französischen Königs heiraten dürfe, und damit waren die Voraussetzungen für ihre drei Jahre später erfolgte Vermählung mit dem König selbst geschaffen. Der erfahrene Diplomat und Politiker Philippe de Commynes, der auf die Partei der Orléans und damit auf das falsche Pferd gesetzt hatte, wurde für fünf Monate in einen eisernen Käfig gesperrt.

Im fernen **Mailand,** von wo aus die Waffenhändler nach Frankreich aufgebrochen waren, herrschte zur damaligen Zeit ein Sohn des Francesco Sforza, Ludovico Maria, genannt il Moro. Er hatte seine humanistische Bildung von Francesco Filelfo erhalten und sich in vier oder fünf Jahren mit List, Schlauheit, Gewalt und Intrigen eine Machtposition erkämpft, die ihm von Rechts wegen keineswegs zustand.

Die Stadt hatte gepflasterte Hauptstraßen, und ihr ehrgeizigstes Projekt war der seit 1386 im Bau befindliche gotische Dom. Ein System von Kanälen, *navigli,* verband verschiedene Flüsse wie Seveso,

Mailänder Geschichten

Ludovico Maria Sforza, »il Moro«, war nicht als Anwärter auf die Herrschaft geboren. Als erstgeborener Sohn des fähigen Francesco Sforza wurde zuerst sein Bruder Galeazzo Maria Herzog, erwies sich aber als lasterhafter, verschwenderischer und grausamer Tyrann. Zwei junge Adlige, Gerolamo Olgiati und Giovanni Andrea Lampugnani, verschworen sich mit Carlo Visconti, um ihn in der Kirche Santo Stefano zu ermorden (1476). Die Attentäter zogen ihre Rechtfertigung aus Beispielen des Tyrannenmords in der Antike, aber sie hatten auch sehr persönliche Motive. Als Regentin für ihren achtjährigen Sohn Gian Galeazzo übernahm Bona von Savoyen die Herrschaft. Der Parvenu Francesco Sforza war stolz über die Heirat gewesen, denn Bona war mit dem französischen König verschwägert, aber sie nahm sich den jungen Ferraresen Antonio Tassino zum Favoriten. Commynes erzählt, daß sie ihn neben ihrem Schlafgemach wohnen ließ und hinter ihm auf dem Pferde sitzend durch die Stadt ritt, und »alles war nur Fest und Tanz. Aber es war nicht von Dauer, vielleicht eineinhalb Jahre.« Cicco Simonetta, der die Dynastie nach dem »Tyrannenmord« gerettet hat, wurde vom »Moro« enthauptet, der sich 1480 zum Tutor Gian Galeazzos erklärte, d. h. die Macht an sich riß. Als Karl VIII. im Jahre 1494 nach Italien kam, war der rechtmäßige Herzog Gian Galeazzo mit seiner Frau Isabella von Aragón in Pavia so gut wie gefangen, krank, und starb noch im selben Jahr; Gerüchte sprachen von Gift.

Nirone und Olona mit Kanälen wie dem Naviglio Grande vom Tessin her, dem Naviglio Pavese, der in den Tessin mündete, und der Martesana. In Verbindung mit dem Wassergraben um das Stadtzentrum war dieses Netz von Wasserstraßen mit der Zeit immer weiter ausgebaut und schiffbar gemacht worden. Das Gefälle zwischen ihnen wurde seit der zweiten Hälfte des 15. Jahrhunderts durch Schleusen ausgeglichen. Die Kanäle lieferten Wasser für Gerber und Färber, die ihre Werkstätten im Südteil der Stadt hatten, und Energie für Walkanlagen, Papier- und Sägemühlen, die weiter draußen gelegen waren. Lastkähne be- und entluden ihre Waren in den Hafenbecken, in denen auch die ungeheuren Mengen von Marmor für den Dombau gelöscht wurden, die aus Candoglia über den Tessin heruntergekommen waren.

Mailand war die vielleicht reichste Stadt Italiens, und Italien das reichste Land Europas. Der fruchtbare Boden des Umlandes wurde durch die Rieselfelder gewinnbringend genutzt, und die Produkte der städtischen Manufakturen fanden bis über die Alpen, bis nach Katalonien und Kastilien Absatz. Neu war die Seidenherstellung, seit im Hügelland der Maulbeerbaum gezüchtet wurde. »Man strebte«, schreibt ein Chronist, »nach nichts anderem als nach der Anhäufung von Reichtümern, für die alle Wege offenstanden.« Francesco Sforza hatte auf seinem Grundbesitz am Ringkanal hinter San Nazaro in Brolo durch Filarete 1456 das Ospedale Maggiore bauen lassen. Diese »soziale« Einrichtung war in der für die Lombardei typischen Backsteinbauweise errichtet und atmete ganz den Geist der Renaissance.

Von 1480 bis zur Jahrhundertwende herrschte unter der Regierung von Ludovico il Moro im Kastell an der Porta Giovia, das ständig umgebaut wurde, ein aufwendiges und kultiviertes Hofleben. Es schien, als würden am Hofe der Sforza die vielfältigen Strömungen der italienischen Kultur der Zeit zusammenfließen.

Vor allem waren in Mailand im Dienste der Sforza zwei der größten Geister der Zeit tätig. Leonardo hatte einen Weinberg zwischen Le Grazie und San Vittore al Corpo von Ludovico Sforza zum Geschenk erhalten und führte dem Herzog gerade den Entwurf einer Lira vor, »die er in der Form eines Pferdekopfes ganz aus Silber geformt hatte; eine ganz neue und merkwürdige Sache« (Vasari). Leonardo, der nahezu auf allen Gebieten der Wissenschaften und Künste arbeitete, schuf in Mailand einige seiner Meisterwerke, diente als beratender Ingenieur und Hydrotechniker, malte das Porträt der Geliebten des Herzogs Cecilia Gallerani (*Die Dame mit dem Hermelin*, Warschau); nicht zuletzt führte er Regie bei den Festen des Herzogs, so etwa bei der Hochzeit seines Neffen und legitimen Erben Gian Galeazzo mit Isabella von Aragón 1490, der später entmachtet wurde und bald darauf starb. Der andere bedeutende Künstler, der damals in Mailand arbeitete, war Donato Bramante aus Monte Asdrualdo im Herzogtum Urbino, dem heutigen Fermignano. Er hatte schon die Kirche Santa Maria nahe San Satiro mit dem täuschenden perspektivischen Chor gebaut, und im Jahre 1488 wurde gerade nach seinen Plänen der Dom von Pavia begonnen, dessen Bischof ein Bruder des Moro, Ascanio Sforza, war. Die Lage des Hofkünstlers beschreibt ein bissig-bitteres Sonett Bramantes. »*A dirvi il ver, le corti en (sono) come i preti / Ch'acqua e parole e fumo e frasche danno: / chi altro chiede, va contro i divieti.*« (In Wahrheit sind die Höfe wie die Priester, / die nichts anderes geben als Wasser, Worte, Rauch und Stroh. / Wer andres fordert, stellt sich gegen die Verbote.)

Die Mailänder Waffenhändler boten für die Schlacht Panzer, Halsbergen, Beinschützer, Helme und andere Rüstungsteile an, weniger aufwendig und gröber als Turnierrüstungen, aber technisch ebenso perfekt. Sie konnten ihre Waren auf dem Naviglio Grande bis zum

Tessin verschiffen, um dann die Straße nach Turin zu nehmen.

Turin war die Hauptstadt des piemontesischen Teils der Territorien der Herzöge von Savoyen, die sich noch nicht endgültig für Italien entschieden hatten, obwohl einer von ihnen schon versucht hatte, Mailand zu gewinnen. In Wirklichkeit aber waren sie hinreichend damit beschäftigt, ihre verstreuten Territorien zusammenzuhalten, was auch durch die große Zahl von Erben schwierig wurde. Ludovico, der Vater von Bona, dem einstmaligen Regenten von Mailand für den minderjährigen Gian Galeazzo, hatte von seiner Frau Anna von Lusignan zwölf Söhne gehabt. Von den französischen Königen wurden die Savoyer gewöhnlich als Vasallen betrachtet; zuletzt war der Staat von Yolante, der Schwester des französischen Königs Ludwig XI. und Gattin, später Witwe des Epileptikers Amadeus IX., regiert worden, die wegen ihrer Mildtätigkeit seliggesprochen wurde. Zum Zeitpunkt unserer Reise war ein Sohn der Yolante, Karl I. mit dem Beinamen »der Krieger«, Herzog, und Frankreich hatte seine Expansionsabsichten vorläufig aufgegeben.

Außerhalb der roten Backsteinmauern Turins erhoben sich jenseits des Po sanfte Hügel und am Horizont die Gipfel der Alpen. Die Stadt war winzig. Bis auf einige Vorstädte entlang der Ausfallstraßen reichte sie nicht über die zweiundsiebzig *insulae* der rechteckigen Anlage der römischen Kolonie hinaus. An der längsten Seite war die Stadtmauer nicht mehr als 800 Meter lang, und als Befestigung hatte man die römischen Mauern wiederhergestellt. Das *Castello degli Acaia* war an der Stelle der Porta decumana der römischen Siedlung auf der Nordostseite der Stadt entstanden. Zu Beginn des Jahrhunderts waren die beiden sechzehneckigen Türme errichtet worden, die man noch heute an der späteren Fassade des Palazzo Madama erkennen kann. Die Stadt besaß noch nichts von der behäbigen barocken Atmosphäre, die auch heute noch zu spüren ist. Aber die via Dora Grossa, die Hauptgeschäftsstraße (heute via Garibaldi), war bereits von dreistöckigen Häusern mit den typischen Bogengängen auf der Straßenseite gesäumt.

Die Alpen überquerte man über den Mont Cenis, den bequemsten Paß zwischen Piemont und der Hauptstadt des Herzogtums Savoyen. Der Paß war entlang der Dora Riparia und durch das Tal von Susa zu erreichen. Den Taleingang bewacht die Sagra di San Michele, eine gewaltige Abtei, die mit dem einzelstehenden Berg, auf dem sie errichtet ist, verwachsen zu sein scheint. In und um dem kleinen Ort Avigliana vor dem Taleingang, in der Sagra und in Susa selbst vermitteln Architektur und Landschaft noch immer eine lebendige Erinnerung an die Vergangenheit. Spätgotik und erste Ansätze der Renaissance in Piemont finden in dem schönen blutroten Backstein der Gegend ihren Ausdruck. In **Susa** war der Borgo dei Nobili, das Patrizierviertel, vor den Stadtmauern entstanden, weil der Hofstaat der Herzöge in der Stadt keinen Platz fand, als hier im 12./13. Jahrhundert eine der Residenzen angelegt wurde. Vor dem Aufstieg zum Paß hielt man in Novalesa an, wo die Lasttiere warteten. Novalesa ist der Name einer alten und einst mächtigen Abtei in der Nähe. Kurz hinter der 2084 Meter hohen Paßhöhe des **Mont Cenis** nennt sich eine Gruppe von Häusern la Ra-

Von Mailand aus überquerte man die Alpen auf dem Wege nach Savoyen und Lyon über den Mont Cenis (2098 m). Unten: Straße im Gebirge, Ausschnitt aus der Anbetung der Heiligen Drei Könige *von Ambrogio da Fossano, genannt Borgognone, in der Kirche der Incoronata in Lodi. Links: Phantasielandschaft im Gebirge, Holzschnitt aus* All the Proprytees of Thynges *(Westminster 1495), einer Ausgabe von* De proprietatibus rerum *des Bartholomaeus Anglicus (13. Jh.).*

Turin – Chambéry

masse. Dieser Name erinnert an die Schlitten aus gebogenem Holz, auf denen junge Männer die Reisenden zu Tal beförderten und ihnen damit die Mühen des winterlichen Abstiegs ersparten, das Risiko aber wohl beträchtlich erhöhten.

Der Abstieg nach Savoyen führt durch dichte Nadelwälder. Deshalb leuchtet auch die etymologische Erklärung ein, die den Namen Savoyen (Sabaudia) auf die Wurzel »sap« zurückführt, woher auch das französische *sapin*, Tanne, kommt. Das Arc-Tal, die Maurienne, schneidet sich in seiner grandiosen Wildheit wie eine tiefe Wunde in die Berge. Vom Talgrund kann man zwischen den steilen, von Sturzbächen zerklüfteten Wänden die schneebedeckten Gipfel kaum erahnen.

Nahe dem Zusammenfluß von Arc und Isère erhebt sich auf einem Felsen das eindrucksvolle Kastell von Miolans. Ein Stück weiter liegt **Chambéry,** die Hauptstadt von Savoyen, auf dem breiten Sattel zwischen Isère und dem See von Bourget. Ein Gewirr von Gassen drängte sich um das Kastell, das wenige Jahrzehnte zuvor erweitert und dadurch zwar nicht weniger trutzig, aber für seine Bewohner zumindest bequemer geworden war. Durch eine Reihe von Erbschaften und Schenkungen war im Jahre 1452 das Schweißtuch Christi an die Herzöge von Savoyen gelangt, aber zum Zeitpunkt der Reise der Mailänder Waffenhändler war die Sainte-Chapelle noch nicht fertig, in der die Reliquie aufbewahrt werden sollte, bevor sie 1578 ihren Platz in Turin erhielt. Der Kardinal d'Aragona sollte die Ehre haben, die Reliquie zu küssen, und der Domherr, der sein Reisetagebuch führte (1517), sagt, daß die Herzöge von Savoyen sie stets mit sich führten, »aber mit der allergrößten Verehrung, wohin sie auch ritten«. Zwei Brüder des Hauses hatten sie sich sogar teilen wol-

In seinem Reisetagebuch notierte der anonyme Mailänder Kaufmann genauestens, daß Lyon ursprünglich auf einer Anhöhe lag, wo man noch »die Überreste und Fundamente der Stadt sehen kann« (die Ruinen der römischen Siedlung auf der Höhe von Fourvière); später wurde sie »wegen der größeren Bequemlichkeit« an der Mündung der Saône in die Rhone neugegründet. Auf der Darstellung aus dem 16. Jahrhundert (von Braun und Hogenberg) sieht man im Vordergrund die Saône.

len; doch der Schneider, der die Schere angesetzt hatte, war durch ein Wunder blind geworden. Als die Reliquie dann in der Kapelle ihren Platz gefunden hatte, wurde die Stadt nur noch selten von der Pest heimgesucht, während zuvor »kaum ein Jahr verging«, in dem die Seuche nicht wütete.

In **Lyon,** der ersten Stadt auf französischem Boden, fließen Rhone und Saône ein Stück fast parallel, so daß sich vor dem Zusammenfluß ein ungefähr 500 Meter breiter Landstreifen bildet. Zu jener Zeit lag die Stadt jedoch fast ganz auf dem rechten Ufer der Saône zu Füßen der Höhe von Fourvière, d. h. Forum Vetus, wo die römische Kolonie gelegen hatte. Die Kathedrale von Saint-Jean wurde in jenen Jahren nach mehr als dreihundertjähriger Bauzeit vollendet. Im linken Querschiff konnte man schon zu dem Wunderwerk der mit Figuren und Automaten ausgestatteten astronomischen Uhr hinaufblicken, die man heute in barocker Ausführung sieht.

In dem zu Ende gehenden Jahrhundert war von Italienern die Seidenherstellung eingeführt worden, die dann im 17. und 18. Jahrhundert ihre eigentliche Blütezeit erreichte. Schon im 16. Jahrhundert aber begann die Stadt zu wachsen, und es entstanden die Viertel zwischen Saône und Rhone, wo es schon einige Abteien und Kirchen wie Saint-Nizier gab. Ludwig XI. hatte Lyon 1463 das Recht zur Abhaltung von vier Messen verliehen, was sich als besonders wichtig für die Weiterentwicklung der Stadt erwies. Die Messen des nahen Genf, die während ihrer Blütezeit die europäische Wirtschaft belebt hatten, verloren schnell an Bedeutung, und die Medici verlegten eilends ihre Bankfiliale vom Genfersee an die

Saône. Einige Jahre später (1506) eröffnete in Lyon die erste Börse Frankreichs.

De Beatis beschreibt die Stadt als »nicht sehr groß, aber auch nicht klein, mit ordentlichen Straßen, Häusern meist aus Stein, Gewerben und Waren in Fülle und alle in bestem Zustand.« Das blühende Handelsleben, die Umgebung, die Leute und vor allem die »sehr schönen« Frauen, wie der immer aufmerksame Domherr notiert, erinnern an das »schöne Italien«, und deshalb erklärt er Lyon zur schönsten Stadt Frankreichs.

Ihre Lage am Knotenpunkt der Verkehrsverbindung zwischen Mittelmeerraum und Zentralfrankreich über Rhone und Loire bestimmte das Wirtschaftsleben der Stadt. Zwischen den beiden Wasserstraßen war zu Land die Strecke von Lyon nach **Roanne** zu überwinden,

Lyon – Loire

wo die Loire schiffbar wird. Ein großer Teil der Bewohner von Roanne waren Schiffs- oder Wageneigentümer, Schiffsbauer und Stellmacher, Ruderer, Matrosen und Gepäckträger. Mit unterschiedlichem Gewinn und sozialem Status lebten alle vom Transport auf der Loire oder zwischen Loire und Rhone. In Roanne konnten die Mailänder Kaufleute ihre Lasten auf eines der Flöße aus Tannenholz, die *sapinières*, laden, die die Loire hinuntertrieben und am Ende der Reise zerlegt wurden; oder aber sie benutzten die Kähne aus Eichenholz, auf denen reichere Leute reisten, weil sie sogar eine Kabine hatten.

Die **Loire** ist mit ihren 1020 Kilometern der längste Fluß Frankreichs. Die Gegend zwischen Gien und Angers, das »Land der Loire« auf beiden Seiten des Flusses, das der aus Chinon stammende Rabelais später so sehr liebte, gilt als der »Garten Frankreichs«. Wahrscheinlich dachte man so auch schon zu der Zeit, als die Mailänder Händler den Fluß hinunterfuhren. Im weiten Tal um Orléans begleiteten ihn rebenbedeckte Hänge, Pappeln und Trauerweiden, und in der Touraine bewegen sich seine blauen Wasser träge zwischen Sandbänken dahin. Diese Landschaft liebten die Könige jener Zeit und wählten hier ihre Residenzen: Karl VII. in Chinon, Ludwig XI. in Plessis-les-Tours, Karl VIII. und danach alle Könige des 16. Jahrhunderts bis zu Heinrich III., dem letzten Valois, in Amboise. Die Könige und Fürsten liebten Hunde und die Jagd, die Falknerei und exotische Vögel, sie hielten sich Affen und Löwen in ihren Burggräben und

Das Tal der Loire galt als der »Garten Frankreichs«. Unten: Weinlese in den Weinbergen des Schlosses von Saumur, Miniatur aus dem Stundenbuch *des Duc de Berry, 15. Jh. Zeichnung: das Schloß von Langeais. Rechts und auf den folgenden Seiten: zwei berühmte französische Wandteppiche aus der Zeit, als Könige und Fürsten in den Loire-Schlössern Hof hielten:* Konzert am Brunnen *und die* Dame mit dem Einhorn *mit dem Motto »A mon seul désir« (Anfang des 16. Jahrhunderts).*

Papageien in ihren Schlafgemächern. Ihre düsteren Burgen verschönten sie mit der Anmut gotischer Architektur und begannen, Gärten mit Laubengängen, Brunnen und Blumenrabatten anzulegen, noch bevor der neapolitanische Geistliche Don Pacello di Mercogliano mit Karl VIII. aus dessen neuem Reich am Mittelmeer hierherkam, um die Gärten von Amboise und Blois »nach italienischer Art« umzugestalten. Die dichten Blumenbeete, die dem Herzog Jean de

Berry und dem »roi René« so sehr gefielen, finden sich wieder im Rosa und Türkis der »mille-fleurs« genannten Gobelins aus den Werkstätten an der Loire, auf denen idyllische Szenen höfischen und ländlichen Lebens vor einem Hintergrund von Blumen, Eichhörnchen, Pfauen, Rebhühnern und Hasen dargestellt sind.

Um sich den »Garten Frankreichs« im letzten Viertel des 15. Jahrhunderts vorzustellen, muß man sich vergegenwärtigen, daß die französische Renaissance noch kaum begonnen hatte. Die Gegend der Loire war reich an Burgen und Jagdsitzen, aber aus ihnen waren noch nicht die berühmten »Loire-Schlösser« geworden. Das elegante Schloß Chenonceaux der Diane de Poitiers am Cher, das von Ufer zu Ufer reicht, war noch nicht einmal begonnen. Azay-le-Rideau hieß Azay-le-Brulé, weil der Dauphin, der spätere Karl VII., der hier bei seinem Aufenthalt im Jahre 1418 von Garnisonssoldaten beleidigt worden war, die Schuldigen hinrichten und das Dorf niederbrennen ließ. Im Wald einige Meilen vor Blois lag nur ein Jagdsitz des Herrn von Blois. Erst Franz I. ließ dann das eindrucksvolle Schloß Chambord errichten mit seinen weißen Mauern, seiner zauberhaften Terrasse und den unzähligen Spitzen und kunstvollen Kaminen um die Laterne. Den besten Eindruck der damaligen Zeit vermittelt vielleicht das Schloß von Langeais mit seinen hohen Mauern aus strengem grauen Stein, den runden Türmen und spitzen Dächern, denn es ist

Befestigte Städte an Flüssen wie der Loire erschienen der Schedelschen Weltchronik (1493) als typisch französisch: Phantasielandschaft von Michael Wolgemut und Wilhelm Pleydenwurff.

noch unverändert so, wie es nach 1465 innerhalb von vier oder fünf Jahren erbaut worden war.

Die Loireschiffahrt war gut organisiert und relativ schnell. Dennoch drohte von Sandbänken und Überschwemmungen Gefahr, und die Umfahrungen der Wasserräder und die Zölle waren lästig. In sechs Tagen gelangte man von Orléans nach Nantes, und mit ein bißchen Glück konnte man in fünfzehn bis zwanzig Tagen die gleiche Strecke flußaufwärts zurücklegen. Die gleichmäßigen Winde vom Atlantik her bliesen in die Segel und in die Windräder der Mühlen auf den Hügeln. Seit dem 14. Jahrhundert sorgte eine *Communauté des marchands* mit Sitz in Orléans für gewisse Instandhaltungsarbeiten längs des Wasserweges und verlangte dafür eine Abgabe, die in besondere Behältnisse am Ufer gezahlt werden mußte.

Die Orte, an denen man anlegte, gaben Stoff für die Unterhaltungen an Bord. In **Orléans** sprach man noch immer von der glorreichen Rettung der Stadt vor der drohenden englischen Eroberung vor sechzig Jahren. Die Brücke aus der Zeit der Jeanne d'Arc führte etwa hundert Meter weiter talwärts als die heutige Brücke George V. über den Fluß, und das von Mauern umschlossene Rechteck der Stadt mit der Kathedrale Saint-Croix lag ganz auf dem rechten Flußufer.

Das auf einem Steilhang über der Stadt gelegene Schloß von **Blois** sah ganz anders aus als das Glanzstück der französischen Renaissance, das heute zu bewundern ist. Aber bereits Karl von Orléans, der Dichter, hatte es verschönern lassen. Nach seiner Rückkehr aus fünfundzwanzigjähriger Gefangenschaft in England hielt er sich hier bis zu seinem Tode im Jahre 1465 im Kreise eleganter Damen und gebildeter Höflinge auf, die allegorische Dichtung und Poetenwettstreite liebten. Einen solchen Wettbewerb hatte 1457 auch François Villon mit seiner Ballade *»Je meurs de soif auprès de la fontaine«* (Ich verdurste neben der Quelle) gewonnen. Charles d'Orléans vermählte sich, nachdem er schon zweimal Witwer geworden war, mit einer Vierzehnjährigen und wurde mit achtundsechzig Jahren Vater. Sein Sohn, der künftige König Ludwig XII., wurde als Aufrührer in dem Krieg geschlagen, für den die Mailänder Kaufleute ihre Waffen anboten. François Villon dagegen wurde in Meung-sur-Loire eine Zeitlang vom Bischof von Orléans gefangengehalten.

Das Schloß von **Amboise** hatte mit dem späteren nur die Lage hoch über dem Ort gemein. Karl VIII. begann nach seiner Rückkehr aus Italien den Bau einer prachtvollen Residenz, die dann von Ludwig XII. und Franz I. vollendet wurde. Letzterer ließ auf der Terrasse Wildschweine, Bluthunde und Löwen aufeinander hetzen. Karl VIII. starb hier an den Folgen einer Kopfverletzung, die er sich in einem der im Bau befindlichen Gänge zugezogen hatte. Er war in Amboise geboren, aufgewachsen und schon als Kind unter der Regentschaft seiner Schwester Anne de Beaujeu König geworden. Hier wurde er mit Margarete von Österreich, der Tochter Maximilians von Habsburg und Marias von Burgund, verlobt, die er jedoch nie heiraten sollte. Bei der Verlobungsfeier, die mit großem Pomp begangen wurde, war er dreizehn, seine Verlobte drei Jahre alt. In Amboise stand auch schon das schöne gotische Herrenhaus Clos-Lucé, in dem Leonardo seine letzten Lebensjahre verbrachte.

Orléans – Angers

Der Kardinal d'Aragona, der den Künstler hier zwei Jahre vor dessen Tod besuchte, sah unter »lauter ausgezeichneten« Bildern das Porträt »einer gewissen Florentinerin, gemacht wie lebendig«: die Mona Lisa.

In dem nahe der Cher-Mündung an der Loire gelegenen **Tours** wurden golddurchwirkte Seidenstoffe hergestellt. Neben der noch nicht fertiggestellten Kathedrale Saint-Gatien mit ihren wunderbaren Glasfenstern stand noch die Basilika Saint-Martin, die später von den Hugenotten geplündert und dem Verfall preisgegeben wurde, bis während der Französischen Revolution die Gewölbe zusammenbrachen. Die Kirche beherbergte das Grabmal des heiligen Martin von Tours, der als Legionär seinen Mantel mit einem Armen geteilt hatte, einer der größten Heiligen des alten Frankreich.

Weiter flußabwärts kam man an **Langeais** vorbei. Ludwig XI. hatte das Schloß bauen lassen, um dem Herzog der Bretagne ein unüberwindliches Hindernis in den Weg zu legen, falls er auf die Idee kommen sollte, die Touraine anzugreifen. In diesem Kastell heiratete Karl VIII. 1491 Anne de Bretagne, die Herrin jenes wertvollen Herzogtums, dessen Macht in der Schlacht von Saint-Aubin-du-Cormier gebrochen worden war.

Die Mailänder Kaufleute haben das Schiff vermutlich an der Mündung der Maine verlassen, um über das nahe **Angers** den Weg in die Bretagne entlang des Mayenne-Tales einzuschlagen, wo sich das Flußbett in steile, mit Edelkastanienbäumen und Ginster bewachsene Hänge eingräbt. Ludwig der Heilige hatte das Schloß von Angers aus Schieferbruchstein wiederaufbauen lassen. Die sieb-

---

Erinnerung an Jeanne d'Arc

Sie war noch längst nicht heiliggesprochen, aber die Anklage der Häresie, derentwegen sie am 29. Mai 1431 in Rouen verbrannt worden war, war schon zurückgenommen. Nachdem Karl VII. Rouen eingenommen und eine Untersuchung von Prozeß und Hinrichtung angeordnet hatte, sprach Kalixt III. 1456 die Rehabilitierung aus. In Orléans blieb die Erinnerung an das Frühjahr 1429 lebendig. Die Belagerung dauerte schon seit dem Oktober des vergangenen Jahres, aber die Bürger von Orléans verteidigten sich verbissen mit ihrer Artillerie. Ein siebzehnjähriges Mädchen, das sich damals Jeanne Darc nannte, erkannte am 25. Februar 1429 im Schloß Chinon den Dauphin (den späteren Karl VII.), der sich unter dreihundert Soldaten versteckt hielt, und offenbarte ihm die »Stimmen« der Heiligen Michael, Katharina und Margarete, er solle die Engländer vertreiben und sich in Reims krönen lassen... Mit dem Heer, das man ihr übergab, tauchte das Mädchen aus Domrémy Ende April vor Orléans, d.h. vor der von den Engländern gehaltenen Brücke, auf, aber sie stand auf dem linken Flußufer und war überrascht darüber, daß die Stadt auf der anderen Seite lag. Die Herren Generäle hatten aus Ärger über die Einmischung die unzureichenden geographischen Kenntnisse des Mädchens ausgenutzt. Das Heer mußte bis Blois zurückkehren, um den Fluß zu überschreiten... Dennoch mußten die Engländer im Mai 1429 die Belagerung aufheben, und die Legenden um die kriegerische Jungfrau nahmen ihren Lauf.

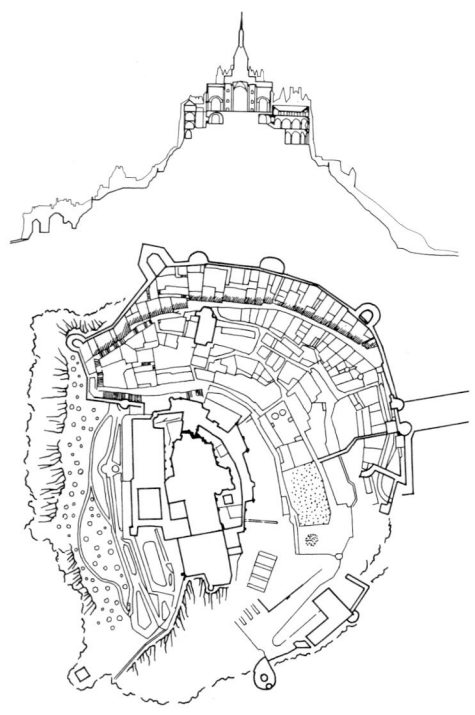

zehn Rundtürme, die dann während der Religionskriege gekappt wurden, waren noch mit Zinnen, Schießscharten und spitzen Helmen bewehrt. Über die Stadt war ein böses Sprichwort in Umlauf: »*Basse ville, hauts clochers, riches putains, pauvres escholiers...*« (kleine Häuser, große Klöster, reiche Dirnen und arme Studenten). Der letzte Herzog von Anjou, »*le bon roi René*« – denn er war wenigstens dem Namen nach König von Sizilien –, der neuere und alte Sprachen beherrschte, schrieb Versepen und Rittertraktate, musizierte und malte vielleicht sogar. Als er sich von Angers nach Aix in seine Grafschaft Provence begab, vermachte er der Kathedrale Saint-Maurice die berühmten Wandteppiche mit der Darstellung der Apokalypse, die 1375–80 in Paris nach Zeichnungen von Hennequin von Brügge angefertigt worden waren. Sie befinden sich heute, nicht mehr vollständig, im Schloß. Der böhmische Baron Lev von Rozmital hatte sie auf seiner Reise besichtigt und war von den *Tapisseries* begeistert; allein den Bettbehang schätzte er auf vierzigtausend Kronen. Außerdem beeindruckte ihn das Tiergehege mit seinen zwei Löwen, zwei Leoparden, zwei Straußen und Ziegen mit drei Hand großen Ohren.

In der Stadt erinnerte man sich noch gut an ein großes Ereignis, das zwei Jahre zurücklag. Ein ortsansässiger Arzt namens Jean Michel hatte das berühmteste Passionsspiel der Zeit von Arnoul Greban »*moult triumphanment et sumptueusement*« aufführen lassen. Durch allerlei Veränderungen war der profane Charakter des Stückes besonders betont worden, indem beispielsweise das mondäne Leben der Sünderin Magdalena ausführlich dargestellt wurde. Zur Unterhaltung und Erbauung des Publikums wurden auf den verschiedenen Bühnen nicht weniger als fünfundsechzigtausend Verse rezitiert.

Wenn die Mailänder Kaufleute ihre Waren an die Ritter der »*guerre folle*« losgeschlagen hatten und der Weg durch den Sieg des tapferen Louis de la Tremoille freigemacht war, haben sie vielleicht, so könnte man annehmen, den **Mont-Saint-Michel** besucht. Möglicherweise haben sie sich den Pilgern angeschlossen, die beim Durchqueren der Bucht bis zum Felsenriff ihr Leben riskierten, um den Heiligen »*au peril de la mer*« zu verehren. Als Erinnerung kauften sie kleine Bleiampullen, um sie mit dem Ufersand zu füllen. Auch Waffenhändler glaubten an Erzengel.

Der Mont-Saint-Michel in einer Miniatur aus dem Stundenbuch *des Duc de Berry; links: Grund- und Aufriß des Inselbergs. Die Abtei für die Wallfahrt zum Erzengel Michael geht auf das 8. Jahrhundert zurück. Der Ort war nicht wie heute durch einen Damm mit der Küste verbunden, sondern bei Flut von Wasser umgeben.*

Angers – Mont-Saint-Michel

Die Spätgotik

Das Raumerlebnis der gotischen Kathedrale spiegelt sich in Jan van Eycks Tafelbild *Madonna in der Kirche,* ca. 1425 (rechts; heute Berlin). Als Beginn der Gotik gilt heute meist das Jahr 1140, in dem der Grundstein für den neuen Chor der Abtei von Saint-Denis bei Paris gelegt wurde. Gegen Ende des 15. Jahrhunderts hatte dieser Stil – außer in den östlichen und südöstlichen, von Byzanz beeinflußten Gebieten – allen Städten seinen Stempel aufgedrückt. Im 15. Jahrhundert war ein neuer Stil nach dem Vorbild der antiken Architektur entstanden, hatte aber noch nicht einmal ganz Italien erfaßt. Anderswo baute man bis weit ins 16. Jahrhundert hinein gotisch. Die Spätgotik trägt verschiedene Namen: *flamboyant* in Frankreich, weil die Fensterbögen wie Flammen geformt sind, *Perpendicular* in England (viergeteilte Fenster), *fiorito* in

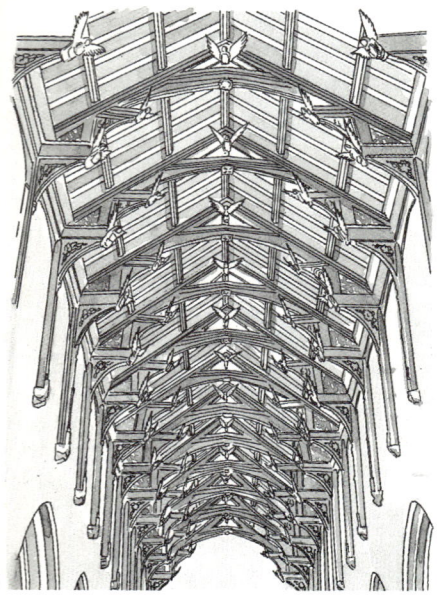

Am Ende des 15. Jahrhunderts bestimmte wie seit dreihundert Jahren die Gotik die Bauweise der Städte

Italien. Die wesentlichen Stilmerkmale sind: die komplizierte und phantasievolle Verflechtung der Kreuzrippengewölbe, die fließend und ohne Kapitelle aus den Pfeilern hervorwachsen; große, polyphore Fenster mit raffiniertem Maßwerk; eine Vielzahl von Turmspitzen, Fleurons, Balustraden und Wasserspeiern; alles in allem eine Fülle

dekorativer Elemente und ein phantastischer Formenreichtum.

Auf den Zeichnungen typische gotische Bauwerke der Zeit: Der Palast des Jacques Coeur in Bourges, erbaut in den Jahren 1443–1451, der als eines der bedeutendsten Beispiele eines spätgotischen Bürgerhauses gilt (1); die Holzdecke der Pfarrkirche von Swaftham, England, Mitte des 15. Jahrhunderts (2); Chor der Sankt-Lorenz-Kirche in Nürnberg (1445–72). (3).

Der Maler

Von Nürnberg nach Venedig

Deutsche Geschäftsleute, vor allem aus Nürnberg, unterhielten in Venedig eine eigene Herberge, das berühmte »Fondaco dei Tedeschi«, Agentur des transalpinen Handels, Warenlager und Handelskammer zugleich. Durch Tirol, über den Brenner und durch das Etschtal gelangten Waren, Menschen und Nachrichten von einer Stadt zur anderen. Denselben Weg schlug 1494 auch der junge Dürer ein.

**Nürnberg • Augsburg • Innsbruck
Brenner • Bozen • Trient • Verona
Padua • Venedig**

Mit dreiundzwanzig Jahren verließ Albrecht Dürer im Oktober 1494 seine Heimatstadt Nürnberg mit dem Ziel Venedig. Er reiste zu Fuß und zu Pferd und versuchte gar nicht, mit den Eilkurieren Schritt zu halten, die den Geschäftsverkehr zwischen den beiden Städten besorgten. Dürer reiste bewußt gemächlich, jederzeit bereit anzuhalten, um ein Motiv im Aquarell festzuhalten. Er kam aus einer reichen, kultivierten Stadt, die sich gerade humanistischen Interessen öffnete; er hatte seine Ausbildung beendet und suchte in Italien vielleicht die neue künstlerische »Form«, die seine Kollegen südlich der Alpen aus den Quellen der Antike schöpften. In Deutschland wußte man davon vom Hörensagen und auch durch die neue Technik der Drucke von gestochenen Platten.

De Beatis, der eine Generation später als Begleiter des Kardinals d'Aragona fast die gleiche Reiseroute in entgegengesetzter Richtung zurücklegte, beschreibt **Nürnberg** als »überaus reich an Waren und verschiedenen Gewerben, vor allem Eisensachen«, als eine Stadt erfindungsreicher Techniker. Der Kardinal bestellte dort denn auch für einen stolzen Preis Uhren und andere Dinge aus Eisen und Messing. Dem Domherrn fiel auch das große Waffenarsenal auf, die Getreidespeicher und »ein langes und großes Haus« zur Lagerung von Kohle, damit auch im Falle einer Belagerung der Stadt die Eisenverarbeitung weitergehen konnte.

Seit zum Handel mit Italien und Norddeutschland noch Eisenförderung und -bearbeitung hinzugetreten waren, war die Wirtschaftskraft der Stadt sehr gewachsen. Zahlreiche Eisenhütten lagen flußaufwärts an der Pegnitz, die auch die Räder der Drahtziehmühlen antrieb. Die Nürnberger Gießereien galten als die besten in ganz Deutschland. Auch der noch ganz junge Buchdruck – durch die Herstellung der beweglichen Lettern aufs engste mit der Metallindustrie verbunden – stand in Nürnberg in Blüte, und die Stadt war führend im Druck illustrierter Bücher, bei denen der Text mit den beweglichen Lettern, die Bilder in Holzschnitten hergestellt wurden.

Ein Buch dieser Art war die *Neue Weltchronik* oder *Liber cronicarum* des Nürnberger Arztes Hartmann Schedel mit Holzschnitten von Michael Wolgemut und dessen natürlichem Sohn Wilhelm Pleydenwurff, die 1493 von Anton Koberger, dem Taufpaten Albrecht Dürers, veröffentlicht worden war. Dort konnte man lesen, daß sich in Nürnberg Fleiß und Ge-

Nürnberg, aquarellierte Zeichnung von Hans Würm; unten rechts: Wappen mit dem Reichsadler über einem Stadttor als Zeichen der Freien Reichsstadt (aus der Schedelschen Weltchronik). Auf der Zeichnung links: das Haus an der Straße zur Burg, das sich Dürer 1509 kaufte. *Auf der Seite gegenüber dem Titel:* Landschaft mit Burg *von Albrecht Altdorfer.*

schäftssinn so sehr entwickelt hatten, weil die Stadt auf unfruchtbarem Sandboden erbaut war. Gerade zur damaligen Zeit vollzog sich der Übergang von der Vorherrschaft der traditionellen Handelsstädte wie Lübeck und Brügge zu denjenigen, in denen eine Vorform des »modernen Kapitalismus« entstand. Nürnberg und im besonderen Augsburg waren solche Städte.

Die Stadt lag im dichten Waldgürtel des Pegnitztales am Kreuzungspunkt wichtiger Handelswege. Sie hatte sich aus zwei Stadtkernen entwickelt: Im Norden lag auf einer felsigen Anhöhe über der sumpfigen Flußniederung die mächtige Kaiserburg der Salier und Staufer, von der sich eine Ansiedlung zum Pegnitzgrund hinabzog, mit der alten Sebalduskirche als Mittelpunkt. Noch heute kann man die Straße zur Burg hinaufsteigen und das Haus sehen, das Dürer dort 1509 gekauft hat. Ein zweiter Stadtbezirk entstand im Süden um die Lorenzkirche. Beide Stadtbezirke hatten zunächst eigene Befestigungen und wurden erst seit dem 14. Jahrhundert, als die Reichsstadt bereits eine größere Selbständigkeit errungen hatte, von einer quadratischen Mauer umschlossen. In der durch den Fluß in zwei Hälften geteilten Stadt standen berühmte Bauwerke der deutschen Gotik, an denen seit Jahrhunderten gearbeitet wurde. Rechts der Pegnitz erhob sich die romanisch-gotische Sebalduskirche und das Rathaus, das noch sein strenges gotisches Aussehen aus dem 14. Jahrhundert bewahrte. Im ersten Stock befand sich unter einer hohen, kunstreichen Holzdecke der Ratssaal, zu ebener Erde eine Reihe von Verliesen. Um den nahen Hauptmarkt anzulegen und die Frauenkirche zu bauen, hatte man die alten, kleinen Häuser abgerissen. Erst später wurde an ihr die berühmte Uhr angebracht, bei der am Mittag die sieben Kurfürsten grüßend vor Karl IV. vorbeiziehen. Auf dem Platz stand aber schon der schlanke, 20 Meter hohe *Schöne Brunnen,* den Heinrich Parler Ende des 14. Jahrhunderts geschaffen hatte.

Auf der anderen Seite des Flusses war in der Lorenzkirche erst seit 1477 der neue Chor mit seinen fließenden, hochaufstrebenden gotischen Formen vollendet worden, und Adam Krafft stellte gerade sein bizarres, überhohes Sakramentshaus fertig. Die Kirche der heiligen Martha war Sitz der Gesellschaft der »Meistersinger«, deren berühmtestes Mitglied, Hans Sachs, einige Wochen nach der Abreise Dürers geboren wurde.

Das Heilig-Geist-Spital war über den Fluß gebaut, und in seiner Kirche wurden seit 1424 die Reichsinsignien aufbewahrt,

Nürnberg war bekannt für sein Metallhandwerk. Die Werkstätten standen an der Pegnitz, die durch die Stadt fließt. Mit der Strömung wurden die Drahtziehmühlen betrieben, die hier entwickelt worden waren. Eine dieser Mühlen westlich der Stadt ist auf dem Aquarell Dürers dargestellt (1494).

die König Sigismund, Sohn Karls IV., in die kaisertreue Freie Reichsstadt gebracht hatte. Er enthielt Krone und Reichsapfel Karls des Großen, die Spitze der heiligen Lanze und das Schwert, das dem heiligen Mauritius vom Engel übergeben worden war. Der überaus vorsichtige De Beatis berichtet, man habe ihm erzählt, daß die Lanzenspitze mit der in der Peterskirche von Rom aufbewahrten Heiligen Lanze verglichen worden sei; tatsächlich habe dort die Spitze gefehlt. Vom Schwert des heiligen Mauritius wisse selbst in dieser Stadt, in der man so viel von Metallen verstand, niemand zu sagen, aus welchem Material sie hergestellt sei.

Von der großen Stadt in Franken führte der Weg nach Venedig über die Alb, eine der Gegenden, aus denen das Erz für die

Nürnberger Eisenhütten kam, über die Donau und dann am Lech entlang flußaufwärts nach Augsburg und über die schwäbisch-bayerische Hochebene auf die schneebedeckten Gipfel der Alpen zu. Über Mittenwald, Innsbruck und die Grafschaft Tirol, die zu beiden Seiten des Brenners lag, erreichte man Italien.

Philippe de Commynes, der seine Karriere am burgundischen Hof begonnen und die »douceur de vivre« Europas in höchster Vollendung kennengelernt hatte, fällte ein drastisches Urteil über die Deutschen: »ilz sont ruddes et vivent ruddement.« Der Domherr aus Molfetta, der den Kardinal d'Aragona begleitete, notierte vielfältigere Eindrücke. Er schätzt die Forellen, die jeder Wirt vor dem Wirtshaus in Fischkästen mit fließendem Wasser hält, »die aus Holz gemacht

Von Nürnberg aus führte die meistbenutzte Straße durch Tirol, wo die Habsburger ihre Jagdgründe hatten und Bergwerke besaßen. Unten: Innsbruck in einem Aquarell Dürers von seiner ersten Venedig-Reise. Rechts: die Jagd Kaiser Maximilians in Tirol, Illustration von Jörg Kölderer aus dem Tiroler Jagdbuch, *1500.*

und mit Schlössern versperrt sind«. Die Mägde der Gasthöfe sind jung und schön, lassen sich zum Trinken einladen und unterhalten sich mit den Gästen, die denn auch nicht versäumen, ihre Finger (»aber nur über den Stoff«) wandern zu lassen. Männer und Frauen gehen oft in die Kirche, und dort spricht man nicht wie in Italien »vom Geschäft und man feiert auch nicht«, sondern betet auf Knien. Allerorten aber sind Räder und Galgen zu sehen, auf denen nicht nur Männer, sondern auch Frauen hingerichtet werden. Das gilt dem Domherrn als ein Zeichen dafür, daß man »strenge Gerechtigkeit walten läßt, was ohne Zweifel in solchen Ländern auch sehr notwendig ist«. In den übers Land verstreuten Ritterburgen tun sich Aufrührer zusammen. Die »wohlmögenden Leute« (die reichen Oligarchien), die die »freien«, nur dem Kaiser untertanen Städte regieren, verteidigen Eigentum und Ordnung mit harter Hand.

Eine dieser »freien« Städte war **Augsburg.** Als besonders sehenswert galten zu dieser Zeit die schönen Brunnen, die durch eine technisch hochentwickelte Wasserkunst gespeist wurden. Von einem Speicherturm aus, in den das Wasser durch Räder hochgepumpt wurde, führten unterirdische Röhren zu den Brunnen und ließen hohe Fontänen emporsteigen. Am meisten Bewunderung aber erregten Reichtum und Prunk der Fugger. Auch heute noch kann man die spitzgiebeligen Häuser der Fuggerei besichtigen, wo hundertsechs Wohnungen für einen Gulden Jahresmiete an ehrbare und nicht allzu elende Arme vergeben wurden. Das war die »Wohlfahrtseinrichtung« eines der reichsten Bankiers in Europa, der Karl von Habsburg durch einen Kredit von über einer halben Million Gulden zur Wahl zum deutschen Kaiser verhalf. Wahl und Gründung des karitativen Werkes fielen beide in das Jahr 1519. Zum Zeitpunkt der Reise Dürers hatte die Familie noch nicht den Höhepunkt von Ruhm und Macht erreicht, aber Jakob II. der Reiche war mit seinen etwa fünfunddreißig Jahren schon eifrig dabei, durch Handel, Bankgeschäfte und Bergwerke in Tirol und Kärnten sein Vermögen zu vergrößern.

Der wirtschaftliche Aufstieg der Stadt

hatte in der ersten Hälfte des 14. Jahrhunderts mit der Herstellung von Barchent begonnen, einem preiswerten Gewebe, bei dem der Einschuß aus ägyptischer Baumwolle bestand, die über Venedig importiert wurde, der Kettfaden aber aus deutschem Leinen. Die Kaufmannsfamilien, die auf diese Weise zu Reichtum gelangt waren, suchten sich durch Investitionen in Grundbesitz abzusichern. Um die Mitte des 15. Jahrhunderts hatten alle bedeutenden Fernhandelsgesellschaften

»... bei einem Ort, der Brenden heißt, liegen zu Füßen des Berges zwei kleine Seen: aus dem einen entspringt die Isacho und aus dem anderen ein kleiner Fluß namens Sileche«, schreibt De Beatis. Heute heißen die Namen Brenner (Brenden), die Flüsse Eisack, die nach Süden, und Sill, der nach Norden fließt. Die Darstellung zeigt eine Erinnerung an die Alpenlandschaft aus der Beweinung des Leichnams Christi *für die Familie Holzschuher von Dürer, 1498.*

eine Niederlassung in Augsburg. Dadurch, daß die Augsburger Kaufleute ihre Gewinne aus dem Warenhandel in Finanzgeschäfte investierten, wurde die Stadt eine Metropole der damaligen Weltwirtschaft. In achtzig Jahren haben die Fugger ihr Kapital verfünzig- oder vielleicht sogar versiebzigfacht. Eine weitere aufstrebende Familie waren die Welser. Aus Augsburg stammte auch der Maler Hans Holbein; in einem Haus am Lech wurde ihm 1497 oder 1498 ein Sohn geboren, der als Hans Holbein der Jüngere zum berühmten Gesellschafts- und Hofporträtisten Englands zur Zeit Heinrichs VIII. werden sollte.

In Tirol hatten die Habsburger ihre Jagdreviere und Bergwerke. Die spitzen Dächer **Innsbrucks,** die sich vor der Kulisse der Berge im Fluß spiegeln, hat Dürer in einem Aquarell festgehalten. Hier wurden tragbare Feuerwaffen und Panzer hergestellt, die den Schuß einer Armbrust abprallen ließen. Ein anderes Aquarell zeigt den Innenhof der Hofburg, der später von Maria Theresia umgebaut wurde.

Der **Brenner** ist mit seinen 1375 Metern der niedrigste Alpenpaß. Schon damals konnten große und schwere Wagen ihn befahren. Die Liste der transportierten Waren gibt ein Bild vom Netz des internationalen Handels, der zwischen Nürnberg und Venedig abgewickelt wurde: von Süden nach Norden orientalische Gewürze, Baumwolle, Seide, Früchte, Alaun, Färbeholz, Murano-Glas und Wein in Fässern; Steinsalz, Kupfer, Zinn, Leinen, Wolle, Metallwaren und Waffen in die umgekehrte Richtung.

Von der Paßhöhe führt die Straße durch das Eisacktal hinab. Nach De Beatis bedeutet der Name »Sack voll Schnee«, weil der Fluß im Frühjahr mit der Schneeschmelze anschwillt. **Bozen,** eine Stadt des Bischofs von Trient, war ganz von Mauern umgeben. Hier, und noch mehr in der fürstbischöflichen Stadt **Trient** selbst, spürte man, daß Himmel, Luft und Farben sich zu ändern begannen, wie auch Goethe später bemerkte. Dürer malte hier mehrere Aquarelle.

Rovereto war die erste Stadt auf venezianischem Boden. Das ließ sich nicht nur am »laufenden« Markuslöwen erkennen, der am Tor eingemeißelt war, sondern auch an der Bauweise der Häuser. Im Lagarina-Tal an der Etsch wuchsen bereits Maulbeerbäume.

Das Veneto lag fest in der Hand der *Serenissima*. In Verona, Vicenza und Padua, den Städten der Terraferma, begann sich jedoch gerade erst die Architektur aus der Lagunenstadt durchzusetzen, die diese Städte später so charakteristisch prägen sollte. Die venezianischen Patrizier investierten ihr Geld neuerdings in Grundbesitz. In Venedig selbst beklagte manch einer der älteren Generation

diese neue Tendenz und weinte den Zeiten nach, als man noch Geld und Gut in abenteuerlichen Unternehmungen zur See und in Handelsniederlassungen an fremden Ufern riskiert hatte. Nun überwachte man den Landbau, unternahm Bewässerungs- und Drainagearbeiten und führte neue Kulturen ein. Künftige Generationen sollten sich dem Bau von Villen mit antikisierenden Säulenvorhallen widmen, von denen aus der Blick über die grünen Felder zu den Heu- und Getreidespeichern schweifte.

In **Verona** beschrieb Schaseck, der den Reisebericht für Lev von Rozmital gibt, die Arena, die er als den verlassenen und zerfallenen Palast des Theoderich ansah. Tagsüber hielten sich dort *faeminae nobiles* – in Wirklichkeit Prostituierte – auf, die des nachts von Geistern vertrieben würden. Mitten im Amphitheater sah der Böhme einen Galgen, an dem, wie ihm gesagt wurde, einheimische Bösewichter gehenkt wurden, damit ihnen wenigstens die Schande erspart blieb, zusammen mit Fremden am Galgen zu sterben.

In **Padua** waren die Fresken der Ovetari-Kapelle in der Kirche der Eremitani von Andrea Mantegna, der Gattamelata und die Bronzeplastiken von Donatello am Altar der berühmten Antoniuskirche »Il Santo« zu bewundern. Die seit jeher hoch angesehene Universität der Stadt zog viele Fremde an, und auch aus Nürnberg kamen junge Leute hierher. Erst vor kurzem hatte der Humanist und Freund Dürers, Willibald Pirkheimer, die Universität verlassen. Von Padua aus fuhr man die Brenta hinunter. Auch Philippe de Commynes, der in einer diplomatischen Mission zur Signoria der Stadt in denselben Monaten wie der Nürnberger nach Venedig kam, nahm diesen Weg. In »Chafasine« (Fusina), schreibt der Franzose, verläßt man das Schiff, mit dem man von Padua auf dem Fluß entlanggefahren ist, und besteigt kleine, saubere, mit »tapisserie« und Samtteppichen ausgelegte Boote. Damit meinte er die Gondeln, mit denen man die ruhige, in der Dämmerung perlfarben schimmernde Lagune durchfuhr.

Jenseits des Brenner begann Italien. Dürer wollte dort seine künstlerische Ausbildung vervollständigen; seine Landsleute reisten nach Venedig, um Handel zu treiben. Unten: venezianische Landschaft, Ausschnitt aus der Madonna del Prato *von Giovanni Bellini, 1505. Rechts: venezianische Häuser, Ausschnitt aus der* Errettung des Wahren Kreuzes aus dem Wasser *von Gentile Bellini.*

Vielleicht in keiner anderen Stadt der Welt hat man so stark wie in **Venedig** das Gefühl, sich in vergangene Zeiten zurückversetzen zu können. 1494, unter dem Dogen Agostino Barbarigo, sah die Stadt auf ihrem unsicheren Untergrund tatsächlich nicht wesentlich anders aus als heute. Ihre Bauwerke besaßen schon die ganze Faszination der venezianischen Architektur, in der Wasser und Himmel fließend ineinander überzugehen scheinen. Im einzelnen könnte man jedoch erstaunlich viele Unterschiede feststellen. Im heutigen Stadtbild überwiegt nämlich der klassizistische Stil des 16. Jahrhunderts, der zuerst von dem Florentiner Jacopo Sansovino nach Venedig gebracht wurde.

Die Basilika von San Marco sah schon fast genauso aus wie heute. Den Markusplatz hatte Petrarca noch mit Backsteinen gepflastert gekannt und fragte sich damals, »ob es auf der Welt Vergleichbares gebe«. Die Gebäude rund um den Platz sahen jedoch ganz anders aus als heute. Die Arkaden der alten Prokuratien, der älteste Teil der architektonischen Umrahmung des Platzes, erhielten erst zu Beginn des 16. Jahrhunderts ihre jetzige Gestalt. Der Campanile, dem noch die Spitze fehlte, gehörte zu einem heute nicht mehr vorhandenen Ospedale di Pietro Orseolo.

An den Fassaden des Dogenpalastes leuchteten, rosa und weiß, die Rauten aus istrischem Marmor über den Bogenhallen, die das Salzwasser bereits stark angegriffen hatte. Auf der Seite des Piazzetta fehlte jedoch noch das große Zentralfenster. Wenn vom Campanile die *trottiera* zum Rat rief, traten die Patrizier wie die heutigen Besucher durch die Porta della Carta ein, aber die Hofseite

zum Rio di Palazzo und die Scala dei Giganti war nach dem Brand von 1483 erst im Bau. Die Arbeiten standen unter der Leitung des Veronesen Antonio Rizzo, der bereits die Skulpturen von Adam und Eva am Arco Foscari geschaffen hatte. Wenige Jahre später (1498) wurde er jedoch der Veruntreuung von zwölftausend Scudi angeklagt und floh nach Cesena. Im riesigen Saal des Maggior Consiglio sahen die Ratsherren an der Ostwand noch nicht das überdimensionale *Paradies* Tintorettos mit seiner Fülle von Gestalten, sondern die goldschimmernden Engel auf dem Paradiesfresko des Paduaners Guariento.

Auf dem Canale Grande herrschte reger Verkehr. Als einzige Brücke existierte der hölzerne Ponte di Rialto, dessen Mittelteil hochgezogen werden konnte. Philippe de Commynes gibt eine begeisterte Beschreibung der großen Straße, »die sie Canale grande nennen. Sie ist so sehr breit, daß die Galeeren sie durchqueren. Dicht bei den Häusern habe ich Schiffe von vierhundert Tonnen und mehr gesehen. Ja, das ist meines Erachtens die schönste Straße auf der ganzen Welt, unübertrefflich fein angelegt und läuft die Stadt entlang. Sehr groß und hoch sind die Häuser, von gutem Stein die alten und alle bemalt. Die anderen, die seit hundert Jahren gebaut sind, haben alle Fassaden aus blendend weißem Marmel, der ihnen hundert Meilen her aus Istrien kommt. Auch schmückt die Fassade so mancher große Block Porphyr und Serpentin. Innen haben sie in der Regel zwei Gemächer mit übergüldeter Decke, kostbaren, aus Marmor geschnittenen Kaminmänteln, vergoldeten Bettstollen, bemalten und vergoldeten Wandschirmen und allerschönstem Hausrat.« Die Dächer waren von phantastischen Kaminen und Altanen gekrönt, auf denen die Damen ihr Haar in der Sonne bleichten.

Die Fassade der Markuskirche und der Markusplatz zur Zeit der Reise Dürers und Commynes' auf dem Gemälde Prozession auf der Piazza San Marco *von Gentile Bellini, 1496. Einige Unterschiede zum heutigen Stadtbild sind leicht auszumachen: Links steht noch nicht der Uhrturm über dem Eingang zur Merceria, rechts neben dem Campanile dagegen das heute nicht mehr vorhandene Ospizio Orseolo.*

Venedig

Philippe de Commynes, der als Abgesandter Karls VIII. von der Signoria empfangen wurde, war beeindruckt von dem »schönen und durch seinen Inhalt reichen« Palast »ganz aus gut geschnittenem Marmor«. Unten: Ecke des Dogenpalastes mit dem Ponte della Paglia über den Rio di Palazzo, Ausschnitt aus einem Holzschnitt des Fasciculus temporum *von Werner Rolewinck, 1480. Rechts: Frauen am Fenster auf dem Campo San Lio, Ausschnitt aus dem* Wunder der Reliquie von San Lio *von Giovanni Mansueti, 1496.*

Die Fassaden mit den Mehrbogenfenstern in der Höhe des großen Saales waren größtenteils im Stile der Flamboyant-Gotik gestaltet. Der schönste Palast, die sogenannte Ca' d'Oro, gehörte der Familie Contarini, aber nahe der Punta della Dogana erhob sich schon der Palazzetto von Giovanni Dario, dessen strenge Renaissanceformen, die ihm Pietro Lombardo verliehen hatte, durch die Vielfarbigkeit der Marmorverkleidung gemildert wurden. Unter der Leitung von Mauro Codussi aus Bergamo, neben Lombardo der gefragteste Architekt der Zeit, war der Palazzo Corner-Spinelli nach dem Formenkanon der klassischen Antike im Bau, ebenso der Palazzo Vendramin-Calergi, den Sansovino später »den ersten unter den großartigen Bauten der Stadt« nennen sollte.

Die venezianische Malerei stand kurz vor ihrem Höhepunkt. Etwa zwanzig Jahre zuvor (1475–76) hatte sich Antonello da Messina in Venedig aufgehalten und, vielleicht für die Kirche San Giuliano, seinen *Heiligen Sebastian* gemalt, der heute in Dresden hängt. Von seinem Altarbild für die Kirche San Cassiano sind nur noch Teile in Wien vorhanden. Alle Maler hatten von diesen Bildern gelernt. Jetzt arbeitete Carpaccio an der *Legende der heiligen Ursula* für die Bruderschaft gleichen Namens und ließ darin, auch wenn es dem Thema zuwiderlief, die ganze Eleganz des venezianischen Lebens einfließen. Die *Zwei Kurtisanen* waren schon fertig, aber niemand nannte das Bild so, denn es stellte wahrscheinlich zwei Damen aus dem venezianischen Patriziat dar.

Der bedeutendste Maler der Stadt war immer noch Giovanni Bellini, der wahrscheinlich schon auf die Siebzig zuging. Etwa zehn Jahre später, bei seiner zweiten Italienreise, schrieb Dürer, dem Bellini seine Anerkennung ausgedrückt hatte, an seinen Freund Pirckheimer: »Und sagen mir die Leute alle, wie es so ein frummer Mann sei, daß ich ihm gleich günstig bin. Er ist sehr alt und noch der Best im Gremol.« Die Gespräche auf der Piazza und der Rialto-Brücke drehten sich immer wieder um ein nicht nur künstlerisches Problem, die Reiterstatue des Colleoni. Der Condottiere hatte der Serenissima, für die er gekämpft hatte, hunderttausend Zechinen mit der Auflage vermacht, ihm ein Denkmal vor der Markuskirche zu errichten. Die Senatoren aber sträubten sich dagegen, vor der Kirche des Dogen das Standbild eines Söldnerführers aufzustellen. Der Ausweg, den Colleoni vor der Scuola von San Marco zu plazieren, war zwar schlau, doch keineswegs elegant. Der Florentiner Verrocchio hatte Roß und Reiter bereits im Modell fertig und mit der Signoria darüber heftige Auseinandersetzungen geführt. Einmal ließ ihm die

Links: der Canale Grande und die Rialto-Brücke in einem Ausschnitt aus dem Plan von Venedig von Jacopo Barbari, 1500. Die Brücke war aus Holz und konnte in der Mitte für die Handelsgaleeren geöffnet werden, die vor den Kaufmannspalästen ankerten. Die Zeichnung rechts zeigt die Ca' d'Oro, damals der schönste Palast am Canale Grande, in gotischem Stil zwischen 1422 und 1440 für den Prokurator Marino Contarini errichtet.

Venedig

Signoria sogar ausrichten, wenn er sich in Venedig blicken lassen sollte, werde ihm der Kopf abgeschlagen, genau so, wie er es aus Wut an seinem Modell getan hatte, weil man den Auftrag an einen anderen vergeben wollte. Dieser Streit war längst vergessen, der Künstler gestorben, sein großartiger Reiter wurde von Alessandro Leopardi gegossen, und alle warteten gespannt auf die Enthüllung des Denkmals, die am 21. März 1496 stattfinden sollte.

Zu diesem Zeitpunkt hatten sowohl Dürer als auch Philippe de Commynes Venedig bereits wieder verlassen. Der Franzose hatte sich in der Stadt im Dienste seines Königs Karl VIII. aufgehalten, dessen Ziel der Gewinn Neapels war. Zur gleichen Zeit aber spannen andere Diplomaten in der Stadt die Fäden zur Bildung der gegen den französischen König gerichteten »Heiligen Liga« zwischen Ferdinand von Aragón, dem Kaiser, dem Papst, Mailand und Venedig. Mit guten Worten versuchte man Commynes hinzuhalten, der allmählich immer Schlimmeres befürchtete, aber am Tag des Vertragsabschlusses fuhren alle Botschafter der Liga mit etwa vierzig Gondeln und singenden Gondolieren an seinen Fenstern vorüber. Am Abend wurden auf den Kirchtürmen Feuerwerke, auf den Dächern der Diplomaten Freudenfeuer veranstaltet und Salutschüsse abgegeben. Der französische Diplomat fuhr in einer geschlossenen Gondel zur Besichtigung des Festes und glitt voller Bitterkeit an den erleuchteten Palästen der ausländischen Würdenträger vorbei. An einem festgesetzten Tag wurde auf dem Markusplatz der hölzerne Laufsteg errichtet, »wie man dies am Fronleichnamstag zu tun pflegt« (Marin Sanudo), und nach

der Messe zeigte sich die Signoria in großer Feierlichkeit zusammen mit den Botschaftern, von denen »mindestens die Deutschen« auf Kosten Venedigs in Samt und Seide eingekleidet worden waren. Danach wurde auf der Piazzetta der Vertrag verkündet. Commynes erhielt zweimal eine Einladung zu den Festlichkeiten, lehnte aber ab.

Der Platz vor dem Dogenpalast hieß Molo; hier lagen sanft schaukelnd die Galeeren, die zu allen Häfen des Mittelmeeres und nach Flandern fuhren, vielleicht auch die Pilgerschiffe ins Heilige Land. Ihrethalben kamen Fremde aus ganz Europa hierher. Für die Fahrt zu den wundertätigen Stätten der Christenheit bildete der Besuch Venedigs ein grandioses Vorspiel. Dietrich von Schachten schrieb in seinem Bericht über die Pilgerschaft des Landgrafen von Hessen 1491: Die Stadt »liegt mitten im Meer und ist weder auf einen Berg noch auf Land gebaut, sondern nur auf Holzpfählen, und wer sie nicht mit eigenen Augen gesehen hat, wird es nicht glauben«.

Das Heilige Jahr

Von Trondheim nach Rom

1500 wurde in Rom ein Heiliges Jahr gefeiert. An den Portalen der römischen Kirchen nahmen *porticani* Pilger aus allen Teilen Europas in Empfang. Wir verfolgen die Reise eines Pilgers aus einer der entlegensten Diözesen: zu Schiff von Norwegen bis zur Elbmündung, auf dem Rhein durch Deutschland, über die Alpen ins reiche, unruhige Italien.

**Trondheim • Bergen • Hamburg
Köln • Koblenz • Mainz • Straßburg
Basel • Luzern • Sankt Gotthard
Mailand • Florenz • Rom**

Auf der Seite gegenüber dem Titel: Zu Beginn seines Pontifikats beauftragte Nikolaus V. 1447 Beato Angelico damit, seine Privatkapelle im Vatikanspalast auszumalen. Der Dominikanermönch stellte Episoden aus dem Leben der heiligen Stephanus und Lorenz dar. Der Ausschnitt zeigt die Heiligen, wie sie die zugemauerte Heilige Pforte einreißen, und spielt damit auf die Ankündigung eines Heiligen Jahres für 1450 durch den Papst an.

Im Jahre 1499 besuchte Seine Heiligkeit Papst Alexander VI. in der Adventszeit die Peterskirche, um in der Kapelle der heiligen Veronika die Lage der *porta aurea* feststellen und sie für das Heilige Jahr öffnen zu lassen. Es stellte sich heraus, daß dort, wo sie nach Angaben von Geistlichen und aus dem Volk hätte sein sollen, niemals eine Tür gewesen war. Um aber die gläubige Verehrung nicht zu enttäuschen, bekam der Maurermeister Tommaso Matarazzo den Auftrag, die Mauer so dünn zu machen, daß der Papst sie in der Weihnachtsmette mit der Hand eindrücken konnte. Der Papst ordnete eine würdige Marmorfassung an und beauftragte den Kardinal der Datarie mit der Erstellung der Ablaßbulle. Allen Fremden, die fünfzehnmal, und allen Römern, die dreißigmal die vier Hauptkirchen San Pietro, San Paolo, San Giovanni in Laterano und Santa Maria Maggiore besuchten, wurde vollständiger Ablaß gewährt. Der Papst ordnete weiter an, daß von nun an Tag und Nacht je zwei Geistliche die Peterskirche bewachen sollten, um in der Zeit, in der die Kirche ständig geöffnet sein würde, jede Verletzung von Anstand und Würde des heiligen Ortes zu verhindern.

Viele Rompilger hatten sich schon auf den Weg gemacht. Sie kamen aus den entlegensten Winkeln Europas, früher selbst aus Grönland, doch die skandinavische Kolonie unter ihrem geistlichen Hirten, dem Bischof von Gardar, war durch Unterernährung, Krankheiten und vielleicht eine Klimaverschlechterung ausgestorben. In besseren Zeiten hatten diese Christen ihren Obolus in Walfischknochen bezahlt, die in Brügge zu Gunsten der Apostolischen Kammer verkauft wurden. **Trondhjem** – früher Nidaros und später Trondheim –, die nördlichste Diözese Roms, liegt um wenige Grade südlicher als die Küste Islands, so daß die Nächte im Sommer hell und die Tage im Winter äußerst kurz sind. Dennoch ist das Meer immer eisfrei. Die damals noch winzige Stadt lag an einer der Windungen der Nidelva kurz oberhalb der Mündung des Flusses in den Fjord. Aber bis zum freien Meer außerhalb des Fjords und der vorgelagerten Inseln sind es noch über hundert Kilometer.

Trotz der tückischen Gewässer herrschte hier ein reger Schiffsverkehr, freilich kaum auf offener See. Vielmehr fuhren vor allem kleine Boote zwischen den Inseln auf Routen, die durch steinerne Baken gekennzeichnet waren. Im Mai brachten sie von den weit nördlich von Nidaros gelegenen Inseln die Fischereiprodukte jener einsamen Gegenden: Stockfisch, »von Sonne und Wind ohne Salz getrocknet« und dadurch »hart wie Holz«, und große Flundern, die in kleine Stücke geschnitten und gepökelt wurden. Rund achtzig Jahre zuvor waren Seeleute einer venezianischen Kogge aus Candia (Kreta) bei diesen Inseln, vermutlich den Lofoten, gestrandet. Sie staunten über die »sehr hellhäutigen Männer von schönem Antlitz« und über die »Einfachheit« der Frauen, die »keine Sorge tragen, ihre Habe zu verschließen«. Sie gehen nackt in die Sauna, in der Rechten ein »Bündel Reisig wie einen Besen, um sich, wie sie sagen, am Rücken den Schweiß abzuwischen«. Sonntags gehen sie in die Kirche mit »langen und sehr würdevollen Gewändern«, Kopf und Gesicht verhüllt. (Aus den Berichten von Pietro Querini, Christoforo Fioravanti und Nicolò di Michiel)

Einst hatten die Wikinger hier höl-

Der Norden Europas. Unten: Heringsfang in nördlichen Gewässern aus der Historia de gentibus septentrionalibus *von Olaus Magnus, Rom 1558. Rechts: der Fischer, Illustration von Jost Amman für das* Ständebuch *von Hans Sachs (1568). Auf den folgenden Seiten: winterliche Szene bei Sonnenuntergang, Ausschnitt aus der* Zählung in Bethlehem *oder die* Entrichtung des Zehnten *von Pieter Bruegel, 1568.*

zerne Kirchen errichtet, die, wie Schiffe aus Planken gebaut und wie ein Bug geformt, dem Druck von Schnee und Wind standhielten. Sie gab es nicht mehr, aber wahrscheinlich auch nur wenige Steinbauten außer dem düsteren Bischofspalast und der überraschend großen Domkirche, dem bedeutendsten Zeugnis mittelalterlicher Baukunst in ganz Skandinavien. In ihrer teils romanisch-normannischen, teils gotischen Architektur erinnert sie an die Kirche von Lincoln. Bis zur Reformation waren dort in einem kostbaren Silberschrein die Gebeine des heiligen Olaf, des Königs Olaf II. Haraldsson, aufbewahrt, der im Jahre 1030 gefallen und zunächst heimlich am Flußufer begraben worden war, genau an der Stelle, an der später die Kirche errichtet wurde.

Selbst für seine geringe Bevölkerung hatte Norwegen nicht genügend Getreide. In der Königsstadt **Bergen,** einer Etappe auf dem Weg der Rompilger, konnte man hundert Trockenfische gegen einen halben Zentner Weizen eintauschen, den deutsche Kaufleute von der Ostsee hierherbrachten. Für die Hanse war die Stadt einer der wichtigsten Handelsstützpunkte, und ihr reiches Kontor besaß große Privilegien, die von den Einheimischen nur ungern geduldet wurden: Durch sie war der norwegische Außenhandel – Fisch und Pelze gegen Getreide, Wein und Tuche – fest in deutscher Hand.

Die Stadt liegt, geschützt von einer Unzahl flacher, kahler Inseln und Inselchen, am Ende des Byfjords zwischen Bergen, deren Fels die Gletscher glattgeschliffen haben. Das Klima ist angesichts der nördlichen Lage mild, aber dunkle Wolken bringen an zweihundert Tagen im Jahr

Trondheim – Hamburg

Regen vom Atlantik her. Norwegen war zu jenem Zeitpunkt unter der Herrschaft von Hans I., einem König aus dem norddeutschen Grafenhaus Oldenburg, mit Dänemark und Schweden vereint und die ehemalige königliche Residenz, die Bergenhus Festning, verwaist. Weiter im Inneren der Vagen-Bucht lagen um das Hafenbecken die Holzhäuser der Deutschen. Die Örtlichkeit nannte sich deshalb Tyskebryggen, »Deutsche Brücke«. Hier konnten die Rompilger aus Trondheim ihre Boote verlassen und ein Schiff für die Weiterreise finden.

Ende des 15. Jahrhunderts waren die »runden« Schiffe ziemlich ähnlich gebaut, wenn man den zeitgenössischen Darstellungen glauben darf. Der Rumpf war sehr bauchig, und die Bordwände reichten hoch über die Wasserlinie hinauf. Etwa ein Drittel so breit wie lang, besaßen die Schiffe an Bug und Heck große Aufbauten und steuerbords ein großes Heckruder. Die Dreimastsegler – die neueste technische Errungenschaft der Zeit – konnten am Hauptmast mittschiffs ein großes viereckiges Segel, am Vormast ein kleineres Vierecksegel und am Besanmast ein Lateinsegel setzen. Am Bug besaßen manche Schiffe noch einen fast horizontalen vierten Mast, den Bugspriet für das viereckige Bugsprietsegel. Durch die Aufteilung der Segelfläche viel leichter manövrierbar als die nur einmastigen Koggen des Nordens, aus denen sie weiterentwickelt worden waren, versahen Schiffe dieser Art in allen Größen den Hauptteil des Verkehrs auf dem Atlantik, der Ost- und Nordsee, und sogar teilweise im Mittelmeer. Auch die inzwischen an den Riffen vor Kuba gestrandete *Santa Maria* des Kolumbus war ein Schiff dieses Typs und in Galicien gebaut worden, das mit Flandern und dem Norden Handel trieb.

Von Bergen bis zur Hansestadt **Hamburg** waren über fünfhundert Seemeilen zurückzulegen. Vorbei an der Einfahrt zum Skagerrak folgte man in der Nordsee den kaum sichtbaren Küsten Jütlands und der Nordfriesischen Inseln. Wegen der Untiefen und flachen Küstenlinien, an denen die Deiche durch Sturmfluten immer wieder zerstört wurden, begann die Fahrt hier gefährlich zu werden. »Gott hat Meer und Land geschaffen«, heißt ein friesisches Sprichwort, »die Friesen aber die Küste.«

Das schwierigste Navigationsproblem dieser Strecke war vermutlich die Einfahrt in die Elbmündung. Schon zu Beginn des 14. Jahrhunderts hatten die Hamburger auf den Sandbänken von Neuwerk den ersten Leuchtturm vor der deutschen Küste errichtet. In der Mitte des 15. Jahrhunderts wurde dann die rund 100 km lange Fahrrinne im seichten Unterlauf der Elbe bis zum Hamburger Hafen durch Baken gekennzeichnet. Die Stadt wuchs, und es war viel Wasser die Elbe hinuntergeflossen, seit Barbarossa ihr Zollrechte für Schiffahrt und Handel auf dem Fluß verliehen hatte, der ganz Norddeutschland durchfließt. Auf den Märkten sprach man von Hamburg als der »Stadt des Bieres«, das von hier exportiert wurde. Die Piraten, unvermeidliche Nutznießer des wachsenden Seehandels, fürchteten den Galgen auf dem Großen Grasbrook außerhalb der Mauern.

Von Hamburg aus führte der Weg an der Lüneburger Heide entlang über mehrere Flüsse, namentlich die Weser. Zwischen Osnabrück und Münster erinnerten sich die Leser des Tacitus im Teu-

Unten: Wälder in Nordeuropa, Ausschnitt aus Johannes der Täufer in der Wüste *von Geertgen tot Sint Jans (ca. 1460–ca. 1495). Rechts:* Ankunft der heiligen Ursula in Köln, *Tafel aus dem »Ursula-Schrein« von Hans Memling. In der naturgetreu wiedergegebenen Stadt Köln kann man u. a. den noch im Bau befindlichen Dom erkennen.*

toburger Wald an den Sieg des Arminius über die Legionen des Varus. Kurz vor dem Rhein erreichte man Solingen, dessen Klingen, vor allem für Schwerter, schon damals berühmt waren.

Um nach **Köln,** der damals größten Stadt Deutschlands, zu kommen, mußte man den Rhein überqueren. Der mächtige Erzbischof von Köln war einer der sieben Kurfürsten, aber die Stadt hatte sich Ende des 13. Jahrhunderts mit Waffengewalt die Freiheit erkämpft. Ihre wirtschaftliche Blüte war zugleich Voraussetzung und Folge dieser neuen Selbständigkeit.

Für durchreisende Pilger gab es erhebende Erlebnisse. »Man zeigt die Köpfe der Könige Kaspar, Melchior und Balthassar, wie wir sie durch ein Gitter in einer wertvollen Truhe gesehen haben«, schrieb der Domherr, der den Kardinal d'Aragona begleitete. Die Reliquien der Heiligen Drei Könige waren von Erzbischof Rainald von Dassel, dem mächtigen Ratgeber Barbarossas, aus der Kirche Sant'Eustorgio in Mailand fortgeschafft worden. Um ihnen einen würdigen Platz zu geben, wurde 1248 der Bau des Doms begonnen. Das Licht, das durch die bunten Glasfenster aus dem 14. Jahrhundert schien, brach sich im Glanz des Goldes und der Edelsteine des kostbaren Drei-König-Schreins. Das Altarbild mit dem Zug der Drei Könige, das Stephan Lochner 1444 gemalt hatte, fand später einmal die Bewunderung Dürers.

Köln

Die Fertigstellung des Domes mit seinen sechsundfünfzig Pfeilern zog sich allerdings noch hin; die Türme erhielten ihre Spitzen erst im 19. Jahrhundert.

Köln war auch der Ort des Martyriums der heiligen Ursula und der elftausend Jungfrauen, die nach der Rückkehr von der Rompilgerschaft bei der Belagerung der Stadt von den Hunnen grausam getötet worden waren. Bewegend beschrieb die *Legenda aurea* das Martyrium: »Als sie diese sahen, stürzten sich die Barbaren mit großem Geschrei auf sie und wüteten wie hungrige Wölfe unter Schafen.« Der Leichnam der Heiligen lag in der gleichnamigen Kirche, die meisten Reliquien der übrigen Jungfrauen, vor allem die Köpfe, in verschiedenen Kirchen Kölns. Die bewegende und tragische Pilgerreise der heiligen Ursula und ihrer Begleiterinnen zählte zu den populärsten Heiligenlegenden. Auch in der Meditation über die fünfzehn Mysterien der Auferstehung gelangte der Gläubige durch die hypnotische Wiederholung der Gebete des Rosenkranzes zu innerer Versenkung. Der Rosenkranz war zu Beginn des 15. Jahrhunderts gerade hier in Köln von einem Kartäusermönch erfunden oder wieder eingeführt worden, und eine 1474 hier gegründete Bruderschaft hatte für die allgemeine Verbreitung dieser Gebetspraxis gesorgt. Luther war zu Beginn des Heiligen Jahres erst sechzehn Jahre alt und hatte noch nicht einmal mit seinem Universitätsstudium in Erfurt begonnen.

Die Reise rheinaufwärts von Köln nach Mainz begeisterte De Beatis: zu beiden Seiten des Ufers Wein und auch die entfernteren Hügel rebenbestanden, alle halbe Meile eine Ortschaft oder »befestigte Ländereien« und Burgen, die, wie in Deutschland üblich, »privaten Edelleuten« gehören.

Als Realist, der er war, analysierte Commynes diesen Aspekt der Sozialstruktur Deutschlands. Er wunderte sich über die große Zahl sowohl von befestigten Orten wie von Menschen, die Verbrechen, Plünderungen und Gewalttaten aus nichtigen Motiven verüben. Es komme vor, daß Ritter, die nur auf sich

In Köln werden die Köpfe von Kaspar, Melchior und Balthasar gezeigt, sagt De Beatis, der sie »durch ein Gitter in einer eisenbeschlagenen Truhe« sah, »wo, wie es heißt, auch die Körper liegen«. Unten: Detail aus dem Reliquiar der Heiligen Drei Könige in Köln, einem Werk des Goldschmieds Nicolas von Verdun (12. Jh.). Links: Silhouette der Stadt aus dem Fasciculus temporum, *Köln 1474; darunter eine ihrer alten Kirchen, Groß-St.-Martin, aus dem 12./13. Jahrhundert.*

Köln

Bunte Glasfenster, von denen heute nur wenige erhalten sind, tauchten das Kircheninnere in sanftes Licht. Rechts: Ausschnitt aus einem Fenster mit der Anbetung der Heiligen Drei Könige aus der Straßburger Werkstatt des Peter Hemmel, 1480–90. Hemmel, der aus dem elsässischen Andlau stammte, war einer der bedeutendsten Meister seiner Kunst in der zweiten Hälfte des 15. Jahrhunderts; er hatte sein Handwerk in Straßburg gelernt, wo er sich durch die Heirat mit der Witwe eines Glasmalers und die Übernahme von dessen Werkstatt Bürgerrecht verschaffte.

selbst und ihre Knappen zählen könnten, eine große Stadt oder einen Herzog angreifen, weil sie als sichere Rückzugsmöglichkeit eine kleine Burg besitzen, die mit zwanzig oder dreißig Reisigen zu verteidigen ist. Selten bestrafen die Fürsten diese »Raubritter«, benutzen sie vielmehr für ihre Zwecke. Die Städte dagegen bekämpfen sie mit Hilfe von Söldnertruppen, die die Burgen belagern und zerstören.

Die Rheinlandschaft war wohl dennoch außerordentlich eindrucksvoll. Auf beiden Ufern lagen Städte, Burgen und landschaftliche Schönheiten, die in ihrer Fülle kaum zu beschreiben waren, die Türme mit Kreuzen und vergoldeten Wetterfahnen geschmückt. Das waren die Reiseeindrücke von Pero Tafur in den Jahren von 1435 bis 1439.

Rheinaufwärts folgte eine Stadt der anderen. **Koblenz** – der Name geht auf das lateinische *confluentes* zurück – liegt am Zusammenfluß von Rhein und Mosel. Auf der schmalen Landzunge zwischen den beiden Strömen stand eine Burg. Weiter flußaufwärts bei Kaub lag die »Pfalz«, eine kurpfälzische Zollburg mitten im Fluß.

In **Mainz**, einem weiteren Kurfürstentum, sah man »eine Unzahl von Booten und Schiffen. Sie haben eine besondere Form mit einem Deck und sind so groß, daß jedes zweihundert Fässer tragen kann.« (De Beatis) Johannes Gensfleisch, genannt Gutenberg, war, geadelt und mit einer fürstbischöflichen Pension ausgestattet, dreißig Jahre zuvor gestorben.

Straßburg war nur von Ferne am Turm des Münsters zu erkennen. In der Reichsstadt, die erst unter Ludwig XIV. französisch werden sollte, war erst kurz zuvor ein Interessenausgleich zwischen Patriziat und Zünften gefunden worden. Einer der Söhne dieser kultivierten Stadt, der Dichter und Humanist Sebastian Brant, lehrte zur damaligen Zeit an der Universität Basel. Erst 1494 hatte er eines der meistgelesenen Bücher der Zeit, das *Narrenschiff*, veröffentlicht. Anders als die meisten gotischen Kathedralen der Zeit, war das Straßburger Münster vollendet, und seine 1439 fertiggestellte Turmspitze erhob sich 142 Meter hoch. Der Domherr aus Molfetta notierte später, daß sie höher sei als die Kuppel des Domes von Florenz, die Torre degli Asinelli in Bologna, der Campanile in Venedig und »überhaupt jedes beliebige Gebäude, das ich gesehen, oder von dem ich gehört habe«. Man erkletterte sie über mehr als achthundert eine Handbreit hohe Stufen.

Basel spielte bereits eine wichtige Rolle im europäischen Handel. Von den Alpenpässen kamen die Maultierkarawanen der Handelsgesellschaften; eine einzige Firma besaß manchmal bis zu tausend Maultiere. Große vierrädrige Wagen, die von vielen Pferden gezogen wurden, brachen von Basel aus auf. Im Hafen wurden die Schiffe beladen, die innerhalb eines Tages Straßburg erreichten.

Die blühende und gut befestigte Stadt lag auf dem linken Steilufer des Rheins, auf dem sich das Münster im warmen Rot seines Sandsteins erhob. In dieser Kirche hatte 1431–49 das Konzil getagt, das Papst Eugen IV. für abgesetzt erklärte und durch ein Konklave im nahegelegenen spätgotischen Haus zur Mücke als letzten Gegenpapst den frommen Herzog Amadeus VIII. von Savoyen als Felix V. auf den Stuhl Petri erhob. Im Stadtzentrum

Basel in der Schedelschen Weltchronik. *Abgesehen von der Form des Berges im Hintergrund ist die Darstellung wirklichkeitsgetreu. Im Vordergrund Klein-Basel, die Vorstadt auf dem rechten Rheinufer. Eine Holzbrücke mit einer Kapelle in der Mitte führt über den Fluß zum Stadttor. Auf den steilen Felsen über dem Fluß sieht man das Münster, an dem ein Turm noch im Bau ist.*

Der Buchdruck

Wurde der Buchdruck in Mainz erfunden? Schon vor Gutenberg war die Herstellung von Metallmatrizen und der Guß aus festen Formen bekannt. Neu war Gutenbergs Gedanke, die einzufärbende Druckform aus beweglichen Metalltypen zusammenzusetzen und dieses Verfahren mit der Praxis des Farbdrucks zu verbinden.
Der Mainzer Goldschmied Johann Gutenberg hatte von 1439 bis 1444 in Straßburg gearbeitet und hielt sich dann seit 1448 in Mainz auf. Die Druckerei, die er zusammen mit dem Bürger Johann Fust betrieb, bestand seit 1450. In weniger als fünfzig Jahren verbreitete sich die Kunst, die eigentlich hätte geheim bleiben sollen, sehr schnell. Begonnen hatten damit Albert Pfister in Bamberg, Johann Mentelin in Straßburg, Heinrich Quentell in Köln und Anton Koberger, der Taufpate Dürers, in Nürnberg. Drucker in zweihundertfünfzig Städten, bis nach Portugal, Montenegro und Skandinavien, setzten geduldig Bleiletter um Bleiletter zusammen. In Mainz war Peter Schoeffer jetzt als Drucker tätig; 1484 hatte er mit zierlichen Holzstichen der Pflanzen sein Werk Herbarius Latinus *herausgebracht.*
Mit mehr Erfolg als Gutenberg hatte er sich mit Johann Fust zusammengetan, der später in Paris an der Pest starb. Gutenberg hatte seine Druckerei mit Fusts Geld aufgebaut, aber in dem Jahr, in dem er die »42-zeilige« Bibel, das erste große Buch, das mit beweglichen Lettern gedruckt wurde, fertiggestellt hatte (1455), verklagte ihn Fust auf Herausgabe des geliehenen Geldes und ließ Druckerpresse und Lettern konfiszieren.

unterhalb des Münsters befand sich der Marktplatz mit dem Rathaus, das noch aus dem 14. Jahrhundert stammte. Von hier aus führte an der Stelle, wo heute die Mittlere Brücke ist, eine Holzbrücke zum rechten Rheinufer hinüber, ins »Kleine Basel«, wo man jedenfalls »nicht so angenehm wohnt wie in der Stadt«. Die alte Kaiserstadt Basel war zunächst mit den Schweizern nur verbündet; erst nach dem »Schwabenkrieg« von 1499, der die Unabhängigkeit der künftigen Schweiz besiegelte, schloß sich Basel im Sommer 1501 als elftes Mitglied der Eidgenossenschaft an.

Die Kleriker und Pilger aus Norwegen durchquerten Europa auf ihrem Weg nach Rom zu einer Zeit, als man Gefahr lief, in Kriegswirren zu geraten. Der »Schwabenkrieg« war gerade zu Ende gegangen. In der Schlacht von Dornach waren die Kaiserlichen und der Schwabenbund besiegt worden. Der Krieg soll sechsundzwanzigtausend Tote und die Zerstörung von zweihundert Burgen und Ortschaften gekostet haben. Aber südlich des Gotthard war bereits ein anderer Krieg im Gange, denn Ludwig XII. von Frankreich, dessen Großmutter Valentina Visconti eine Tochter des großen Gian Galeazzo war, erhob Anspruch auf das Herzogtum Mailand.

Direkt oder indirekt waren an beiden Kriegen die Schweizer beteiligt. Die Eidgenossenschaft war zwar im Inneren zerrissen von der Rivalität zwischen den Landorten und den Stadtorten und den drei größeren Städten Bern, Zürich und Luzern, aber nach außen hielt sie der Haß gegen die Habsburger und ihr Freiheitswille fest zusammen. »Ein schreckliches und ungebildetes Volk«, nennt sie Guicciardini, »Menschen, die von Natur

Basel

aus wild und bäurisch sind, aber wegen der Unfruchtbarkeit des Landes sogar eher Hirten als Landwirte«. Neben der Viehwirtschaft auf den Bergwiesen spielten jedoch auch der Warenverkehr, der zwangsläufig durch die Schweizer Kantone führte, und das Gewerbe in Zürich und Bern eine bedeutende wirtschaftliche Rolle. Insbesondere aber führten die Schweizer mit Disziplin, Härte und scharfen Hellebarden Krieg in fremdem Sold. Schon traditionell war der König von Frankreich ihr wichtigster »Arbeitgeber«, und mit den Einkünften aus dem Kriegsdienst, Sold und Beute wurden die Mauern der Städte erneuert, stattliche Tore und Rathäuser gebaut, Waffenkammern und Getreidespeicher angelegt und Brunnen mit buntbemalten Figuren errichtet. Schöne, reich geschmückte Stadthäuser entstanden, deren anheimelnde Räume mit Holz verkleidet und mit bunten Fenstern ausgestattet waren.

Der Weg von Basel nach Italien führte entlang den Seen des Mittellandes über die Aare nach **Luzern** an der Reuss. Am Ende des Vierwaldstättersees gelegen, verdankte die Stadt einen großen Teil ihres Wohlstandes dem Verkehr über den Gotthard, der mit dem 14. Jahrhundert eingesetzt hatte.

In den unberührten, dichten Wäldern gab es Braunbären, Gemsen, Rehe und Hirsche, aus deren Geweihen Lampen gefertigt wurden. Auf den sonnenbeschienenen Matten hatten Murmeltiere ihre Höhlen, auf den Bergwiesen balzten die Auerhähne, und hoch am Himmel kreisten Wanderfalken und Adler. An klaren Tagen begleitete den Reisenden der Anblick der Alpen, aber statt Freude flößte er eher ein Gefühl beklemmender Furcht ein. Die sechs Luzerner Geistlichen, die im 14. Jahrhundert den Pilatus bestiegen – und dafür ins Gefängnis kamen – waren eine Ausnahme. Das

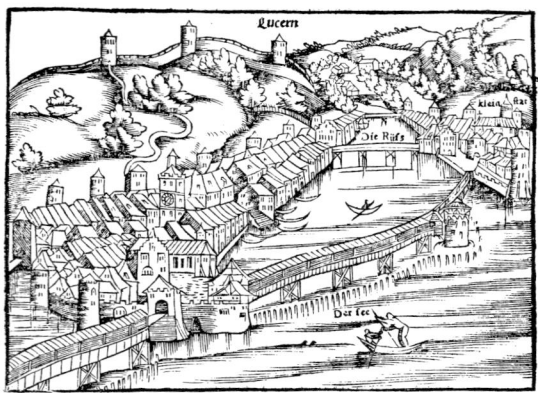

Zeitalter der Bergbesteigungen lag noch in weiter Ferne.

Dichter Lärchen- und Tannenwald bedeckte die Abhänge des 2114 Meter hohen **Sankt-Gotthard-Passes.** An den steilsten und windigsten Stellen wuchsen einsame Zirbelkiefern. Das Hochtal der Reuss war ebenso rauh und furchteinflößend wie die Schlucht der Leventina jenseits des Passes. Dort war man schon in Italien, denn der Kanton Tessin wurde erst 1503 von den Schweizern vom Gotthard aus erobert.

War Italien das schönste und reichste Land, nach dem sich alle sehnten? Sicherlich war es das interessanteste. Die politische Lage war in bedrohlicher Unruhe. Erst später ließ sich erkennen, daß die tragischen Ereignisse der kommenden sechzig Jahre zur spanischen Vorherrschaft in einem politisch bedeutungslosen Italien führen sollten. Im Augenblick hatte man mit Franzosen, Schweizern und Türken, mit maßlosem Ehrgeiz und unübersichtlichen politischen Verwicklungen zu tun.

Nachdem zwanzig Jahre Frieden geherrscht hatte, hatten die Türken 1499 erneut Venedig angegriffen und die schönen Schiffe der Republik zum ersten Mal geschlagen. Auch im Friaul hatte die türkische Kavallerie wieder mit ihren verheerenden Überraschungsangriffen begonnen. Anfang September 1499 hatten die Franzosen **Mailand** eingenommen, die erste italienische Stadt auf dem Weg der Rompilger. Mit Hilfe von 8000 Schweizern gelang Ludovico il Moro jedoch schon am 5. Februar 1500 die Rückeroberung der Stadt. Beim französischen König Ludwig XII. standen aber weit mehr Schweizer in Sold als bei dem Sforza-Herzog, und als sich am 10. April bei Novara die beiden Schlachtreihen gegenüberstanden, gingen sie einem Gemetzel unter Landsleuten aus dem Wege. Ludovico il Moro wurde gefangengenommen und verbrachte den Rest seines Lebens im Schloß Loches an der Loire.

Florenz, die nächste Etappe auf dem Weg nach Rom, hatte sich seit den Zeiten Cosimos des Alten sehr verändert. Es gab neue Paläste und viele neue Kunstwerke, die auch heute noch die Bewunderung der Besucher erregen. Der bedeutendste Künstler der Zeit war der alternde Sandro Botticelli, den die düsteren Prophezeiungen des Dominikanermönches Savonarola peinigten. Der Sohn von Lorenzo dem Prächtigen war aus der Stadt gejagt worden wegen seines kopflosen Verhaltens, als 1494 Karl VIII. von Frankreich in Italien einfiel. Savonarola hatte man am 23. Mai 1498 auf der Piazza della Signoria gehängt und dann verbrannt. Die zögerliche Republik machte Piero Soderini 1502 zum Gonfaloniere auf Lebenszeit; zu dieser Zeit hielt sich der einunddreißigjährige Machiavelli als Sekretär der Staatskanzlei mit besonderen außenpolitischen und militärischen Vollmachten am Hofe des französischen Königs auf (1500). Cesare Borgia, der Sohn des Papstes, hatte vom französischen König den Titel eines Herzogs von Valentinois und eine französische Gemahlin erhalten und bemächtigte sich in der Romagna einer Stadt nach der anderen. Vom Sommer 1502 an sollte Leonardo als »Architekt und Generalingenieur« in seinen Diensten stehen, um vor allem Stadtpläne und Befestigungen zu entwerfen.

Auf dem weiteren Weg von Florenz nach **Rom** folgte der Pilger in jenem Jahr 1500 gewissermaßen dem Weg, den die

Links: Darstellung der Stadt Luzern aus dem 15. Jahrhundert. Gut zu erkennen ist die Kapellbrücke über die Reuss, heute die älteste Holzbrücke Europas. Unten: Kapitol, Forum Romanum und Kolosseum in einem Ausschnitt eines Stadtplanes von Rom von Antonio Tempesta, 1593. Auf den folgenden Seiten: Das Bild eines unbekannten Meisters (nach 1530) zeigt, wie Rom um das Jahr 1490 ausgesehen hat (aus der Saletta delle Città im Palazzo Ducale in Mantua).

Mailand – Rom

Kunst und die Künstler aus dem Florenz des 15. Jahrhunderts, aus Mailand, Mantua, Ferrara, Padua oder Urbino nach Rom, in die Pracht und Fülle des 16. Jahrhunderts, nahmen. Leonardo und Bramante hatten kurz vor der Niederlage des Moro Mailand verlassen, der achtundvierzigjährige Leonardo hatte sein *Abendmahl* 1497 vollendet, doch das Modell für das Reiterstandbild des Francesco Sforza im Hof des Mailänder Kastells wurde von französischen Armbrustschützen zerstört. Leonardo ging zuerst an den Hof der Isabella d'Este in Mantua, dann nach Venedig und Florenz, bis er schließlich 1513 an den Hof des Medici-Papstes Leo X. kam. Der sechsundfünfzigjährige Bramante arbeitete in Rom am Kreuzgang von Santa Maria della Pace, vor allem aber beschäftigte er sich »einsam und nachdenklich« mit der genauen Vermessung »aller antiken Bauwerke der Stadt« (Vasari). Auch Michelangelo hielt sich in Rom auf und hatte mit seinen fünfundzwanzig Jahren bereits ein Werk geschaffen, das mit den Alten wetteiferte: Einen »Cupido aus Marmor hatte er erst eine Weile vergraben, dann wieder ans Licht geholt, damit die Verwitterung und andere kleine, absichtlich zugefügte Schäden den Anschein einer antiken Figur erwecken sollten. Über einen Mittelsmann verkaufte er sie zu einem hohen Preis an den Kardinal Riario.« (Paolo Giovio) Der siebzehnjährige Raffael hatte in der Werkstatt seines Meisters Perugino die ersten bezaubernden Bilder gemalt, die *Drei Grazien* (heute: Chantilly) und den *Traum eines Ritters* (London). Wenige Jahre später sollte auch er den Weg nach Rom und damit den Weg zum Ruhm gehen.

Am Tiber umschloß die teilweise verfallene sogenannte Aurelianische Mauer die Hügel und ein weites Areal in der düsteren, sumpfigen römischen Campagna, das in keinem Verhältnis zu der geringen Einwohnerzahl der mittelalterlichen Stadt stand. Von den antiken Bauwerken, die seit tausend Jahren dem Verfall preisgegeben waren, hatten nur die Kirchen aus konstantinischer Zeit ihre ursprüngliche Funktion behalten. Planlos nutzten die adligen Familien antike Bauten seit dem Mittelalter für ihre eigenen Zwecke, wie es heute noch am Palast der Savelli im Marcellus-Theater zu erkennen ist. Jedes Bauwerk enthielt antike Teile. In der Vorhalle von Santa Maria in Cosmedin war ein römisches Grabmal zu der furchteinflößenden »Bocca della Verità« geworden.

Es gab ausgedehnte Ruinenfelder. Auf

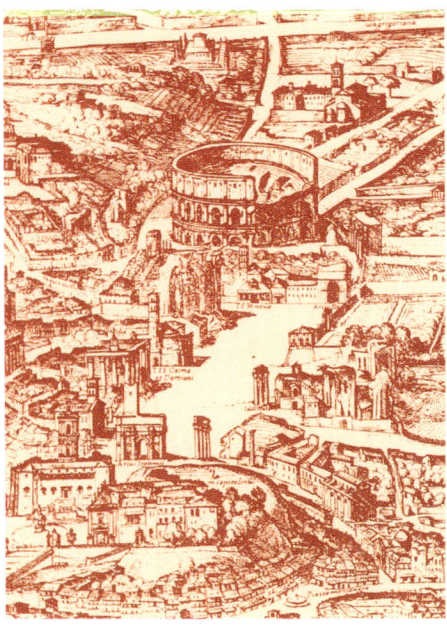

dem Forum Romanum, nun Campo Vaccino genannt, grasten zwischen Steinen und Gebüsch unter breitkronigen Pinien Kühe und traten die Spuren der Geschichte und der Helden der Vorzeit mit Füßen. In den verfallenden Gewölben der Maxentius-Basilika und der Tempel der Venus und Roma, in Santa Maria Nuova, hatte die Adelige Francesca, ein Vorbild an Frömmigkeit, die Kongretation der Oblaten gegründet. Nach Francescas Tod wurde ihr Leichnam drei Tage lang in der Kirche ausgestellt, die heute den Namen Santa Francesca Romana trägt. Die Zeit hatte Bögen, Säulen und Gewölbe zum Einsturz gebracht, und dadurch hatte sich das Niveau des Bodens gehoben. Die *cunicolari* krochen durch unbenutzte Abwasserkanäle, um in den verschütteten Bauwerken nach verborgenen Schätzen zu suchen. Manche Päpste schätzten und sammelten antike Münzen, heidnische Bronzen und Marmorstatuen. Die *calcarari*, d. h. die Kalkbrenner, machten Verkleidungen, Einfassungen und Kapitelle zu Mörtel. Die Ausbeutung der antiken Ruinen als Steinbruch für neue Werke hatte Papst Nikolaus V. systematisch betrieben, denn die meisten gehörten der Kirche. Es begann mit der Bergung heruntergefallener Brocken, dann wurde auch das zerstört, was noch stand. Für zwei Jahrhunderte erneuerte sich Rom durch Selbstzerstörung.

Die Hügel Esquilin, Viminal, Pincio, Quirinal, Caelius und Aventin waren zumeist unbewohnt, sie galten als ländliche Gegend, als »Weinberge«, wo man sich zur Erholung bei Winzern und Hirten aufhielt. Vom Quirinal strahlte der weiße Marmor der Dioskuren und ihrer Rosse, die Praxiteles oder Phidias zugeschrieben wurden. Vor dem Lateranspalast, in dem die Päpste nicht mehr residierten, stand das Reiterstandbild Mark Aurels, das als Bildnis des Kaisers Kontantin galt. Zwischen den Ohren des Pferdes soll die berühmte *cocavaia* genistet haben, die Eule, die darauf wartete, das Jüngste Gericht anzukündigen. Auf dem Kapitol, wo das Reiterstandbild im 16. Jahrhundert aufgestellt wurde, befand sich bereits die römische Stadtverwaltung.

Die verwinkelte mittelalterliche Stadt umfaßte vor allem die drei Stadtteile Marsfeld, Trastevere und die Gegend zwischen der Engelsburg und dem Vatikan. Im Marsfeldviertel, das in der großen Tiberschleife zwischen dem Grabmal des Augustus und dem Theater des Marcellus lag, erhob sich über den niedrigen Häusern majestätisch die Kirche Santa Maria ad Martires, d. h. das Pantheon. Den Bronzebeschlag der Balkendecke in der Vorhalle ließ Papst Urban VIII. später abnehmen, um daraus von Bernini den Baldachin für den Altar der Peterskirche und die Kanonen der Engelsburg gießen

Säulengang im ersten Stock des Klosters von Santa Maria della Pace (aus Edifices de Rome moderne, *von Paul-Marie Letarouilly, Paris 1840–47). Mit diesem Bau begann Donato Bramante seine Tätigkeit in Rom. Unter dem Pontifikat Julius' II. ließ er die Peterskirche aus der Zeit Konstantins niederreißen und begann am 18. April 1506 mit dem schwierigen Bau der heutigen Kirche, der sich lange hinziehen sollte.*

zu lassen. 1477 hatte Sixtus IV. den Markt, den man zu Füßen des Kapitols abhielt, auf die Piazza Navona verlegen lassen.

Erst seit der Jahrhundertmitte besaßen die Päpste, die vor nur dreißig Jahren wieder zurückgekehrt waren, die wirkliche Kontrolle über die Stadt. Nikolaus V. (1447–55), der Humanist Tommaso Parentucelli aus Sarzana, hatte als erster damit begonnen, die Engelsburg und das umliegende Viertel sowie den Vatikan zum Sitz der Kurie und zur päpstlichen Festung auszubauen. Die Engelsburg war das unzerstörbare Mausoleum Hadrians, auf dem Gregor der Große einen Engel gesehen hatte, der sein Schwert in die Scheide steckte und damit das Zeichen für das Ende der Bestrafung der Stadt durch die Pest gab. Nach Nikolaus' V. Tod hatte das Konklave zum ersten Mal im Vatikan stattgefunden. Der Venezianer Paul II. (1464–1471) hatte es dann ebenso wie einige seiner Nachfolger vorgezogen, in seinem Stadtpalast zu residieren, den er sich schon während seiner Zeit als Kardinal hatte bauen lassen und der später als Palazzo Venezia der Republik Venedig geschenkt wurde. Die Architektur der Renaissance hielt in der Stadt erst Einzug durch den Bau der Paläste, die den traditionellen Herren der Stadt, Kirchenfürsten wie den Colonna oder Orsini, gehörten, oder den päpstlichen »Nepoten« Borgia, Della Rovere und Cybo. Ein solcher Palast war zum Beispiel der des Kardinals Pietro Riario, Neffe von Sixtus IV., der, wie es

Rom

hieß, mit Glücksspielgewinnen gebaut worden war (später Palazzo della Cancelleria).

Das Interesse der Päpste an der Stadtgestaltung wuchs, doch das Stadtbild gewann nur langsam Gestalt. Sixtus IV. (Francesco della Rovere, 1471–84) ließ die Sixtinische Kapelle bauen und berief für die Fresken Botticelli, Ghirlandaio, Perugino und Signorelli, die besten Maler der Zeit, die allerdings nicht in Rom blieben. Der Bau war nur einer von vielen anderen, die nicht von der Stelle kamen. Auch die Vatikanspaläste selbst waren nur teilweise fertig. Innozenz VIII. (Giovan Battista Cybo, 1484–92) ließ ganz isoliert auf einer hübschen und luftigen Anhöhe die Villa del Belverdere errichten.

Alexander VI. Borgia, der Papst des Heiligen Jahres 1500, hatte im Belvedere 1493 die Hochzeit seiner Tochter Lucrezia mit Giovanni Sforza feiern lassen; Pinturicchio malte seine Räume im Vatikan aus. Zusammen mit seinen Kardinälen hatte der Papst in der Engelsburg Zuflucht gesucht, als Karl VIII. sich im Palazzo Venezia festsetzte. Als der Papst nicht zu einer Verständigung mit dem französischen König bereit war, plünderten dessen Soldaten die Paläste der Geistlichen und auch den der päpstlichen Geliebten Vannozza de Cataneis. Die Franzosen machten auch Jagd auf die Juden, hängten viele von ihnen auf und zerstörten ihre Synagoge. Erst von 1555

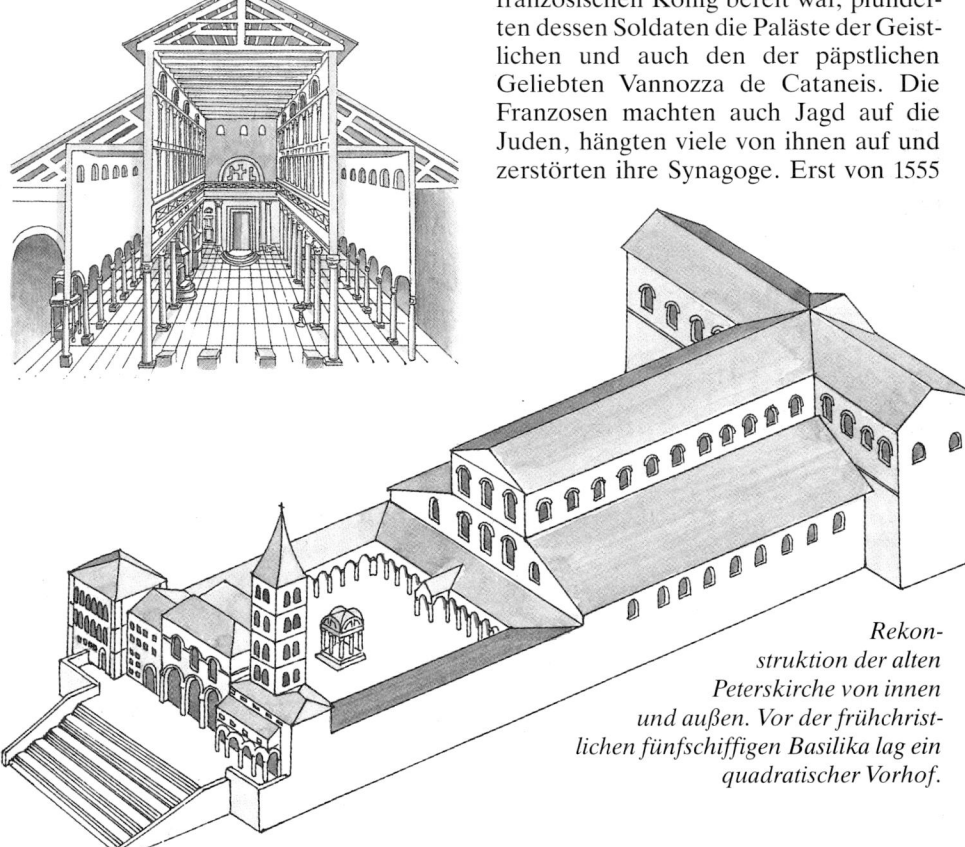

Rekonstruktion der alten Peterskirche von innen und außen. Vor der frühchristlichen fünfschiffigen Basilika lag ein quadratischer Vorhof.

Abgesehen von der dichten Bebauung in der Tiberschleife gab es in Rom innerhalb der großen, von der Aurelianischen Mauer umschlossenen Fläche viele Weinberge, Gärten und antike Ruinen, wie die Ausschnitte des Stadtplanes von Antonio Tempesta zeigen. Rechts: die Tiberinsel, Santa Maria in Cosmedin, der Palatin und der Aventin. Unten: ein Teil von Trastevere.

an mußten die Juden zwangsweise im Ghetto leben.

Die schlimmen Zeiten schienen vorüber, und man erwartete die Pilger, ihr Geld und die Geschäfte, die man durch sie machen konnte. Am 24. Dezember 1499 hatte der Papst bei der Eröffnung des Heiligen Jahres auch die neue Zugangsstraße zum Platz vor der Peterskirche eingeweiht, die via Alexandrina, die in weniger als einem Jahr angelegt worden war. Wie später noch so oft wurden hier zum ersten Mal in der Baugeschichte des neuzeitlichen Rom ganze Viertel niedergerissen.

Vor dem Portal der Peterskirche warteten die Pilger in Grüppchen unter der Führung von *porticani* oder *duces,* das heißt von Stadtführern, die ihnen die Wunder der wichtigsten Kirche der Christenheit erklären sollten. Die Peterskirche hatte nicht mehr die ursprüngliche fünfschiffige Gestalt der Konstantinsbasilika mit der Paradiesvorhalle und den vier Säulenreihen, aber sie sah auch noch nicht so aus wie heute. Angesichts des trostlosen Zustandes der bedeutenden Kirche hatte Nikolaus V. die Restaurierungsarbeiten 1452 an Bernardo Rossellino übertragen, der mit großer Behutsamkeit alles zu bewahren suchte, was dem Glauben heilig war. Nach dem Tod des Papstes drei Jahre später wurden die Arbeiten unterbrochen und erst wieder aufgenommen, als Julius II. Bramante mit dem Neubau der Kirche beauftragte.

Die am meisten verehrte Reliquie war das Schweißtuch der heiligen Veronika, aber in der Peterskirche wurde auch die Heilige Lanze aufbewahrt. 1492 hatte sie der Sultan dem Papst eigens durch einen Botschafter schicken lassen. Das Angebot brachte die Kirche in Schwierigkeiten: In der Kurie fand eine heftige Diskussion darüber statt, wie man die Reliquie aufnehmen sollte, und man zweifelte überhaupt an ihrer Echtheit, da sich bereits in Nürnberg und Paris eine

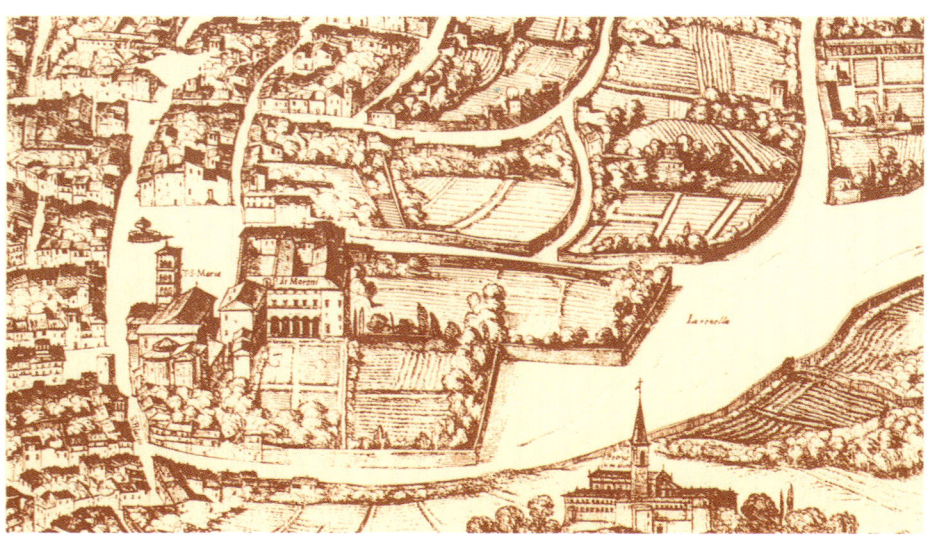

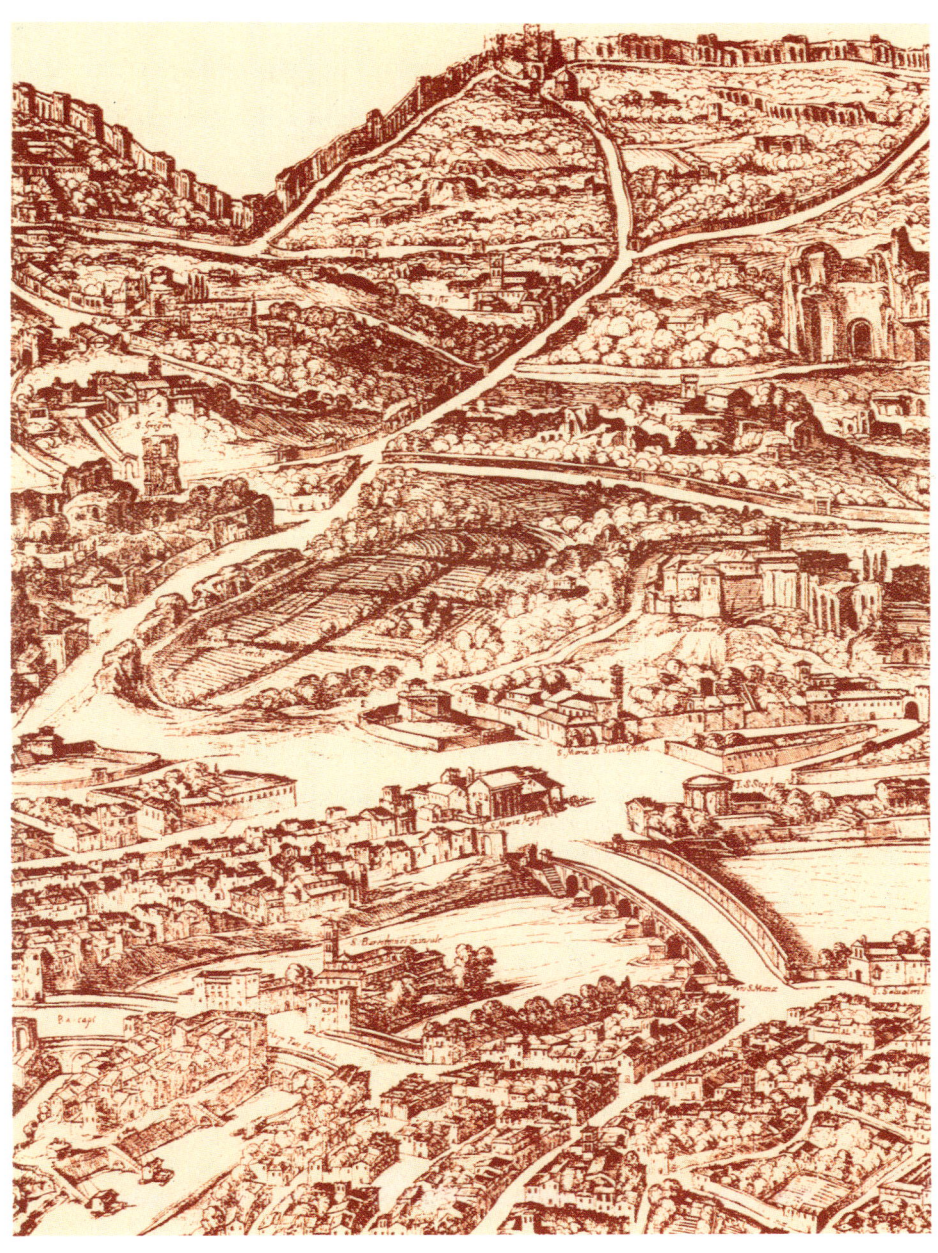

Heilige Lanze befand. Schließlich wurde jedoch eine feierliche Annahme des Geschenks beschlossen. In der Vorhalle der Peterskirche war das Mosaik mit den Aposteln auf dem Schiff, das die Kirche symbolisiert, zu sehen: die »Navicella« Giottos. Den Haupteingang zierten die bronzenen Türflügel Filaretes, und in der Kapelle der heiligen Petronilla, die unter der Schirmherrschaft der französischen Könige stand, war gerade die *Pietà* Michelangelos aufgestellt worden. Der Auftraggeber, der Kardinal von Santa Sabina, Jean Bilhères de Lagranles, hatte für sie eineinhalb Kilo gemünzten Goldes bezahlt.

Wo Reichtum herrschte, gab es auch Ausschweifungen. Man weiß, daß einige Prostituierte in Häusern zur Miete wohnten, die dem Vatikan gehörten. Weil ihre Mutter und ihr Stiefvater 1499 bereits in Immobilien investierten, nimmt man an,

Der Tiber, schwimmende Mühlen, Brücken, römische Ruinen, die riesige Festung der Engelsburg: römische Skizzen aus dem Libro di Giuliano de Sangallo *oder Codex Barberini. Der junge Florentiner hatte mindestens sieben Jahre mit dem Studium und Zeichnen antiker Denkmäler in Rom verbracht; später kehrte er noch einmal zurück und leitete am Ende seines Lebens nach dem Tod Bramantes zusammen mit Raffael und Fra Giocondo die Arbeiten an der neuen Peterskirche.*

**Reisende als Zeitzeugen:
Johannes Burcardus**

Unter Papst Sixtus IV. zog der etwa dreißigjährige Johannes Burcardus (oder Burckard) im Jahre 1481 von Haslach bei Straßburg nach Rom. Seine Muttersprache war Deutsch; nach einem Rechtsstudium hatte er gerade seine kirchliche Laufbahn begonnen. In Rom konnte er schon 1483 eine päpstliche Bulle kaufen, die ihm den Titel eines Zeremonienmeisters der päpstlichen Kapelle verlieh. Damit hatte er die Pflicht, Prozessionen, Empfänge und Bankette zu organisieren und Ausstattung und Gewänder für Feierlichkeiten auszuwählen. In dieser Funktion diente er fünf Päpsten: Sixtus IV., Innozenz VIII., Alexander VI., Pius III. und Julius II., der 1503 gewählt wurde. 1506 kaufte er ein weiteres Amt, konnte es aber wegen Gicht nicht ausüben und starb noch im selben Jahr. Das Liber notarum, *das er 1483 begonnen hatte, sollte eigentlich als eine Art Merkbuch für seine Aufgaben dienen: »Ich werde aufzeichnen, welche Feierlichkeiten in meiner Zeit stattgefunden haben, und vielleicht auch anderes...« Bis 1506 schrieb der Geistliche tatsächlich alles auf: Liturgie, Karnevalsvergnügungen, Hochzeiten, Einzug neuer Kardinäle, Intrigen, Staatsbesuche, Morde, skandalöses Benehmen der Geistlichkeit, Überschwemmungen, Prozesse in der Stadt und Hinrichtungen. Als Chronist lieferte er eine Fülle von Informationen, Urteile dagegen fällt er außer in Fragen der Etikette und des Geschmacks selten. Über kulturelle Strömungen verliert der klatschsüchtige und pedantische Schreiber kein Wort.*

daß die berühmteste Kurtisane der Zeit, Lucrezia, die sich später Imperia nannte, ihre Karriere schon begonnen hatte. Unter der Protektion des schwerreichen Bankiers Agostino Chigi stand sie, wie man glaubt, auch Raffael Modell und beging 1512 – vielleicht aus Liebeskummer – mit Gift Selbstmord.

Die Chronik verzeichnet noch manche Ereignisse dieses Jahres 1500, die die Atmosphäre der Stadt und der Zeit beleuchten. Am vierten Fastensonntag verlieh Seine Heiligkeit dem eigenen Sohn, dem Herzog von Valentinois, die Goldene Rose. Anfang September gab es eine der häufigen Tiberüberschwemmungen, und während eines Sommergewitters war im Vatikan ein Schornstein eingestürzt, hatte das Dach durchschlagen und den Stuhl Petri unter den Trümmern begraben. Geschützt durch einen Balken kam der Papst mit leichten Verletzungen davon. Im August entmannte und tötete ein Mann aus Chieti den Diener eines Kardinals, der ihm die Frau weggenommen hatte. Am selben Tag war Lucrezia Borgia Witwe geworden, ihr Mann, der Fürst von Salerno, der schon vorher bei einem Attentat verletzt worden war, wurde im Bett erdrosselt. Gefaßt wurde ein Arzt und Chirurg des Armenhauses von San Giovanni in Laterano, der jeden Morgen sehr früh mit einer Armbrust bewehrt das Armenhaus verlassen hatte, um »bequem möglichst viele Menschen« umzubringen und sie auszurauben. Er war einer der achtzehn Gehenkten, die die Kardinäle bei ihrer Rückkehr aus dem Vatikanspalast in die Stadt am Vorabend des Himmelfahrtsfestes am Galgen baumeln sehen konnten, »etwa in der Mitte der Brücke, neun zur Rechten und neun zur Linken« (Burcardus).

Rom

Die Zukunft gehört der Antike

Mit den Fluchten schöner Paläste und einem Zentralbau zeigt das Bild die Idealansicht einer Stadt im Sinne der Renaissance. In dieser Reinheit wurde das Ideal nie verwirklicht, denn Beispiele des neuen Architekturstiles, die die Bewunderung der Reisenden fanden, fügten sich in das mittelalterliche Stadtbild ein.

scher Architektur aufgriff. Das Anknüpfen an die »Alten« bezog sich zunächst auf romanische Bauwerke wie das Baptisterium oder San Miniato al Monte, bevor man die antiken Ruinen entdeckte, die von da an sorgfältig studiert und vermessen wurden. (Deshalb ging Brunelleschi vermutlich 1433

(Das Bild aus Urbino wird verschiedenen Malern zugeschrieben: Piero della Francesca, Luciano Laurana oder Francesco di Giorgio Martini).

Als neue Formelemente dominieren Rundbogen, Kapitelle, Säulen und Wandpfeiler nach antikem Vorbild, die um 1420 zum ersten Mal in Florenz Eingang finden. Der Portikus des Spedale degli Innocenti von Filippo Brunelleschi stammt aus dem Jahre 1419 und war eine bahnbrechende Neuerung, die gleichzeitig die Tradition florentini-

Die Architektur der Renaissance war erst in ihrem Ursprungsland Italien zu sehen

nach Rom.) Die Zeichnungen auf diesen Seiten skizzieren die Merkmale der ersten Phase des neuen architektonischen Stiles: ein korinthisches Kapitell von Brunelleschi aus San Lorenzo in Florenz (1); der Säulengang im Innenhof des Palazzo della Cancellaria in Rom als Beispiel für die Verbreitung des in Florenz

entstandenen Stils (2); ein zweibogiges Fenster aus dem Palazzo Ducale in Urbino (3, links); die Fassade des Palazzo Rucellai von Leon Battista Alberti in Florenz (3, rechts); Rekonstruktion von Grund- und Aufriß der Kirche Santa Maria degli Angeli von Brunelleschi, die sich an römischen Vorbildern orientierte. (Der Zentralbau wird zum beherrschenden Thema des Wettstreits unter den Architekten der Renaissance.) Architekten wie Luciano Laurana, Michelozzo, die beiden Sangallo, Bramante, Raffael

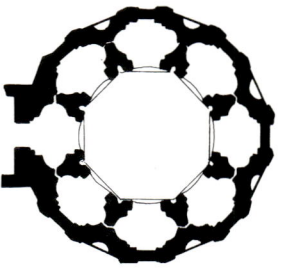

und Michelangelo entwickeln und erweitern die Grundelemente der Renaissance-Architektur, die Europa faszinierte und sein Gesicht veränderte. Lehrwerke trugen zur Verbreitung des neuen Stils in ganz Europa bei, so die *Regola delle cinque ordini* von Giacomo Barozzi da Vignola (1562) und die *Quattro libri dell' Architettura* von Andrea Palladio (1570). Aber auch politische Ereignisse spielten eine Rolle: Franz I. ließ den Renaissance-Flügel des Schlosses in Blois nach der Rückkehr von seinem Italienfeldzug bauen (1515–25).

*Der Bogenschütze
des französischen Königs*

Von Edinburgh
nach Paris

Unternehmungslustige junge Männer zogen überall hin, wo sie als Söldner Geld verdienen konnten. Einer der Schotten, die unter dem Banner des französischen Königs dienten, kann den hier nachgezeichneten Weg von seiner Heimat durch England bis zum Ort seiner Anwerbung genommen haben. Durch die Heirat der Tochter des englischen Königs mit dem König von Schottland herrschte für kurze Zeit Frieden zwischen den beiden Königreichen.

Edinburgh • Newcastle-upon-Tyne
Durham • York • Lincoln • Boston
Cambridge • London • Canterbury
Calais • Amiens • Paris

Unten: Abbildung Edinburghs aus dem 16. Jahrhundert (von Braun und Hogenberg); von Mauern umgeben liegt die Stadt am Fuß des Basaltfelsen, auf dem sich die Burg erhebt. Rechts: Haus im Wald, das sich in einem See spiegelt, aus dem Portinari-Altar *von Hugo van der Goes. Auf der Seite gegenüber dem Titel: eine Wassermühle aus der* Thronenden Jungfrau mit zwei Engeln *von Hans Memling.*

Generationenlang standen schottische Soldaten im Dienste der französischen Könige. Das entsprach dem politischen Bündnis des Königreichs Schottland, das gemeinsam mit Frankreich meist gegen England stand. Vor Lüttich hatten sie sich 1468 an der Seite Ludwigs XI. als »bien bonnes gens« erwiesen, denn sie nahmen den Feind unter Beschuß, ohne einen Schritt zu weichen (Philippe de Commynes). 1495 hatte Karl VIII. in Fornovo hundert schottische Bogenschützen bei sich. Bei seinem Aufenthalt am französischen Hof notierte später Machiavelli, daß sich unter den vierhundert »als Leibwache des Königs abgeordneten« Bogenschützen hundert Schotten befanden, die »dreihundert Franken pro Mann haben« und außerdem einen Waffenrock in den Farben des Königs erhielten. Die schottischen Söldner kamen aus den Highlands, wo die Führer der Clans höheres Ansehen genossen als der König. Die Männer trugen ihren Schottenrock und waren – für Geld oder Beute – verbissene Kämpfer und gefährliche Gegner.

Das grüne, regenreiche Land galt als rückständig und rebellisch. Manch einer meinte, es liege am äußersten Rand der zivilisierten Welt. In den *Mémoires* von Philippe de Commynes liest man vom »schottischen König und dessen Sohn, der mit dreizehn oder vierzehn Jahren gegen seinen Vater kämpfte. Der Sohn und die Männer auf seiner Seite behielten die Oberhand, und der besagte König fiel in der Schlacht.« Das königliche Haus war das der Stuart, oder vielmehr, wie man damals in Schottland schrieb, der »Stewart«.

Im 12. Jahrhundert war ein Normanne vom schottischen König zum *stewart* – das entsprach ungefähr dem Seneschall – ernannt und mit Gütern belehnt worden. Das hohe Amt wurde erblich, wurde zum Namen des Geschlechts, und ein Nachfahre des normannischen *stewart* bestieg als

Robert II. 1371 den schottischen Königsthron. In den ersten Jahren des 16. Jahrhunderts wurde Margarete Tudor, die dreizehnjährige Tochter des englischen Königs Heinrich VII., mit Jakob IV. Stuart verheiratet. Die Heirat war die Voraussetzung dafür, daß ein Jahrhundert später nach dem Tod der großen Elisabeth die englische Krone an den Stuart Jakob VI. von Schottland fiel, der in England Jakob I. hieß. Zunächst brachte sie für kurze Zeit Frieden zwischen Schottland und England. Wir können uns vorstellen, wie in diesen Jahren ein Bogenschütze von Schottland durch England zog, um sich für die Leibwache des französischen Königs anwerben zu lassen.

Edinburgh liegt am Südufer des Firth of Forth, einer jener für die britische Küste charakteristischen tiefen Einschnitte. Die Stadt war erst seit ungefähr siebzig Jahren anstelle von Perth zur Residenz geworden; damals hatte man die bescheidene Siedlung am Fuße des Burgberges mit einer Mauer umgeben. Die bedeutendsten Bauten waren die Burg auf dem steil abfallenden Basaltfelsen, die gerade fertiggestellte gotische Stiftskirche St. Giles mit ihrem kronenförmigen Turm, das Dominikanerkloster der Blackfriars, der »Schwarzen Brüder«, aus dem 13. Jahrhundert und die Augustinerabtei von Holyrood. Vom Aussehen der Burg zur Zeit Jakobs IV. geben heute noch die Ruinen eine Vorstellung: die kleine St. Margaret's Chapel, die im 12. Jahrhundert von König David I. zu Ehren seiner Mutter, der heiligen Margarete von Schottland, errichtet worden war; die Reste des Argyll's Tower, die zu den Befestigungswerken Davids II. gehörten und heute Teil einer Bastion des 16. Jahrhunderts sind; Great Hall, der Bankettsaal in einem aus dem 15. Jahrhundert stammenden Flügel des Palastes, der jedoch in der zweiten Hälfte des 16. und zu Beginn des folgenden Jahrhunderts stark verändert wurde. Zu den *Regalia*, den Insignien des Königs von Schottland, die heute in einem besonderen Saal des Palastes ausgestellt sind, gehörte das Zepter mit den Figuren der Jungfrau, des heiligen Jakob und des heiligen Andreas, des Schutzheiligen von Schottland, das Papst Alexander VI. im Jahr 1494 Jakob IV. ge-

Phantasiebild einer englischen Stadt, aus der Schedelschen Weltchronik.

schenkt hatte. Von Holyrood Abbey sind heute neben dem Palast von Holyroodhouse, den Jakob IV. und Jakob V. im 16. Jahrhundert ausbauten, nur noch Ruinen erhalten. Im Süden des Palastes sieht man auch heute noch den 251 Meter hohen Vulkanfelsen namens Arthur's Seat.

Auf dem Weg nach Frankreich ließ der Bogenschütze die grauen Wasser der Bucht hinter sich und zog zu Pferd ins Landesinnere gen Süden. Die Straße führte über die Flüsse Tweed und Teviot, auf die Höhen der Cheviot bis zur englischen Grenze an dem kaum mehr als 400 Meter hohen Paß von Carter Bar. Als stolzer schottischer Soldat gedachte er bei Otterburn gewiß der siegreichen Schlacht über die Engländer im Jahre 1388. Durch Northumberland gelangte man nach **Newcastle-upon-Tyne.** Von dem Hafen der heutigen Industriestadt fuhren schon damals Schiffe bis nach Skandinavien. Ursprünglich bildete der Ort eine der Befestigungen des Hadrianwalls, den die Römer zum Schutz Britanniens gegen die Pikten errichtet hatten.

Jenseits begann die Grafschaft **Durham,** deren Hauptstadt gleichen Namens, ganz umgeben von einer Schleife des Flusses Wear, auf einer felsigen Anhöhe lag. Der schottische Bogenschütze konnte hier die erste jener großen englischen Kathedralen bewundern, die er auf seinem Weg noch sehen sollte. Die Kirche war in normannischem Stil von 1093 bis 1128 erbaut worden und beherbergte die Grabmäler des heiligen Cuthbert und des größten Gelehrten des angelsächsischen England, Beda Venerabilis (7./8. Jahrhundert). Im 12. Jahrhundert war vor den Eingang der Abteikirche die Galilee-Kapelle für die Leichenaufbahrung und am Ende des Längsschiffes in frühgotischem Stil die »Nine Altars Chapel« errichtet worden.

Das Land und seine Bewohner erregten bei Fremden Staunen und Neugierde. Philippe de Commynes hielt die Engländer für »*fort collericques*« und deshalb unfähig für die politischen Finessen und Verstellungen, wie sie auf dem Kontinent üblich waren. »Völker kalter Gegenden« mußten jedoch seiner Überzeugung nach zwangsläufig diese Charaktereigenschaft besitzen. Dem unbekannten Mailänder Kaufmann, der ein Tagebuch seiner Reisen durch Europa in den Jahren 1517 bis 1519 hinterlassen hat, fiel vor allem die Fremdenfeindlichkeit der Engländer auf: »Sie sind allen Völkern feindlich gesonnen und reden von allen nur Schlechtes.« Ihre nördlichen Nachbarn »lausige Schotten« zu nennen, sei schon der Gipfel an Freundlichkeit. Überhaupt waren die Engländer nach Ansicht des Mailänders davon überzeugt, daß jeder Ort außerhalb ihres Landes »ganz trostlos« sein, daß die anderen »zu Hause nichts zu essen« hätten und nur deshalb auf ihre Insel kämen, um ihnen »den Verdienst wegzuschnappen«.

Weiter auf seinem Weg kam der Schotte zunächst in die Grafschaft Yorkshire, wo viele Webstühle in Heimarbeit betrieben wurden. Saumtiere brachten Lasten von Wolle zu den Webern und transportierten die fertigen Tuche wieder ab. In der nächsten Grafschaft, Lincolnshire, hielten vor allem die Abteien große Schafherden. Dem Nürnberger Gabriel Tetzel, einem Begleiter des Lev von Rozmital, fiel diese

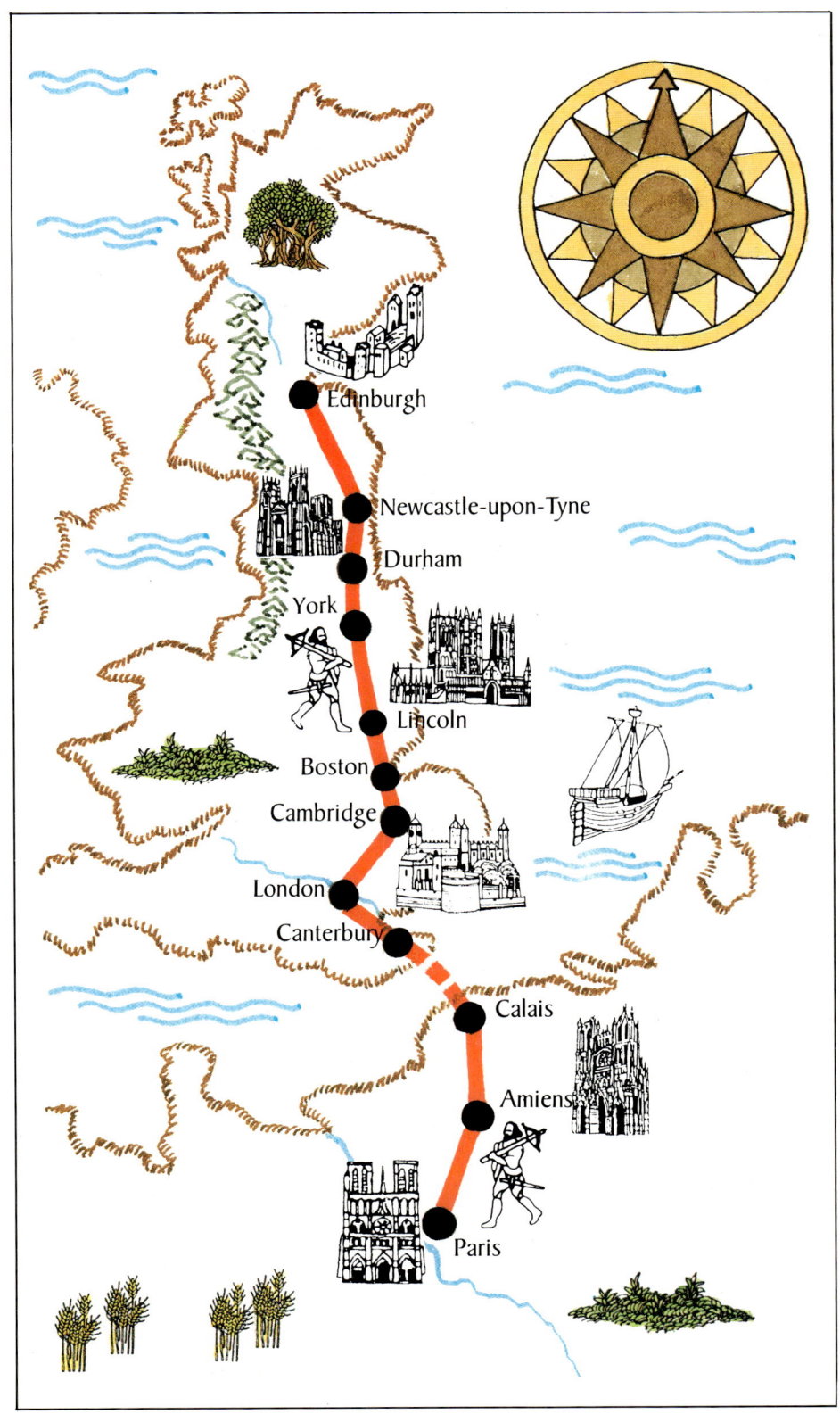

landschaftliche und ökonomische Besonderheit überall auf. Er schreibt, daß es viele Dörfer, Städte, Burgen, Wälder und landwirtschaftlich genutzte Flächen gebe, daneben aber weite Gebiete, die nur der Weide dienten, denn den größten landwirtschaftlichen Profit bringe die Schafzucht. Auch der Kaufmann aus Mailand rühmt die Weiden, deren Gras »ganz fein, glänzend und kurz ist, so daß es wirklich wie Samt wirkt«.

Schaseck, ein anderer Begleiter des böhmischen Barons, vermerkte als weitere Besonderheit, daß jeder Wald von Gräben umgeben sei, ebenso Felder und Wiesen, so daß man zu Fuß oder zu Pferd das Land nur auf den Straßen durchqueren konnte. Die »Bauern«, von denen Schaseck spricht, waren, so wissen wir, häufig kühne »vorkapitalistische« Unternehmer, und er weist damit auf die berühmten *enclosures* hin, die unter den Historikern zu leidenschaftlichen Diskussionen geführt haben. Unbebaute Flächen, aber auch die Allmende, die *open fields,* wurden als Weide eingezäunt, so daß zwar die Produktivität erhöht, aber wohl viele Bauern vertrieben und zu Bettlern gemacht wurden. Hugh Latimer, der als Verfechter der Reformation unter Maria der Blutigen auf dem Scheiterhaufen enden sollte, war damals noch ein kleiner Junge, aber später predigte er gegen die Großgrundbesitzer, die das Land an sich rissen und die Bauern ins Elend stürzten.

York liegt in der weiten Ebene des Vale of York, wo zwischen sanften Höhen der Foss in den Ouse, einen Zufluß des Humber, mündet. Die Stadt lag an einer bequemen Furt zu beiden Seiten des Flusses und war von Mauern aus der Zeit Eduards III. (14. Jahrhundert) umgeben, die ihrerseits auf römischen Resten errichtet worden waren. Durch die ebenfalls auf römischen Fundamenten erbaute normannische Bootham Bar – *bar* heißen in York die Tore – kam man in die verwinkelten Gassen der Stadt mit ihren eigenartigen schwarz-weißen Häusern. Schwarz war das hölzerne Rahmenwerk und weiß der Verputz zwischen dem Fachwerk, das in ganz Europa nördlich der Alpen verbreitet war und in England *timber-framing* heißt.

Nicht weit von der Bootham Bar in der Nordecke des Mauerrings erhoben sich damals wie heute die drei Türme des Münsters, der St.-Peters Kathedrale. Mit 163 Metern Länge ist sie die größte der mittelalterlichen Kathedralen Englands. Das Gotteshaus war nach zweieinhalb Jahrhunderten Bauzeit erst 1474 vollendet worden und wies alle Stilphasen der englischen Gotik auf:

York

Unten: englisches Dorf zwischen Bäumen, Miniatur aus De proprietatibus rerum *von Bartholomaeus Anglicus, ca. 1410. Der anonyme Mailänder Kaufmann erinnert sich unter anderem an die vielen Parks in England, in denen es viel Rotwild und etwas weniger Hirsche gibt, die deshalb ohne königliche Genehmigung »sub pena capitis« nicht gejagt werden dürfen. In der Zeichnung links ein englisches Fachwerkhaus.*

Die nebenstehenden Zeichnungen zeigen die Kathedrale von Lincoln und ihren Grundriß mit dem doppelten Querschiff, dem Angel Choir am Ende des Längsschiffes, dem Kreuzgang und dem achteckigen Kapitelsaal, in dem die Könige Rat hielten, bevor sie zu Kriegszügen gegen Schottland aufbrachen. Unten: Heuernte und Familie bei Tisch, Holzschnitte aus der Tudor-Zeit (Roxburghe Collection).

das Querschiff die Frühphase, das *Early English*, die Längsschiffe das *Decorated English* und Chor und Türme das *Perpendicular English*. Fast alle berühmten Glasfenster, die vielfarbiges Licht in tausendfacher Brechung in das streng lineare, fast schmucklose Kircheninnere werfen, waren schon fertig, z. B. *The Heart of Yorkshire* im großen Fassadenfenster aus dem Jahre 1388 und die *Five Sisters* in Grisaille aus dem 13. Jahrhundert.

In **Lincoln** beherrschte die Marien-Kathedrale, eine der schönsten Englands, die Stadt, die sich eng um eine Anhöhe schmiegte. Ein Teil der Fassade gehört noch zum romanischen Bau von 1075–1085, der ein Jahrhundert später durch ein Erdbeben zerstört wurde. Im übrigen ist die Kirche hauptsächlich das Werk des Bischofs und späteren Heiligen Hugo von Avalon aus den Jahren 1186–1200.

In einem Fassadenfries mit Bildern aus dem Alten und Neuen Testament, das durch seine Plastizität an die Antike erinnert, haben Kunsthistoriker Ähnlichkeiten mit den Skulpturen des Domes von Modena gesehen und die Vermutung geäußert, daß Bildhauer zur Entstehungszeit aus Italien bis in den hohen Norden gekommen sind. Der letzte, 1192 begonnene Teil der Kirche ist eines der frühesten Beispiele gotischer Bauweise in England von der Hand des Meisters Geoffrey de Noiers, der vermutlich aus Frankreich stammte. Im Inneren kommt man am Ende des Langschiffes zum Angel Choir, der nach den dreißig Engelsgestalten auf den drei Spitzbögen benannt ist. Sie werden von vielen als das bedeutendste Kunstwerk dieses Domes betrachtet. Der schottische Bogenschütze ließ sich von den Kirchenführern – die es damals schon gab – wohl vor allem die Reliquien zeigen, d. h. die Urne mit dem Kopf des heiligen Hugo, vielleicht auch die Statuen, die als Abbild Eduards I. und seiner beiden Frauen Eleonore und Margarete gelten.

Lincoln liegt am Witham, der in der großen Bucht namens The Wash zwischen Lincolnshire und Norfolk in die Nordsee mündet. Am Unterlauf des Flusses, etwa vier Meilen vom Meer entfernt, wo man gerade noch die Wirkung der Gezeiten spürt, lag der damals zweitwichtigste Hafen des Königreichs, **Boston.** Die gotische Pfarrkirche St. Botolph wurde schon von dem 91 Meter hohen Stump beherrscht, auf dem eine Laterne als Leuchtturm für die Seefahrt diente.

Ein weiterer blühender Hafen, zu dem man vom Wash aus gelangte, war

Lincoln – Cambridge

King's Lynn auf dem rechten Ufer des Great Ouse nahe der Mündung. Von hier führte die Straße über Cambridge nach London. Hinter King's Lynn öffnete sich das flache Marschland der Fens. Der größte Teil dieser Gegend war bis zu der großen Überschwemmung von 1236 landwirtschaftlich genutzt worden, aber danach dauerte es bis ins 17. Jahrhundert, bevor die Böden durch Drainage nach den Plänen eines holländischen Ingenieurs wieder nutzbar gemacht werden konnten.

Nach Cambridge gelangte der schottische Bogenschütze vermutlich über Peterborough, wo ebenfalls eine berühmte normannische Kathedrale stand. Gerade in jenen Jahren (1496–1508) wurde der Retrochor mit seinen schönen Netzgewölben gebaut, die zu den spezifischen Stilelementen der insularen Gotik gehören.

In **Cambridge** bildet der träge dahinfließende Cam eine sanfte Schleife, dahinter erheben sich die Höhen, die den

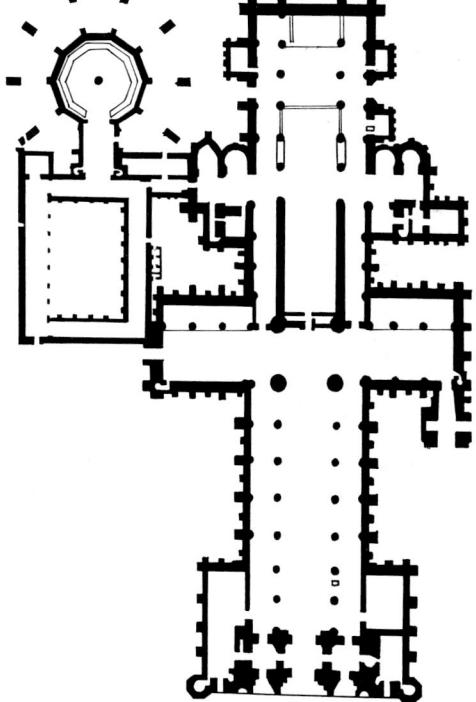

Weinhändler, Holzschnitt aus Les Ordonnances de la Prévosté des Marchands et Echevinage de la Ville de Paris, *1500–01. Auf der Insel gab es nur importierten Wein, das einheimische Getränk war Bier; in der Tudor-Zeit wurde aus Flandern der Hopfen eingeführt, deshalb hieß es in einem Sprichwort (etwas vereinfachend): »Hopfen, Reformation, Feh und Bier kamen alle in einem Jahr nach England.«*

Die Colleges in Cambridge

Viele der berühmten colleges *in Cambridge existierten schon zu Beginn des 16. Jahrhunderts, obwohl die Baulichkeiten seitdem weitgehend verändert worden sind. Die Statuten des ältesten College, Peterhouse, wurden 1284 von Simon Montague, dem Erzbischof des nahen Ely, nach dem Vorbild des Merton College in Oxford formuliert. Michaelhouse und King's Hall wurden dann unter Heinrich VIII. zum Trinity College zusammengeschlossen. Clare College war 1326, Pembroke College 1346, das Corpus Christi College unmittelbar nach der großen Pest Mitte des 14. Jahrhunderts gegründet worden. Zu dem 1441 von Heinrich VI. gegründeten King's College hatten nur die Schüler aus Eton Zutritt. Seine prachtvolle Kapelle war seit 1446 im Bau und wurde 1515 fertiggestellt. Queen's College, St. Catharine College (1473) und Jesus College (1496) gehörten zu den neueren Gründungen. Für die Universität begann eine Zeit des Aufschwungs. Die gebildete Lady Margaret Beaufort, Gräfin von Richmond und Mutter von König Heinrich VII., gründete 1505 Christ's College und verwandelte das alte Hospital in das St. Johns College (1509). Kanzler der Universität wurde 1504 Bischof Fisher, ein Freund des Erasmus von Rotterdam, der selbst 1511 als Lehrer nach Cambridge kam. »Ich finde hier ein angenehmes und gesundes Klima vor«, schrieb Erasmus aus England, »Kultur und Lehre sind noch nicht von allzu großer Spitzfindigkeit und Banalität, sondern tiefgreifend, exakt und klassisch...«*

---

merkwürdigen biblischen Namen Gog Magog Hills tragen und, mit nur 68 Metern, den höchsten Punkt der Grafschaft bilden. In der Stadt standen an der Straße, die dem Flußlauf folgt, ebenso wie heute, aber damals noch in geringerer Zahl, die *colleges.*

Cambridge war neben Oxford und dem schottischen St. Andrews die einzige Universitätsstadt auf der britischen Insel. Oxford war in der zweiten Hälfte des 12. Jahrhunderts durch die Abwanderung englischer Studenten aus Paris entstanden, Cambridge zu Beginn des folgenden Jahrhunderts durch die Abwanderung von Dozenten aus Oxford. Noch vor 1240 war Oxford als *Studium generale* zugelassen worden und stand allen Bewerbern offen.

Auch das College-System stammte aus Paris. Ursprünglich waren die Colleges Stiftungen, die armen Studenten Unterkunft gewährten. In den Jahren unserer Reise gab es in Paris achtundsechzig solcher Häuser, darunter jenes von Robert de Sorbon 1257 gegründete, das der Sorbonne ihren Namen gab. In Frankreich wurden sie während der Revolution als obskures Relikt des Mittelalters abgeschafft; in England aber sind sie noch heute erhalten.

London betrat der Schotte wahrscheinlich durch Bishopsgate auf der Straße, die innerhalb der Mauern direkt zur London Bridge, der einzigen Brücke über die Themse, führte. Vieles mußte in dieser Stadt den Fremden beeindrucken. Für Schaseck ist die Stadt »groß und einzigartig«. Er ist beeindruckt von der Steinbrücke, über deren ganze Länge Häuser gebaut sind, und von der großen Zahl von Hühnergeiern. Ihnen etwas zuleide zu tun wird mit dem

Cambridge – London

Tode bestraft. Tetzel hält fest, daß die Stadt mächtig und voller Geschäftigkeit ist, einen intensiven Handelsaustausch mit der ganzen Welt unterhält und viele Handwerker beherbergt, vor allem Goldschmiede und Schneider. Das Essen sei teuer, die Frauen schön. In jener Zeit nahm in England niemand Anstoß daran, wenn eine ehrbare Frau allein ausging, um im Gasthaus etwas zu trinken und Klatsch auszutauschen; doch war es dem Ehemann nach dem Gewohnheitsrecht erlaubt, seine Frau zu schlagen: »Die Ehefrau muß den Mann ertragen, ihm das letzte Wort lassen und ihm zugestehen, der Herr im Hause zu sein«, sagte ein vielgelesener (aus dem Französischen übersetzter) Ratgeber für das häusliche Leben.

Auf dem linken Themseufer umschlossen die Mauern der »City« das Gebiet zwischen dem Tower of London und der Mündung des River Fleet. Selbst im unruhigen Zeitalter der »Rosenkriege« war London in Frieden seinen Geschäften nachgegangen. Dennoch besaß es noch das Aussehen einer befestigten mittelalterlichen Stadt, eingebettet in eine grüne Hügellandschaft mit vielen kleinen Orten ringsherum.

Die berühmte Befestigungsanlage des »Tower of London« erschien dem Mailänder Kaufmann nicht besonders hoch, nicht schön und nicht einmal in gutem Zustand. Zu jener Zeit hatte er tatsächlich eine Restaurierung nötig, die dann unter Heinrich VIII. in Angriff genommen wurde. In der unmittelbaren Umgebung befand sich die Münze und ein »ziemlich großer Turm, in dem der König den größten Teil seines Schatzes und seiner Gewänder aufbewahrt, seine Garderobe aus Brokat und Seide«. Die Männer, die den Schatz bewachten, trugen vielleicht eine Uniform wie die der heutigen *yeomen warders*, der königlichen Leibwache, denn sie geht wahrscheinlich auf die Zeit des damals regierenden ersten Tudor, Heinrich VII. zurück. Nur Fremde bekamen zuweilen diese »Kronjuwelen« zu sehen, so Lev von Rozmital und seine Begleitung.

Die Hauptkirche der Stadt war St. Paul's, nicht in der heutigen Gestalt, die von Christopher Wren stammt, sondern in der, die durch den Großen Brand von 1666 zerstört wurde. Die gotische Kirche war im Jahre 1222 fertiggestellt worden, und der Mailänder Kaufmann fand sie »ganz verkleidet mit Blei und Kalk«. In einer Straße außerhalb von Ludgate, dem nächstgelegenen Stadttor, lagen Gasthäuser und Herbergen für die Pilger, die die wertvollen Reliquien der Kathedrale besuchten: ein Kristallfläschchen mit einigen Tropfen der Milch der Heiligen Jungfrau, die Hand von Johannes dem Evangelisten, die Haare der Maria Magdalena und, in einem berühmten Reliquiar, das Blut des Apostels Paulus.

In der Kirche wandelten auch viele Advokaten auf und ab, um Fälle mit ihren Klienten zu besprechen. Während es ursprünglich neben der Kirche eine hohe Schule gegeben hatte, war nach der Gründung der Universität Oxford das Rechtsstudium in London verboten worden. Die Anwälte hatten sich außerhalb der Mauern auf halbem Wege zwischen den städtischen und den königlichen Gerichten in Westminster niedergelassen. Einer ihrer Treffpunkte war der Temple, der einst dem 1312 aufgehobenen Templerorden gehört hatte.

Nach Meinung des Mailänder Kaufmanns waren in der Stadt nur drei oder vier Straßen »schön und breit, die anderen aber häßlich«. Innerhalb der Mauern lag ein unübersichtliches Gewirr von Gassen und Gäßchen, die oft so schmal waren, daß man mit ausgestreckten Armen die Häuserwände der beiden Straßenseiten berühren konnte. Überall hingen Schilder, über den Wirtshäusern, Werkstätten und allen Geschäften, ja sogar über Privathäusern. Wenn ein Adliger vorübergehend ein fremdes Haus bewohnte, brachte er am Fenster sein Wappen an. Auch die Bordelle von Southwark, Cock Lane und Smithfield hatten ihre Aushängeschilder.

Das Fachwerk der Häuser war mit Backsteinen aus den Brennereien von Whitechapel und Limehouse gefüllt; das hölzerne Rahmenwerk kam schon vorgefertigt aus Maldon in Essex und wurde zu Schiff in die Stadt gebracht. An den drei-, vier-, ja fünfstöckigen Häusern ragte jedes Stockwerk über das darunterliegende vor; da und dort berührten sich sogar die Dächer der einander gegenüberliegenden Häuser. So gewann man zwar Wohnraum, nahm den darunter Wohnenden und der Straße aber Licht und Luft.

In ganz anderer Umgebung wohnte die hohe Geistlichkeit und der Adel, »ces grands Mylords/Accorts, beaux et courtois, magnanimes et forts«, wie sie einige Jahrzehnte später Ronsard besang. Jeder ihrer Paläste umschloß einen großen rechteckigen Innenhof; neben dem Eingangstor und in den Seitenflügeln waren die bewaffneten Gefolgsleute, Diener, Köche, Küchenjungen, Knechte und Mägde untergebracht. Im Herrenhaus, dem Gebäudeflügel auf der Rückseite des Hofes, versammelte sich die ganze Familie im großen Speisesaal, dem Herzstück des Hauses. Der Boden war mit Teppichen belegt, die Wände mit Gobelins geschmückt, zierliche Erkerfenster, sogenannte *bay-windows,* gaben den Blick auf gepflegte Gärten frei. Auch große Kaufleute ließen sich solche Paläste bauen.

Mit dem Aufschwung von Handel und Gewerbe Londons hatten sich in Southwark auf dem rechten Themse-Ufer in unmittelbarer Nähe der Brücke viele Handwerker- und Arbeiterfamilien, Glaser, Schmiede, Gerber und Weber mit ihren Werkstätten angesiedelt. Aber Southwark kannte man vor allem wegen seiner Kneipen und Bordelle längs des Flusses. Die Prostituierten dort hießen die »Gänse von Westminster«, denn ihre Häuser gehörten dem Bischof von Westminster.

Westlich der Stadtmauern führten zwei Brücken über den Fleet. Auf der einen verlief der Weg von Newgate in das heutige Holborn, auf der anderen von Ludgate über den Strand entlang der Flußbiegung nach Westminster. Der Strand war eine Landstraße, an der zu beiden Seiten die Residenzen und Gärten des Adels lagen. In den Straßen von Westminster traf man, wie es scheint, häufig flämische Kaufleute, die Hüte und Brillen verkauften.

Der königliche Hof befand sich in Westminster Palace, der weit außerhalb der City westlich der Stadtmauern lag. Erst Heinrich VIII. verlegte seine Residenz im Jahre 1529 nach Whitehall, das er dem Kardinal Wolsey weggenommen hatte; 1547 wurde es zum Sitz des Par-

London

Die Themse, White Tower und London Bridge sind gut auf der Miniatur zu erkennen, die die englische Hauptstadt im 15. Jahrhundert zeigt; aus den Gedichten von Charles d'Orléans, der in dem Turm dargestellt ist, in dem er fünfundzwanzig Jahre lang gefangen saß. Links: der Pranger, den man im Europa vor einem halben Jahrtausend nicht selten sah; Holzschnitt aus einem Speculum Humanae Salvationis.

London Bridge war die einzige Brücke über die Themse und wie viele Brücken der Zeit überbaut. Unten: Ausschnitt aus einer Zeichnung von Anton van der Wyngaerde, 1543–44. Rechts: Stadtplan von London, aus dem Speculum Britanniae *von Norden, 1593. Von Mauern umschlossen lag die Stadt auf dem linken Themse-Ufer und reichte vom Tower of London bis zum River Fleet. Weiter westlich (links) liegt jenseits der Flußbiegung Westminster.*

laments. Westminster Hall, der am Ende des 11. Jahrhunderts vom Sohn Wilhelms des Eroberers begonnene Saal, ist ein Teil des alten königlichen Palastes; hier hielten nach der Aussage des Mailänder Kaufmanns viermal im Jahr König und Kanzler Gericht. In Westminster Abbey, »wo die meisten Könige begraben sind«, waren gerade umfangreiche Restaurierungsarbeiten abgeschlossen worden; 1503 wurde hinter der Apsis mit dem Bau der Kapelle Heinrichs VII. in reinster *Perpendicular*-Gotik begonnen.

Welchen Eindruck wird wohl diese erste Großstadt seiner Reise auf den schottischen Kriegsmann gemacht haben? Von der englischen Gewohnheit, die Mahlzeiten unter striktem Schweigen einzunehmen, waren vor allem die Reisenden vom Kontinent überrascht.

Ein Venezianer, der damals an einem Bankett in der City teilnahm, fand einen Vergleich nur in der Antike: er kam sich vor wie bei den alten Spartanern. Doch an den beiden englischen Biersorten, *beer* und *ale,* fanden sogar die Südländer Gefallen. Wenn man sie vier oder fünf Mal getrunken habe, finde man Geschmack daran, hieß es, und vor allem seien sie angenehm, wenn man aus irgendeinem Grund erhitzt war. Wenn der Schotte zur richtigen Jahreszeit nach London gekommen war, konnte er sich an der Festbeleuchtung »in gewissen Straßen zur Themse hin« erfreuen, an nächtlichen Umzügen und dem Blumenschmuck an den Feiertagen der Heiligen Johannes und Petrus. Zu den Unkosten für diese Feste leisteten auch die ausländischen Kaufleute einen Beitrag. Sicher hat der schottische Soldat auch die Hahnenkämpfe besucht, ein Spektakel, das der Mailänder Kaufmann ziemlich genau beschreibt. Um einen Ring von ca. 8 Ellen Durchmesser sitzen die Zuschauer auf Bänken, und wer das Spiel beginnen will, wirft einen Hahn »mit gestutzten Flügeln« in die Mitte, worauf schnell ein anderer folgt. Die Hähne gehen sofort heftig aufeinander los und töten einander zuweilen. Am Rande des Rings machen Buchmacher ihre Geschäfte.

Nachts wurden die Tore der Stadt geschlossen. Wer sich, wie üblich, schon bei Tagesanbruch auf den Weg machen wollte, verbrachte die Nacht in der Vorstadt von Southwark. So hatten es die dreißig Pilger der *Canterbury Tales* von Geoffrey Chaucer auf ihrer Wallfahrt getan, die sich »*at this gentil hostelrye/ That highte the Tabard, faste by the Belle*« getroffen hatten.

London – Canterbury

Auf dem Weg durch Kent kam man nach **Rochester**, über das eine merkwürdige Geschichte in Umlauf war. Hier würden, hieß es, die Kinder mit einem Schwanz geboren, und deshalb wollten die Frauen lieber auf der anderen Seite der Themse niederkommen. Die sarkastischen Bemerkungen, mit denen die Engländer alle anderen Nationen bedachten, erwiderte man deshalb gewöhnlich mit einem »*inglis tayled*«, d. h. geschwänzter Engländer. Für den Fluch Rochesters war der heilige Thomas Bekket verantwortlich.

Im nordwestlichen Querschiff der Kathedrale von **Canterbury** war am 29. Dezember 1170 Thomas Becket von den vier Rittern ermordet worden, angeblich auf Geheiß Heinrichs II. Unmittelbar nach der Tat versammelte sich eine laut klagende Menge am Ort des Verbrechens, während gleichzeitig ein heftiges Gewitter niederging. Zwei Tage später begannen die Wunder.

Die Pilger konnten später Taten und Wunder des Heiligen an den Bildern der roten und türkisfarbenen Fenster der Dreifaltigkeitskapelle ablesen. Mit dem Wiederaufbau der Kathedrale nach dem Brand von 1174 durch den französischen Meister Wilhelm von Sens hielt die Gotik Einzug auf der Insel. Der Vierungsturm, der Bell Harry Tower, wurde erst 1503 fertiggestellt. Der Heilige ruhte in einem goldenen Sarkophag, der nach Meinung Tetzels in den Maßen gerade für einen Mann mittlerer Größe ausreichte, und so reich mit

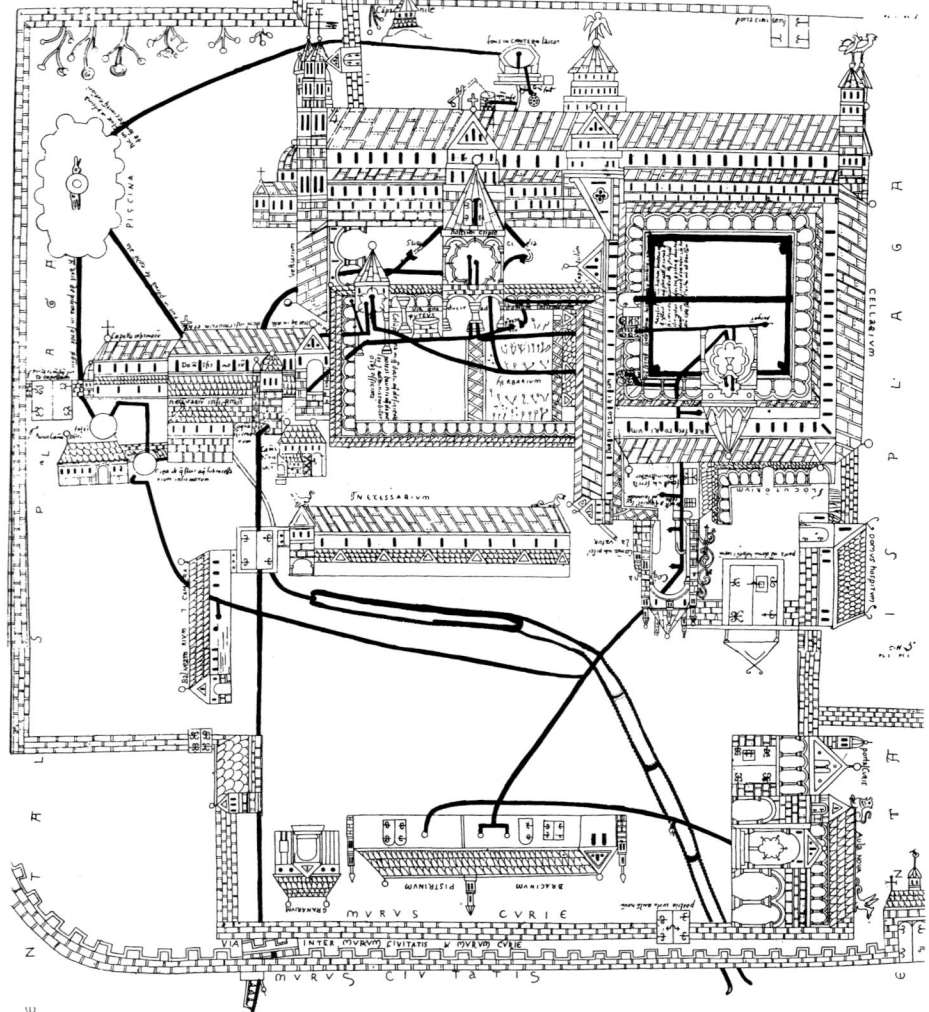

Perlen und Edelsteinen verziert gewesen sei, daß man sich in der ganzen Christenheit keinen reicheren denken könne. Kurze Zeit später (1528) sollte er geplündert werden, und danach ließ sich Heinrich VIII. die *Régale de France*, den Rubin, den der französische König Ludwig VII. dem Heiligen geweiht hatte, für einen Daumenring fassen.

Erinnerungen von Reisenden an die Fahrt über den Ärmelkanal berichten von Abenteuern und unangenehmen Überraschungen. Am nüchternsten berichtet darüber der inzwischen sattsam bekannte Anonymus aus Mailand: »Man muß auf Wind warten, denn bei Windstille kann man nicht fahren.« Schaseck beobachtete beim Verlassen der englischen Küste Berge von Kreide, die »*white cliffs of Dover*«.

Nach der oft gefahrvollen Fahrt über den Ärmelkanal erreichte man **Calais,** zur damaligen Zeit der letzte Zipfel französischen Bodens in der Hand der Engländer, die von dort aus ihre Wolle nach Frankreich exportierten. Für die Krone erbrachte dieser Handel ansehnliche Zolleinnahmen; italienische Reisende sprachen von hundertzehntausend scudi. Die »Merchants of the Staple«, die Gilde der Wollexporteure, besaß hier einen »sehr schönen Palast«, in dem fast immer über hundert Kaufleute wohnten. Wegen ihrer Mauer, ihrer Gräben, und weil binnen einer halben Stunde alles Land im Umkreis von vier Meilen unter Wasser gesetzt werden konnte, galt die Stadt als uneinnehmbar. Die Garnison machte einen gewaltigen Eindruck auf den Domherrn aus Molfetta, der den Kardinal d'Aragona begleitete, denn die Soldaten waren »so große, starke und schöne Männer, wie ich

Links: mittelalterliche Zeichnung der Kathedrale und Abtei von Canterbury (die schwarzen Linien zeigen die Wasserleitungen). Das erste Kloster war von Augustinus gegründet worden, der 597 mit vierzig Mönchen auf die Insel gekommen war, um die Angeln zu christianisieren. Unten: die Kreidefelsen von Dover und Segelschiffe im Ärmelkanal, nach einer englischen Zeichnung, ca. 1520–30.

Calais

sie nie gesehen habe. Von daher kann man leicht auf die Allgemeinheit der Engländer schließen«. Der Kardinal wollte von Calais aus nach England übersetzen, verzichtete dann aber auf dieses Vorhaben.

Danach durchquerte man die Picardie, ein fruchtbares und »schönes Land mit einigen schönen Wäldern«. Es gab Kühe von deutscher Rasse, »rote Schweine« und viele Schafe. Es wuchs zwar kein Wein, aber in allen Gasthäusern wurde Rotwein ausgeschenkt, der »gut, aber teuer« war. Die Frauen waren – so sah es zumindest der Chorherr – allesamt häßlich.

In der Picardie befand sich der schottische Bogenschütze endlich auf französischem Boden. In manchen Schenken auf dem Weg war wohl vom *Franc-Archer de Bagnolet* die Rede, einem 1468 entstandenen dramatischen Monolog, dessen grotesker Held die Personifikation des prahlerischen, feigen Soldaten war: Er hält Vogelscheuchen für Soldaten, und seine einzige Ruhmestat besteht darin, *»en poulaille«* ein Blutbad anzurichten. Das Stück spielte auf die Einrichtung einer französischen Bogenschützenkompanie durch Karl VII. an, der vergeblich gehofft hatte, den englischen Schützen damit Konkurrenz zu machen. Ludwig XI.

Das blühende flache Land in Frankreich. Unten: Miniatur aus dem Stundenbuch des Etienne Chevalier *von Jean Fouquet, ca. 1450; die heilige Margarete führt die Schafe auf die Weide. Rechts: Paris im Hintergrund einer Miniatur der* Chroniques *von Jean Froissart; dargestellt ist die Ankunft des jungen Königs von Neapel, Ludwig II. von Anjou, in Paris im Jahre 1385.*

mußte die Kompanie wieder auflösen.

Jenseits der Somme gelangte man auf dem rechten Flußufer nach **Amiens.** Der Mailänder Kaufmann nannte die gotische Kathedrale von Amiens, Notre-Dame, die in fünfzigjähriger Bauzeit im 13. Jahrhundert errichtet worden war, ohne Zögern die schönste Kirche des Königreichs. Allen »ehrbaren Menschen« zeigte man hier des Morgens den vorderen Teil des Kopfes des heiligen Johannes, der Rest nämlich wurde in Rom aufbewahrt. Die überragende künstlerische Bedeutung des *Beau Dieu,* der berühmten Christusstatue am Mittelportal, und der *Vierge Dorée* am Mittelpfeiler des Portals zum südlichen Querschiff mit ihrem einzigartigen Lächeln waren damals vielleicht noch nicht erkannt, und der über hundertzehn Meter hohe Vierungsturm war noch nicht gebaut.

Schließlich **Paris.** Kein Reisender jener Zeit durfte sich die Gelegenheit entgehen lassen, die dreihundertzwanzig Stufen zu einem der Türme von Notre-Dame zu erklimmen, um von dort oben den Anblick der Stadt zu genießen. Nach den Worten des Chorherren De Beatis liegt Paris in einer Ebene, »in einem sehr schönen Land«, umgeben von vielen Dörfern und Weinbergen, die hervorragende Weine geben, »die lieblichsten, die ich je getrunken habe«. Die Straßen fand De Beatis schmal und zum größten Teil »sehr schlammig«; es herrsche ein so dichter Wagenverkehr, daß es gefährlicher sei,

hier zu reiten, als durch die Syrten zu segeln. Auch fiel dem Reisenden die große Menschenmenge in den Straßen auf. Im Jahre 1535 schrieb der Botschafter Marino Giustiniano, daß sich »im allgemeinen alle Männer und Frauen, Alte und Junge, Herren und Knechte in den Läden, auf den Türschwellen oder auf der Straße« aufhielten. Tatsächlich scheint die Stadt seit dem Beginn des 15. Jahrhunderts unter Überbevölkerung gelitten zu haben, so daß die meisten Familien in ein oder zwei Zimmern hausen mußten. In den Holzhäusern, die der Chorherr aus Molfetta als »groß, bequem und vernünftig gebaut« beschreibt, mußte oft jedes Stockwerk von mehreren Mietparteien geteilt werden, und in den Innenhöfen standen Buden und Bretterverschläge.

Unser Mailänder Kaufmann stellt fest, daß ebenso viele Fremde wie Einheimische in der Stadt seien und daß es wenige Edelleute, aber sehr viele Kaufleute, Handwerker, Geistliche und Studenten gebe. Wahrscheinlich konnte schon zu jener Zeit jeder nach seinen finanziellen Möglichkeiten eine Mahlzeit finden. Später, im Jahre 1577, äußerte sich ein anderer venezianischer Botschafter, Girolamo Lippomano, verwundert darüber, daß es Gasthäuser gebe, wo man »für einen Teston, für zwei, für einen Scudo, für vier, für zehn« speisen kann. Für fünfundzwanzig Scudi würden die Wirte wohl eine Suppe aus biblischem Manna und

Bilder von Paris: Unten: die Ile de la Cité in einer Miniatur von Jean Fouquet für die Chroniques de Saint-Denis. *Rechts: die Sainte-Chapelle und die Türme der Conciergerie (der* concierge *war ein Feudalherr, dem die niedere und mittlere Gerichtsbarkeit zustand) aus dem* Stundenbuch *des Duc de Berry.*

einen Braten von dem sagenhaften Vogel Phönix erfinden. Für die Versorgung der Stadt mit Lebensmitteln sorgte schon damals »der Bauch von Paris«, *les halles,* die als überdachter Markt schon seit den Zeiten von Philippe Auguste im 13. Jahrhundert existierten.

Eigentlich bestand Paris aus drei Städten, aus der *ville,* aus der *cité* und der Universität, die nach den Berechnungen des Mailänder Kaufmannes jeweils die Hälfte, ein Sechstel und ein Drittel der gesamten Stadtfläche umfaßten. Die *ville* auf dem rechten Seine-Ufer war von den Mauern Karls V. aus dem Jahre 1370 umgeben, deren Verlauf man auch heute noch erkennen kann. Sie führten von der Mündung des Canal St. Martin in die Seine in einem Bogen über die Bastille und die Porte St. Denis zum Palais Royal.

Wie der Louvre zur damaligen Zeit aussah, weiß man von den Miniaturen der Brüder von Limburg, aber in Wirklichkeit wirkte er wahrscheinlich nicht ganz so märchenhaft und großartig. Die Bastille war eine Festung aus dem 14. Jahrhundert und hatte noch nicht den traurigen Ruf, der willkürlichen Einkerkerung Unschuldiger zu dienen, dessentwegen sie 1789 gestürmt wurde. Franz I. sollte hier bald einige seiner rauschenden Feste feiern.

Der König hielt sich mit Vorliebe in den Loire-Schlössern auf. In Paris residierte er auf der heutigen Place des Vosges in dem Schloß, das wegen seiner zahlreichen Türme »des Tournelles« hieß und den Herzögen von Orléans gehört hatte.

Noch einmal Paris. Unten: die Ile de la Cité mit Notre-Dame, dem Pont Saint-Michel und dem Petit Pont, beide bebaut, und die Viertel auf dem linken Seine-Ufer aus einem Stadtplan der Zeit Heinrichs II. (16. Jh.); auf einem kleinen Platz der »Rive Gauche« *sieht man einen Gehenkten am Galgen. Rechts: der Louvre im 15. Jahrhundert auf einer Darstellung des Monats Oktober aus dem* Stundenbuch *des Duc de Berry.*

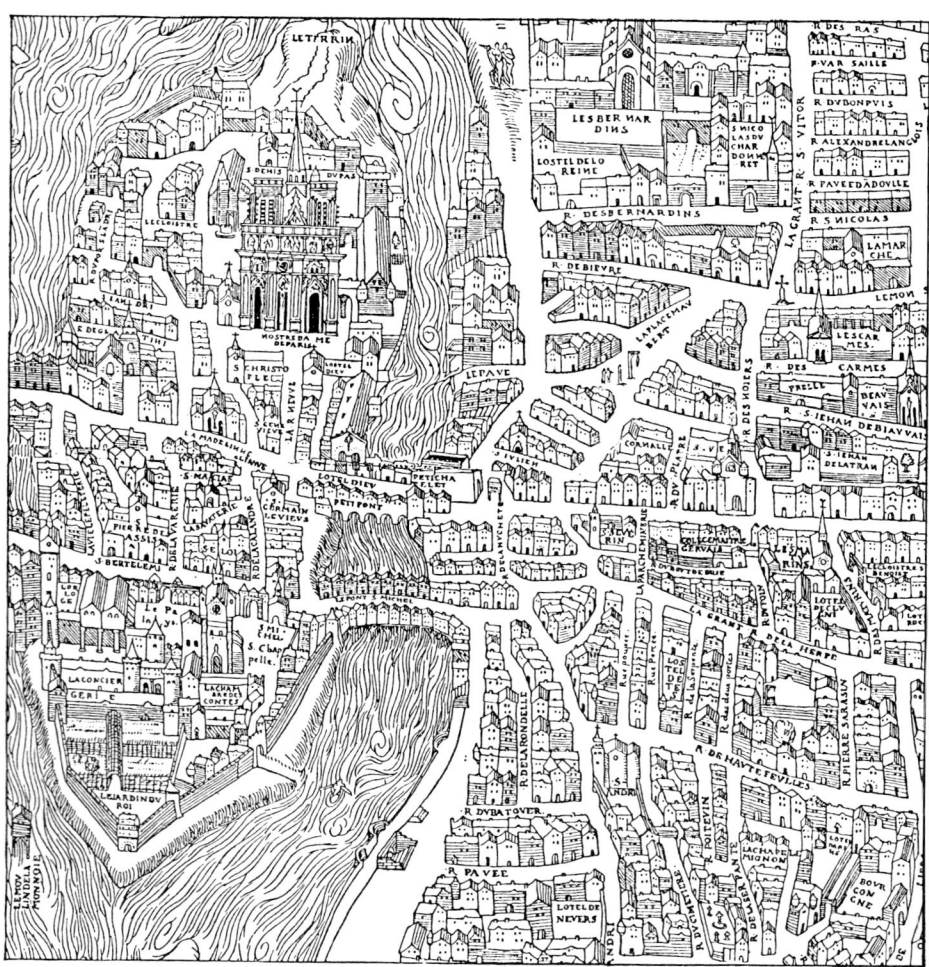

Als Ludwig XII. aus dem Hause Orléans den Thron bestieg, bekam der Palast den Namen Hôtel Royal. 1565 ließ Katherina von Medici ihn dann aus Kummer darüber, daß ihr Gatte Heinrich II. bei einem Turnier in der nahen Rue Saint-Antoine tödlich verunglückt war, abreißen.

Über die Seine führten fünf Brücken: Pont Notre-Dame, Pont Saint-Michel, Pont au Change, Petit-Pont – diese vier Namen existieren auch heute noch – und schließlich der Pont aux Meuniers, der aus schwimmenden Mühlen bestand und nach mehreren Bränden nicht erneuert wurde. An dem steinernen Pont Notre-Dame wurde gerade in jenen Jahren unter der Leitung des Italieners Fra Giocondo gearbeitet. Der Petit-Pont besaß

Paris

Rechts: das Hôtel de Cluny (in einer Rekonstruktion von Viollet-le-Duc), das von dem Abt Jacques d'Amboise zur Zeit Karls VIII. erbaut wurde, ein eindrucksvoller Profanbau der Flamboyant-Gotik des 15. Jahrhunderts. Unten: Schema des Pariser Mauerrings mit den Mauern von Philippe Auguste (12. Jh.) auf den beiden Seine-Ufern, und denen Karls V. (1370) zum Schutz der »ville« auf dem rechten Ufer.

Die Universität von Paris

Bei einem Streit zwischen Studenten hatte es 1200 mehrere Tote gegeben; deshalb richtete König Philippe Auguste besondere Gerichtshöfe für sie ein. In der Domschule im Kloster von Notre-Dame auf der Seine-Insel existierte bereits eine Art Universität. Es wurden licentiae *ausgestellt, die bescheinigten, daß die Absolventen zur Lehre berechtigt waren. Diese Lehrer unterrichteten, wo sie eine Gelegenheit dazu fanden, und versammelten ihre Schüler oftmals an Straßenecken oder unter einem Fenster.*

Schließlich wurde auch auf dem linken Seine-Ufer gelehrt, und diese Schule erhielt allmählich die Form der universitas magistrorum, *d. h. einer Zunft der Lehrer. Ende des 15. Jahrhunderts besaß die Universität von Paris allerdings nicht mehr das Ansehen, das sie in der Zeit des Thomas von Aquin genossen hatte. Der berühmte Name Sorbonne geht auf Robert de Sorbon zurück, Theologe und Schüler des Thomas von Aquin, Domherr in Cambrai und Kaplan Ludwigs IX., des Heiligen. Er gründete 1253 ein* collegium pauperum magistrorum, *dem er auch vorstand und in dem Lehrer und arme Studenten der Theologie vor allem dank der Großzügigkeit des Königs Aufnahme und Unterricht fanden. Das Kolleg befand sich nahe der römischen Thermen am linken Seine-Ufer und war keineswegs die erste derartige Einrichtung in Paris. In der zweiten Hälfte des 16. Jahrhunderts tagte hier auch die theologische Fakultät, und so wurde Sorbonne zum Namen für die ganze Fakultät.*

zwei Steinbögen, alles übrige war aus Holz ebenso wie alle anderen Brücken, die mit Häusern und Werkstätten vollgebaut waren, so daß man kaum den Fluß sehen konnte.

Auf der Ile de la Cité standen die Bauwerke, die dem Besucher in Erinnerung blieben: Palais de Justice, die Sainte-Chapelle und Notre-Dame, die De Beatis, mit seiner typisch italienischen Abneigung gegen die Gotik, als groß, »aber nicht sehr schön« erwähnt.

Im Palais de Justice war die Grand' Salle zu bewundern, die in der heutigen Raumordnung der Salle des Pas-Perdus entspricht, denn nach den Bränden des 17. und 18. Jahrhunderts wurde das Gebäude umgebaut und vergrößert. Mit dem Bildnis des gerade regierenden Ludwig XII. war der Saal von fünfundfünfzig Statuen französischer Könige geschmückt; die kriegerischen hielten das Schwert hocherhoben, die friedlichen mit der Spitze nach unten. In dem Saal wurde Gericht gehalten, aber De Beatis sah hier wie in den anschließenden Räumen und sogar auf den Treppen »viele Auslagen«, auf denen Waren aller Art feilgeboten wurden, Gold, Email,

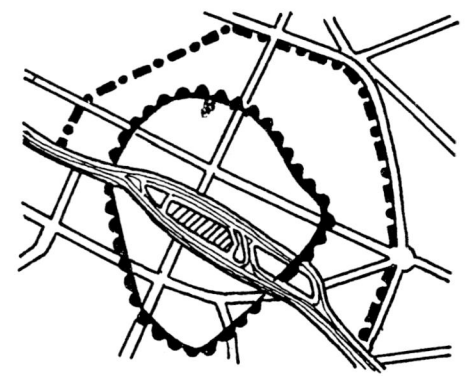

Paris

Schmuck, Spitzen und manches andere mehr.

Die von Ludwig dem Heiligen erbaute Sainte-Chapelle erstrahlte im Glanz ihrer kostbaren Tabernakel, Juwelen und perlen- und edelsteingeschmückten Kreuze. Zu ihren Reliquien gehörte auch die Dornenkrone Christi, »ganz erhalten aber ohne Dornen«.

Links der Seine lag auf der Montagne Sainte-Geneviève die Universität. Dort waren – nach De Beatis – alle Wissenschaften vertreten außer der Schwarzen Kunst, die verboten blieb, und es gab mehr als dreißigtausend Studierende. Deshalb herrschte große Raumnot. Wie der Mailänder Kaufmann berichtete, drängten sich die Studenten »manchmal zu siebt oder zu acht in einem Zimmer zusammen«. Mit einem Stipendium des Bischofs von Cambrai hatte Erasmus hier am Collège Montaigu studiert, das etwa beim heutigen Panthéon liegt. Voll Schauder erinnerte er sich später an die eiskalten Schlafräume, die sich allzu nahe an den Latrinen befanden, an die Insekten, die den Schlaf störten, an das ranzige Essen und den Wein, der zu Essig geworden war. Das Studentenleben war durchaus nicht nur lustig.

Vielleicht endete die Reise des schottischen Schützen in Paris, vielleicht aber mußte er, um in die Leibwache Ludwigs XII. einzutreten, bis an die Loire zum Schloß Blois weiterziehen, das der König besonders liebte. In der weiteren Zukunft konnte er dann seinen Bogen aus Eibenholz in berühmten Schlachten spannen: 1509 in der Schlacht von Agnadello, 1512 bei Ravenna und 1513 bei Guinegate, vielleicht sogar noch in den schweren, aber siegreichen Kämpfen des jungen Franz I., der damals erst neun Jahre alt war.

Das Tor nach Asien

Von Genua nach Istanbul

Nach dem Friedensschluß von 1503 hatten die christlichen Kaufleute wieder Zugang zu der faszinierenden Metropole am Bosporus. Wir folgen einem Reisenden zu Schiff nach Konstantinopel, das seit einem halben Jahrhundert türkisch war.

**Genua • Neapel • Straße von Messina
Methone • Monemvasia • Chios
Dardanellen • Istanbul**

In seinen *Exemplarischen Novellen* lobte Cervantes die »überraschende Schönheit« **Genuas,** dessen Häuser »wie Diamanten in Gold« auf die steilen Anhöhen gesetzt schienen. Trotz der großen Veränderungen, die die Stadt erlebte, bevor sie der Spanier sah, könnte diese Beschreibung schon für die ersten Jahre des 16. Jahrhunderts gegolten haben. Damals hatte die Stadt allerdings noch ein ganz mittelalterliches Gesicht. Es dauerte noch lange, bevor man, ausgehend von einem Freudenhaus im Schatten der Stadtmauer, die Strada Nuova, die heutige Via Garibaldi, mit ihren Adelspalästen anlegte, von der man sich »nicht nur Nutzen, sondern auch einen Zuwachs an Schönheit der Stadt« erwartete, wie es in den offiziellen Dokumenten hieß. Sofort aber gab es Leute, die den Verdacht hegten, und auch in einer Petition zum Ausdruck brachten, daß mehr als die Sorge um die Schönheit der Stadt hier der Wille vorherrschend war, »fünf oder sechs Bürgern einen Gefallen zu erweisen«, die »mit frechem Sinn zu ihrem Vorteil« daraus Profit ziehen werden, ohne auf »den Schaden und die Nachteile« der Grundbesitzer zu achten. Bei allen städtebaulichen Unternehmungen in Genua kam es zu solchen heftigen Interessenkonflikten, denn der Adel der Stadt war zutiefst untereinander verfeindet.

Die Schönheit der Stadt rührt nicht allein von der vorteilhaften Lage her, sondern scheint zur Natur Genuas zu gehören. Darüber sind sich seine Bewohner mit den Neuankömmlingen einig. Schon Petrarca hatte sich gefragt, wer »wohl nicht mit Staunen von oben auf die Türme und Paläste herabgeblickt hätte, auf die vom Menschen gebändigte Natur, auf die mit Zedern, Wein und Ölbäumen bewachsenen Hügel, auf die marmorglänzenden Bauwerke an den Abhängen«.

Noch lag die Stadt ganz östlich der Reede, umschlossen von den mittelalterlichen Mauern und beherrscht von der Veste Castelletto, die Galeazzo Sforza hatte ausbauen lassen. Das Stadtbild war geprägt von vielen Kirchen, hohen Häusern, Türmen, engen Straßen und kleinen Plätzen, deren Benutzung aufgrund der besonderen Sozialstruktur nur den Anwohnern vorbehalten war. Die Gesellschaft der Stadt gliederte sich in *alberghi,* d. h. Adelsbünde, die ihre und ihrer Gefolgsleute Zusammengehörigkeit dadurch zum Ausdruck brachten, daß sie ihre Häuser aneinandergrenzen ließen. Diese hatten häufig »Loggien«, d. h. Arkadengänge zur Straße hin, Torbögen mit reliefartigem Dekor aus Schiefer und Fassaden mit schwarz-weißen Marmorinkrustationen, wie man sie heute noch an der Kathedrale von San Lorenzo sieht.

Der Hafen war nur durch eine Mole geschützt, die gerade verlängert worden war; sie trug seit dem Bau einer neuen Mole (1638) den Namen Molo Vecchio. Darauf stand ein zinnenbewehrter Leuchtturm, der später bei einem Unwetter durch den heftigen Südweststurm zerstört wurde. Die Uferstraße, die Ripa, war von Bogengängen gesäumt, und zwischen dem Anfang des Molo Vecchio und dem befestigten Komplex des Marinearsenals, der Docks und Lagerhäuser ragten mehrere »Brücken« ins Wasser hinaus, d. h. kleine, schon damals steinerne Molen, an denen die Schiffe zum Löschen ihrer Ladung festmachen konnten. An der Ripa stand auch der Palazzo della Dogana, der Zoll, heute Palazzo San Giorgio, von 1408–1797 Sitz des Banco di

Stadt und Hafen von Genua in einer Darstellung von Cristoforo de'Grassi, 1597, die ein verlorenes Werk aus dem Jahre 1481 wiedergibt. Ein Gerüst läßt erkennen, daß die Mole gerade verlängert wurde. Links: die Lanterna und der Leuchtturm der Mole in Genua in der Schedelschen Weltchronik. *Auf der Seite neben dem Titel: eine Phantasievorstellung der türkischen Welt, Ausschnitt aus der* Predigt des heiligen Markus *von Gentile und Giovanni Bellini.*

Genua

San Giorgio, aus Natur- und Backstein mit einem spitzbogigen Portikus und schönen vier- und dreibogigen Fenstern in den oberen Stockwerken.

Der Große Leuchtturm, die Lanterna, sah genauso aus wie heute, lag aber auf dem kahlen Vorgebirge des Capo Faro, und zu seinen Füßen standen die Galgen. Weiter gen Westen lagen das Fischerdorf von San Pier d'Arena und vor der Mündung des Polcevera die Werften.

Das Eindrucksvollste und in gewissem Sinne »Moderne« am Genua jener Zeit war die große Zahl von Villen außerhalb der Stadt, in denen sich der Adel nicht nur in den Sommermonaten aufhielt. Sie waren entlang der Küste und über die Hügel verstreut und gegen die Straße durch hohe Mauern abgeschirmt. Schon um die Mitte des 15. Jahrhunderts wurden über tausendfünfhundert Immobilien genuesischer Bürger in den Villengegenden registriert, darunter hundertfünfunddreißig *palatia*, die gleichmäßig über die Riviera di Levante und die Riviera di Ponente verteilt waren.

Im Hafen herrschte reger Verkehr von Karavellen, Galeeren oder auch einfacheren Lastkähnen der Küstenschiffahrt. Die wichtigsten Seerouten führten nach Katalonien, Portugal, Sizilien und nach Syrien. In Handelskreisen war man sich freilich darüber im klaren, daß die Geschäfte zurückgingen und sich mehr und mehr auf den lokalen Rahmen beschränkten. Das große Kapital wurde zunehmend in Bankgeschäfte investiert, orientierte sich folglich an den diffizilen Mechanismen der Finanzmärkte statt an den Risiken des Seehandels. An den Landestellen konnte man freilich noch alte Leute treffen, die sich an ganz andere Zeiten erinnerten. Nach der Einnahme Konstantinopels durch die Türken im Jahre 1453 waren die Verbindungen zu Galata, der genuesischen Stadt am Gol-

Bauarbeiten aus der Schedelschen Weltchronik.

denen Horn, zumindest schwächer geworden. Das Interesse für den östlichen Mittelmeerraum hatte immer mehr nachgelassen, und der Gewürzhandel lag nun weitgehend in den Händen der Venezianer. Vor allem aber verlor Genua den Zugang zum Schwarzen Meer und damit die Verbindung zu den Kolonien Caffa (Feodosia), das im Schatten der Zypressen und Pinien von Aleppo auf der Krim lag, und Tana (Asow) an der Mündung des Don. Von dort waren früher Leder, Pelze, orientalische Seide, Getreide und Stockfisch in die Metropole am Goldenen Horn, und Sklaven nach Ägypten exportiert worden. Nach der Einnahme Konstantinopels waren die beiden Städte zwischen den Meerengen eingeschlossen, bis die Türken Caffa direkt angriffen und trotz verzweifelter Gegenwehr 1475 eroberten. Genuas letzter Stützpunkt in der Levante blieb die Insel Chios, die sich erst 1566 ergab.

Trotzdem fuhr man noch weiter gen Konstantinopel, denn auch die Osmanen hatten Interesse an Handelsverbindungen mit den »fränkischen«, d. h. europäischen, Kaufleuten. Aber das Risiko solcher Reisen war jetzt wegen der Piraten und während der Kriege gegen die »Ungläubigen« noch größer als früher.

Im Mittelmeer hielt sich die Schiffahrt stets in Küstennähe, und dafür gab es Schiffshandbücher. Nur in den seltenen Fällen, wenn kein Land mehr in Sicht war, richtete man sich nach dem Kompaß. Daß der Kapitän nicht allein die Entscheidungen traf, sondern sich »vor allem in gefährlichen Situationen« mit einem oder meist mehreren Lotsen beriet, die für einen Teil der Reise mitfuhren, war noch weit bis ins 17. Jahrhundert hinein üblich.

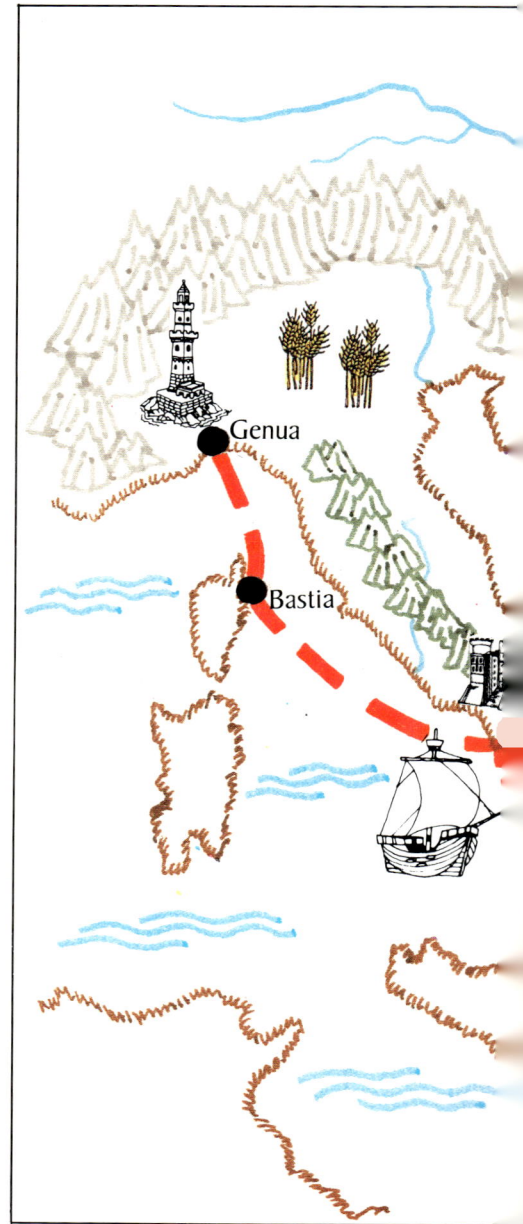

Genua

229

Neapel, Zeichnung der heute nicht mehr vorhandenen Villa von Poggio Reale in einer perspektivischen Darstellung von Alessandro Barratta, 1670 (das Hauptgebäude ist das Rechteck links). Der Bau wurde 1487 begonnen; im 18. Jahrhundert spricht die Beschreibung des Herzogs von Noja von »unsagbar schönen Gärten, Brunnen und Hainen, die bis zum Meer reichen...« Auf den folgenden Seiten: die Stadt im 15. Jahrhundert, Ausschnitt aus der Tavola Strozzi.

Der Bruder des Sultans

Dschem, der Bruder des Sultans, zog am 13. März 1489 von Civitavecchia kommend durch die Porta Portuense in Rom ein. »Er saß auf einer der weißen Stuten Seiner Heiligkeit, die so aufgezäumt und geschmückt war, wie es sonst nur für einen Ausritt des Papstes zu Pferd geschieht.« Burcardus, der päpstliche Zeremonienmeister, vermerkt dieses Ereignis, das nicht nur ein gewöhnlicher Staatsbesuch war. Nach dem Tod Mehmeds II. im Jahre 1481 war zwischen Bajezid und seinem jüngeren Bruder Dschem ein Streit um die Nachfolge ausgebrochen. Bajezid behielt die Oberhand, und Dschem, der in Rhodos Zuflucht gesucht hatte, geriet in die Hände der Johanniter, wurde nach Frankreich gebracht und schließlich Papst Innozenz VIII. »anvertraut«.

Solange Dschem lebte, waren dem Angriffswillen des Osmanischen Reiches gegen das Abendland Zügel angelegt. Nach seinem Tode im Jahre 1495 dagegen konnte der Sultan zum ersten Mal seit dem Tode Mehmeds II. wieder zum Angriff übergehen. Der hauptsächlich gegen Venedig und Spanien gerichtete Krieg kam zum Erliegen, weil die Osmanen Schwierigkeiten an ihrer Ostgrenze hatten. Durch den 1503 geschlossenen Frieden verlor Venedig weitere Teile seines griechischen dominio da mar, der überseeischen Besitzungen, gewann aber seine Handelsprivilegien im Osmanischen Reich zurück. Nach Kriegsende konnten christliche Kaufleute jedweder Nationalität die Meerenge der Dardanellen wieder durchfahren.

Die Reise nach Konstantinopel dauerte mindestens dreißig Tage und konnte sich, je nach Wetter und Aufenthalten in den Häfen, bis auf vierzig oder auch sechzig Tage ausdehnen. Man stach im Mai in See, um im Juli das Goldene Horn zu erreichen und im Herbst die Rückreise antreten zu können. Wie kann, abgesehen von den berüchtigten Unwettern zur Zeit der Sommersonnwende, eine solche Reise verlaufen sein? Auf der Route, der heute luxuriöse Kreuzfahrten folgen, unternahm man damals eine solche Reise nur unter Zwang, als Seemann oder in der Hoffnung auf Gewinn. Ob sie manchen auch ein wenig Vergnügen bereitete, läßt sich nur schwer sagen.

Um die Straße von Piombino mit ihren unberechenbaren Strömungen zu meiden, führte die Route von Genua aus nach **Bastia** auf Korsika, das noch ganz genuesisch wirkte. Von dort ging es wieder in Richtung Küste zur Isola del Giglio, nach Civitavecchia, zur Insel Ponza und dann nach Neapel.

Neapel, das sich nördlich des Castel Nuovo zusammendrängte, bot unter der strahlenden Sonne einen herrlichen Anblick. Den Hafen schützte der Molo Angioino, und hinter der Stadt erhob sich die grüne Anhöhe des Vomero und darauf weiß das Kartäuserkloster San Martino. Am Horizont der weiten Bucht ragte der Vesuv auf, der damals nicht aktiv war, und an seinen Hängen wuchsen Bäume und Wein. Stadt und Königreich standen bereits unter spanischer Herrschaft. Der riskante Versuch Karls VIII., Neapel zu erobern, hatte den Franzosen lediglich vierhundert Zentner Beute eingebracht, die sie nach Amboise transportierten, darunter Gobelins, Teppiche, Bilder, Skulpturen aus Marmor und Por-

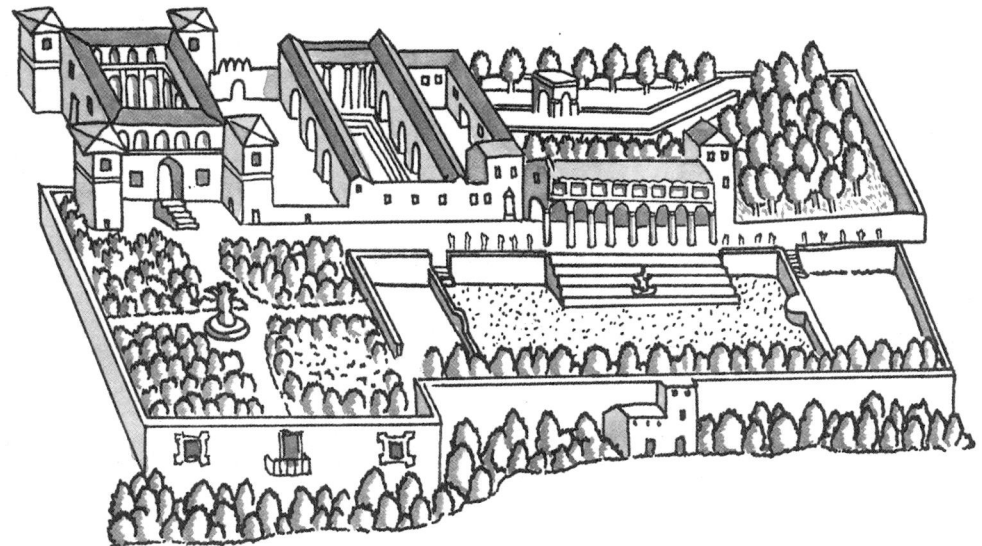

phyr sowie 1140 Bücher und illuminierte Handschriften aus der Bibliothek der aragonesischen Könige.

Nach der Durchquerung der **Straße von Messina** und des ionischen Meeres erreichte man **Methone** an der äußersten Südwestspitze der Peloponnes. Die Peloponnes hieß seit der Zeit der venezianischen Besetzung Morea, und Methone wurde Modone genannt. Schon zu Zeiten Homers galt diese Stadt als »reich an Weinreben«. Im Hafen, der seit kurzem nicht mehr venezianisch war, nahm man neue Lotsen und Dolmetscher, die Dragomane (vom türkischen *tercuman*), an Bord und wartete auf günstigen Wind für die Umschiffung des Kap Matapan. Die weitere Route führte nördlich der Insel Kythera vorbei, wo in der Antike Purpurmuscheln am Strand zu finden waren, und um das Kap Maleas an der letzten Halbinsel der südlichen Peloponnes. An der Ostküste erhebt sich auf einem bizarren Felsen Monemvasia, dessen Name vom griechischen *moni embasia* (einziger Zugang) kommt, weil nur eine schmale Landbrücke den Felsvorsprung mit dem Festland verbindet. Die Venezianer nannten die Stadt Malvasia, und der gleichnamige Wein dieser Gegend war damals sehr in Mode. Die Rebsorte wurde später auch in Zypern, Sizilien, Sardinien und Portugal angebaut.

Von Kap Maleas aus in nordöstlicher Richtung fuhr man an den Kykladen vorbei, deren Höhen sich in der Abenddämmerung violett färben. Auf **Chios,** der großen, bergigen und fruchtbaren Insel, auf der Homer geboren sein soll, wuchsen Wein, Maulbeer-, Öl-, Mandel- und Zitronenbäume. Die Mastixbäume ergaben das beste Harz der Ägäis, ein Geschenk des heiligen Isidor, mit dem der »Mastika« angereichert wurde, ein süßes, milchiges Destillat, das man mit Wasser verlängerte und in der Hitze des Sommers trank. Die Insel war seit 1261 in der Hand der Genuesen und wurde zunächst von der ersten genuesischen *maona* ausgebeutet und verteidigt. Der Name dieser vom Staat konzessionierten Gesellschaft ist arabischen Ursprungs, und die Anteile konnten ähnlich wie moderne Aktien gehandelt werden. Die *maona* von Chios zog vor allem aus den Alaunminen von Phokaia, dem Mastixhandel und der Seidenherstellung Gewinn. Im 15. Jahrhundert wurden dann alle diese Gesellschaften vom Banco di San Giorgio übernommen, dem allmächtigen Bankinstitut, das Politik und Wirtschaft Genuas bestimmte. Mit Blick auf Kleinasien lagen auf der Ostseite der Insel die Häuser der Genuesen neben dem Hafen im Kastro, d. h. der Festung. Ihre Türme trugen die Wappen der Gouverneure, der Familie Giustiniani. Erst später entstand hier ein türkisches Viertel.

Die Einfahrt in die **Dardanellen** war nur Schiffen unter einer Flagge erlaubt,

Die Ägäis. Unten: Segeln unter frischem Wind, Ausschnitt aus der Galleria delle Carte Geografiche *von Antonio Danti im Vatikan. Rechts: die Stadt Chios, italienische Karte in der Beschreibung der Inseln des Mittelmeeres von Henricus Martellus Germanus, ca. 1490. Chios blieb bis 1566 in der Hand der Genuesen.*

die zum Handel mit dem Osmanischen Reich autorisierte. An der engsten Stelle liegen nur zwölfhundert Meter zwischen Asien und Europa. Dann blieb nur das Marmara-Meer zu durchqueren.

Konstantinopel hieß bei den Türken ursprünglich Kostantiniye. Der Name **Istanbul** ist eine Verballhornung des Griechischen und bedeutete »in die Stadt gehen«. Von weitem schon fasziniert der Anblick der Kuppeln, Türmchen und bleigedeckten Kirchtürme über dem Wasser, umgeben vom Grün der Zypressen und Gärten. Dazwischen glänzen die goldenen Minarettspitzen.

Konstantinopel liegt in der Gestalt eines Dreiecks zu Füßen der Hügel zwischen Marmara-Meer und Goldenem Horn. Gegen Land wurde die Stadt von den Mauern geschützt, die Theodosius II. im 5. Jahrhundert hatte errichten lassen. Auch an den Küsten erhoben sich Mauern zum Meer hin, denn der Bosporus ist in der Stadt so schmal, daß man, wie es heißt, die Hähne in Asien krähen hören kann. Das einfahrende Schiff muß sich seinen Weg im Gewirr der vielen Boote bahnen, die zwischen Konstantinopel und Galata durch das Goldene Horn und zwischen Europa und Asien durch den Bosporus hin- und herfuhren.

Die Schiffe ankerten zu beiden Seiten des Goldenen Horns. Das Schiff aus Genua legte am nördlichen Ufer vor Galata an, das die Türken als die Stadt der »Ungläubigen« ansahen. Hinter ihren Mauern wohnten in den engen Gäßchen Genuesen und auch Venezianer, unter der Autorität ihres *baiulo*, einer Art Konsul. Mit ihrer geschäftigen und zugleich trägen Atmosphäre und ihren angeblich mehr als zweihundert Schenken und Bordellen galt sie als Prototyp der levantinischen Handelsstadt. Die Anhöhe von Pera oberhalb von Galata, wo sich später die ausländischen Gesandten ansiedelten, war noch kaum bewohnt.

Auf der anderen Seite des Goldenen

234

Istanbul

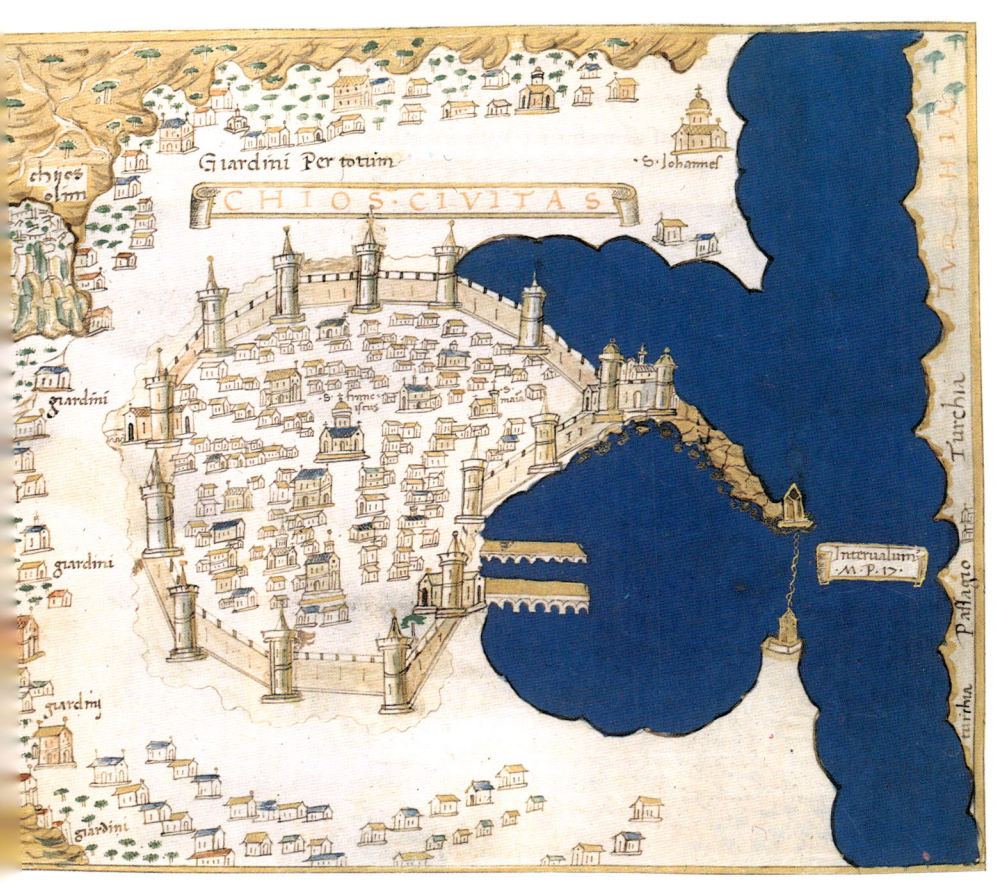

Horns, in der Hauptstadt des Osmanischen Reiches, begegneten die Europäer, die dort wie seit den Zeiten der Kreuzzüge »Franken« hießen, der ganzen Exotik des Orients. Die Männer trugen auf dem Kopf einen Turban, die mit einem langen Schal aus Musselin *(tulbent)* umwickelte Filzkappe, die je nach dem Rang ihres Trägers verschieden aussah. Als Schuhwerk hatten die Mohammedaner gelbe Pantoffeln, eine Farbe, die kein Ungläubiger tragen durfte. Zu vorgeschriebenen Zeiten wurde jegliche Tätigkeit für das Gebet unterbrochen, und die Europäer mußten bald zugeben, daß die Türken »ihrem falschen Propheten« mehr Ehre erwiesen als die Christen ihrem Gott. Von den Derwischorden mit ihren geheimnisvollen religiösen Praktiken spielte in der Stadt vor allem derjenige der Mewlewija, der »tanzenden Derwische«, eine Rolle, so benannt nach den Tänzen, durch die sie sich in religiöse Ekstase versetzten. Auch die vielen Bä-

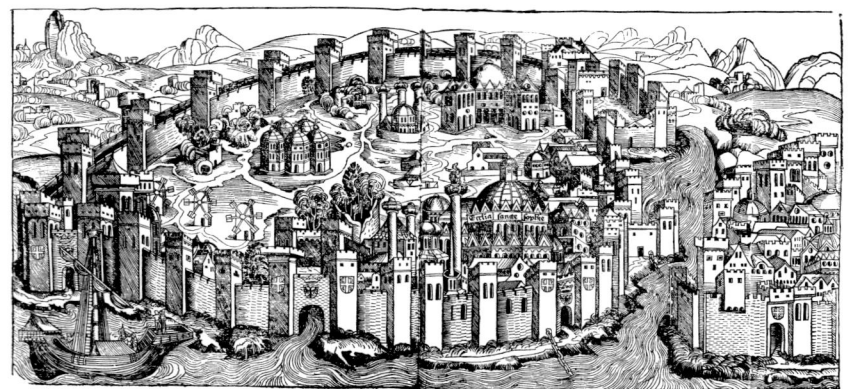

der erregten die Neugier der Fremden, die selbst nicht überall und nur zu bestimmten Zeiten Zugang hatten. Man konnte sich dort auch massieren, enthaaren und rasieren lassen, aber es war verboten, daß ein Muslim mit einem Messer rasiert wurde, das vorher für einen Christen benutzt worden war.

Auf den Straßen boten fliegende Händler in einer Hucke ihre Waren feil: Obst und Gemüse, Pantoffeln, Töpferei- und Gebrauchtwaren. Jede Kategorie von Händlern rief ihre Ware auf besondere Weise aus. Man traf aber auch Feuerfresser, Akrobaten sogar aus dem fernen Indien, Jongleure, Zauberer, Puppenspieler, Schattenspieler, Zigeuner mit abgerichteten Bären und Vogelverkäufer. Im Hof der Moscheen warteten öffentliche Schreiber auf Kundschaft.

Die Berichte der Reisenden betonen immer wieder, daß gegenüber der Schönheit des Gesamtbildes der Stadt, wie es sich aus der Ferne bot, der Anblick der Häuser aus der Nähe enttäuschte. Die meisten waren klein, aus rohen Ziegeln, Holz und Stroh gebaut und mit Kalk verputzt, und es gab nur wenige Paläste, *saray,* und eine sehr begrenzte Zahl von Bürgerhäusern, *konak.* Diese waren zweigeschossig, das Parterre wurde von Dienern und Sklaven, der erste Stock mit seinen vorstehenden geschlossenen Balkonen von den Besitzern bewohnt. An einer bestimmten Stelle der Außenmauer hatten sie ein mit einer Kette verschlossenes Türchen. Einen Schlüssel dazu besaß der Wasserträger, der mit seinem Esel die Runde machte und das Wasser für den täglichen Bedarf in den Vorratsbehälter goß. Wer das seltene Glück hatte, ein türkisches Haus betreten zu dürfen, konnte den großen Hauptraum mit seinen vielen Fenstern, dem Diwan entlang der Wände und den Reichtum an Teppichen und Kissen sehen. Betten fehlten – man schlief auf einer Matraze, die tagsüber weggerollt wurde –, ebenso Tische. Für die Mahlzeit brachten die Diener ein rundes Kupfertablett, das auf ein Holzgestell gelegt wurde, um das man sich im Schneidersitz setzte.

Seit langem waren in Konstantinopel Genuesen und Venezianer ansässig. Der größte Teil der griechischen Bevölkerung war nach der türkischen Eroberung deportiert und durch Türken aus Kleinasien oder durch andere Griechen von der Peloponnes, aus Smyrna, Sinope, Trapezunt oder den Inseln ersetzt worden. Auch Juden und Zigeuner, Armenier, Araber, Albaner, Serben, Moldawier, Walachen und Perser wohnten in der Stadt. Wie im ganzen Osmanischen Reich zahlten Nichtmuslime eine Kopfsteuer und unterstanden der Jurisdiktion des Oberhauptes ihrer Glaubensgemeinschaft, dem griechischen oder armenischen Patriarchen oder dem Oberrabbiner. Der griechische Patriarch residierte ursprünglich in der byzantinischen Apostelbasilika, die als Vorbild für die Markuskirche in Venedig gedient hatte und später abgerissen wurde. Unter den Juden gab es viele Sepharden, die sich nach ihrer Vertreibung aus Spanien hierher geflüchtet hatten. Sie spielten eine wichtige Rolle als Kaufleute und Ärzte.

Schon damals waren der Serail, die Moscheen und der Bazar in jeder Hinsicht die wichtigsten Punkte der Stadt. Der Serail, Residenz des Sultans, Sitz der Regierung und Herzstück des Reiches, fiel vom Meer aus zuerst ins Auge, denn er lag auf der Ostspitze der Halbinsel an der Stelle der alten byzantinischen Akro-

Istanbul

Vom Meer aus auf Istanbul zuzukommen war nach der Aussage eines späteren Reisenden ein »einzigartiges Erlebnis«. Die ungewöhnliche Anlage der Stadt, die »einer Harfe oder einem Dudelsack« gleicht, kommt in der naiven Miniatur aus dem 15. Jahrhundert besser zum Ausdruck als in dem Holzschnitt der Schedelschen Weltchronik links.

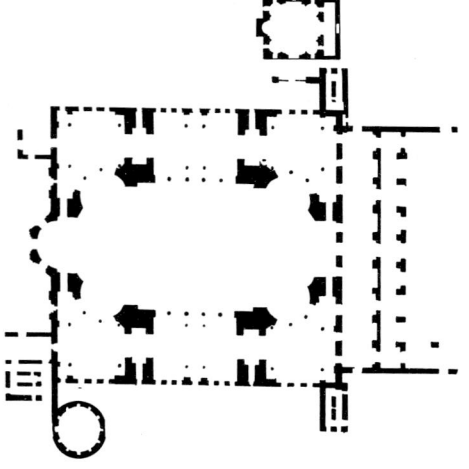

polis. Vor dem Umbau durch Suleiman bezauberte er mehr durch die Schönheit seiner zum Wasser abfallenden Gärten als durch die bescheidenen, recht unterschiedlichen Bauten. Er hieß Yeni Saray, d. h. »neuer Palast«, und erst seit dem 18. Jahrhundert Topkapi Saray, d. h. »Palast des Kanonentores«, nach den Batterien, die ihn beschützen. Eines seiner berühmtesten Bauwerke war zur damaligen Zeit ein offener Pavillon, den Mehmed II. sich hatte erbauen lassen, um darin Stunden nur mit dem Betrachten des Meeres und der Stadt zu verbringen. Später diente der Pavillon zur Lagerung der Dinge, die von Rechts wegen aus dem Besitz eines Toten ohne Erben in den des Sultans übergingen. Der geheimnisvolle Harem des Sultanspalastes war für die Fremden immer Anlaß wilder Gerüchte. Es hieß, daß dort in ständigem Wechsel wenigstens dreihundert Frauen wohnten. »Es gibt keinen Tag, an dem nicht eine kommt und eine geht«, schrieb ein Chronist 1519. Die wichtigste Rolle im Harem spielte die *valide sultan*, die Mutter des Sultans, danach kamen die *kadin*, jene legitimen Konkubinen des Sultans, die ihm einen Sohn geschenkt hatten, die *ikbal* oder zeitweiligen Favoritinnen, und schließlich die Sklavinnen oder *cariye*.

Nächst dem Hippodrom waren einige Abteilungen der Janitscharen kaserniert, die beim Sultan selbst ebenso gefürchtet waren wie beim Feinde. Wenn sie zum Zeichen des Aufstandes in den Kasernen ihr Eßgeschirr umdrehten, war nichts und niemand mehr sicher. Im Hippodrom stand der Obelisk des Theodosius, der von Karnak hierhergebracht worden war und dabei für den Transport zu Schiff um sechs Meter hatte gekürzt werden müssen. Vom Obelisk des Konstantin Porphyrogennetos waren im Jahre 1204 von den Kreuzfahrern die vergoldeten Bronzetafeln geraubt worden. Die Bronzesäule in Form dreier umeinander gewundener Schlangen stammte aus Delphi, wo sie zum Gedenken an die Schlacht von Plataiai ehemals vor dem Apollo-Tempel gestanden hatte. Auf dem Weg nach Konstantinopel war ein Dreifuß mit einem goldenen Becken verlorengegangen, den die vorgereckten Schlangenköpfe getragen hatten. Auch sie sind heute verloren, aber auf einigen türkischen Miniaturen aus der damaligen Zeit sind sie noch zu sehen, und ihr Anblick erschreckte die Muslime sicher nicht minder als vormals die Christen.

Mehmed II. war an einem Dienstag in Konstantinopel eingezogen, hatte sich sogleich in die Hagia Sophia begeben, ihre Umwandlung in eine Moschee befohlen und konnte schon am folgenden Freitag dort dem Gebet beiwohnen. Wegen der Größe und dem Reichtum des Bauwerks hatte sich Kaiser Justinian einst damit gebrüstet, Salomons Tempel übertroffen zu haben. Das Innere

Istanbul

Unten: Die Hagia Sophia in Konstantinopel aus dem Libro di Giuliano da Sangallo *oder* Codex Barberini, *der Zeichnungen des Florentiner Architekten aus fast dreißig Jahren enthält (1485–1514). Links: Grund- und Aufriß der Hagia Sophia. Die unter Kaiser Justinian errichtete Kuppelbasilika, ein Höhepunkt der byzantinischen Kunst, übte einen starken Einfluß auch auf die türkischen Architekten der Sultans-Moscheen aus.*

An der Küste »zweihundert Schenken, wo in jeder fünf- oder sechshundert Tagediebe, Sänger und Musiker lärmen«, schrieb der türkische Schriftsteller Evliya Celebi über Galata. Rechts: Galata in einer türkischen Miniatur des Straßenbuches, *das die Etappen eines Zuges Suleimans gegen Persien beschreibt (erste Hälfte 16. Jh.). Unten: türkischer Ritter, Dürer zugeschrieben.*

strahlte vom Marmor, der heidnischen Tempel entnommen war. So hatten die Architekten Anthemius von Tralles und Isidor von Milet z. B. acht grüne Säulen aus dem Artemis-Tempel in Ephesus herbeischaffen lassen. Noch besaß die Moschee nicht wie heute vier, sondern nur zwei Minarette, eines von Mehmed II. und das andere von Bayezid. Alle berühmten Sultans-Moscheen von Konstantinopel orientierten sich an dem spätrömischen Kuppelzentralbau der Sophienkirche. Außer der Hagia Sophia, die vor ihrer Tausendjahrfeier stand, existierte zur damaligen Zeit schon die Moschee, die Mehmed II. auf den Grundmauern der Kirche der heiligen Apostel hatte bauen lassen und die umgeben war von den acht islamischen Hochschulen, den Medresen. Die Moschee Bayezids stand kurz vor ihrer Vollendung (1501–1505). Sinan, der zum größten Architekten des Osmanischen Reiches und zu einem der bedeutendsten Architekten überhaupt werden sollte, war kaum zwanzig Jahre alt, arbeitete als Maurer oder war vielleicht beim Militär. Erst später rief ihn Suleiman in die Hauptstadt, um ihm den Bau seiner Moschee zu übertragen. Auch hier sollten Medresen, hohe Schulen des islamischen Wissens, entstehen; sie bestanden aus einem mit einem Säulengang umgebenen Innenhof, Zellen und einer Aula für Lehre und Gebet. Wie bei den *colleges* besaß jede Medrese einen besonderen Ruf, der den Studenten in ihrer künftigen Karriere förderlich sein konnte. Der Besuch etwa der Medrese des Bayezid ebnete den Weg zu den höchsten Staatsämtern.

Der Bazar war noch lange nicht ganz ausgebaut. Schließlich umfaßte er nicht weniger als siebenundsechzig Straßen mit dreitausend Läden und wurde von achtzehn Toren bewacht, die bei Sonnenuntergang geschlossen wurden. In vollem Betrieb dagegen war der Bedesten aus der Zeit Mehmeds II., dessen Name darauf hinweist, daß er ursprünglich den Leinenkaufleuten vorbehalten war. Unter seinen Kuppeln aber gab es schon sechshundert vornehme Geschäfte, die mit Brokat und Damast ausgelegt waren und Juwelen, Edelsteine, Gold- und Silberwaren, Teppiche, Pelze und Porzellan anboten. In zweitausend Panzerschränken waren die wertvollsten Stücke verwahrt. Nahe der Moschee des Bayezid lagen die Buchhandlungen, die hauptsächlich handgeschriebene Bücher verkauften; die einzige Druckerei Konstantinopels war erst 1494 von spanischen Juden gegründet worden. Nahe dem Bedesten fand der Sklavenmarkt in einer Art Karawanserei statt, d. h. in einem Gebäude

Istanbul

um einen Hof, in dessen verschiedenen Räumen die Sklaven nach Geschlechtern getrennt feilgeboten wurden.

An jeder Ecke der Stadt, diesem gefräßigen Bauch des Reiches, wurden Lebensmittel verkauft. Aber die Fremden waren doch überrascht, wie einfach die Leute aßen und wie billig die Speisen waren. Mit Verwunderung stellte 1555 der Flame Ogier Ghislain de Busbecq, Botschafter Karls V. beim Sultan, fest, daß »ein Türke zwölf Tage auskommen könnte mit dem, was ein Flame an einem Tag ausgibt«. Immerhin wurden jährlich vier Millionen Hammel aus dem Balkan und Anatolien importiert und auf dem Markt feilgeboten. Das Getreide kam aus den unterworfenen Donaufürstentümern, Reis aus Ägypten, Hühner aus Thrakien, und der Fisch vom Bosporus. Die nähere Umgegend lieferte Joghurt, die ägäische Küste Anatoliens Oliven, und Chios Zitronen. Man trank Raki, noch unbekannt waren Kaffee und Tabak. Aber es war lohnend, Schnee auf dem Seeweg zu importieren, um ihn als »Schneewasser« und für Sorbets zu verkaufen.

Der Reeder

Von Sevilla nach Antwerpen

Zu Beginn des 16. Jahrhunderts wurden die Wirtschaftsbeziehungen zwischen Sevilla und Antwerpen immer enger. In Sevilla wurden die Schiffe für die Fahrten in die neuentdeckten Länder jenseits des Atlantik gebaut und ausgerüstet. Antwerpen dagegen hatte in Flandern das Erbe von Brügge als Handels- und Finanzzentrum angetreten. Als gerade Frieden herrschte, reiste ein andalusischer Reeder durch Frankreich in die Scheldemetropole, die durch Zeitumstände und geographische Lage einen bedeutenden wirtschaftlichen Aufschwung erlebte.

Sevilla • Córdoba • Toledo
Zaragoza • Barcelona • Aigues-Mortes
Marseille • Avignon • Lyon • Beaune
Autun • Paris • Arras • Antwerpen

Neben dem Titel: die Stadt, der Guadalquivir, Schiffe, Ausschnitt aus Vista del puerto y la ciudad de Sevilla *von Sanchez Coello (16. Jh.).* »*Du bist keine Stadt, sondern die Welt; in der bewundert man alles, was man anderswo vermißt, du bist der größte Teil Spaniens*«*, so ein Dichter desselben Jahrhunderts über Sevilla (F. de Herrera).*

Der Großadmiral im Dienst der spanischen Krone Christoph Kolumbus war 1493 bei der Rückkehr von den neuentdeckten Inseln jenseits des Atlantik im andalusischen Palos gelandet. Am Palmsonntag kam er nach Sevilla und nahm tief bewegt an den Gottesdiensten der Karwoche und den Prozessionen mit ihrem dumpfen Trommelschlag teil. Schon seit dem 14. Jahrhundert existierten einige der Orden, die heute die barocken *pasos* durch die Straßen tragen, die Holzbilder der Passion und der Schmerzensmutter. An Ostern erhielt Kolumbus dann endlich den sehnlichst erwarteten Brief von Ferdinand und Isabella, der ihn an den Hof rief, um über den Verlauf seiner Reise und seine zukünftigen Pläne Bericht zu erstatten. Das Königspaar hielt sich damals gerade in Barcelona auf.

Später überwachte der Admiral in Sevilla die Ausrüstung der Flotten für seine weiteren Reisen, und im Kloster Las Cuevas lag er nach der unglücklichen dritten Fahrt in Ketten. Am 20. Mai 1506 starb er verbraucht und wohl von der Entwicklung überrollt.

Schon 1504 war Isabella gestorben, in tiefem Kummer darüber, daß sie als Erben der Krone Kastiliens nur ihre geistig labile Tochter (Johanna die Wahnsinnige) und den Schwiegersohn Philipp den Schönen aus dem Hause Habsburg-Burgund hinterließ, der Spanien nicht kannte und den sie mit Mißtrauen betrachtete. Auch der Witwer Ferdinand war über die bevorstehende flämisch-habsburgische Erbfolge keineswegs glücklich. Deshalb vereinbarte er im Jahre 1505 in Blois mit Ludwig XII. vertraglich seine Heirat mit Germaine de Foix, einer Nichte des französischen Königs, um eine Änderung der Erbfolge für den Fall möglich zu machen, daß ein männlicher Nachkomme aus dieser Verbindung hervorgehen sollte. Doch Philipp starb plötzlich kurz nach seiner Ankunft in Spanien und der Übernahme des Erbes seiner Gattin; Johanna verfiel geistiger Umnachtung, und der 1509 geborene Sohn von Germaine de Foix blieb nur wenige Stunden am Leben. Viele Kronen lagen deshalb für Johannas kleinen Sohn bereit, der in Gent aufwuchs und als Karl V. in die Geschichte einging.

Durch die Errichtung der Casa de Contratación (1503), des königlichen Gerichtshofes für das neue Kolonialreich, war Sevilla nun auf dem besten Wege, das Monopol für den Handel mit der Neuen Welt in die Hand zu bekommen. Im Jahre 1506 verließen dreiundzwanzig Schiffe den Hafen, um die Jahrhundertmitte waren es schon über hundert. Der venezianische Botschafter Andrea Navagero sollte später sagen, daß »so viele von ihnen zu den indischen Inseln fahren, daß in der Stadt kaum mehr jemand zurückbleibt, und sie fast in der Hand der Frauen ist«. Der Wollexport schuf enge wirtschaftliche Beziehungen zwischen Sevilla und Flandern, das eine immense Anziehungskraft für »Risikokapital« besaß, auch für das der Fugger und Welser.

Jetzt, im Jahr 1506, schien für die Stadt ein besonders günstiger Augenblick gekommen, als die riesige Kathedrale nach hundertjähriger Bauzeit eingeweiht wurde. Sie lag an der Stelle der Moschee im Schatten des Minaretts mit seinen zierlichen Ziegelarabesken, das noch nicht Giralda hieß, denn es wurde noch nicht von dem *Giraldillo* gekrönt, der Wetterfahne, die ihm den Namen gab. Vor diesem Hintergrund kann man sich die Reise eines andalusischen Reeders durch

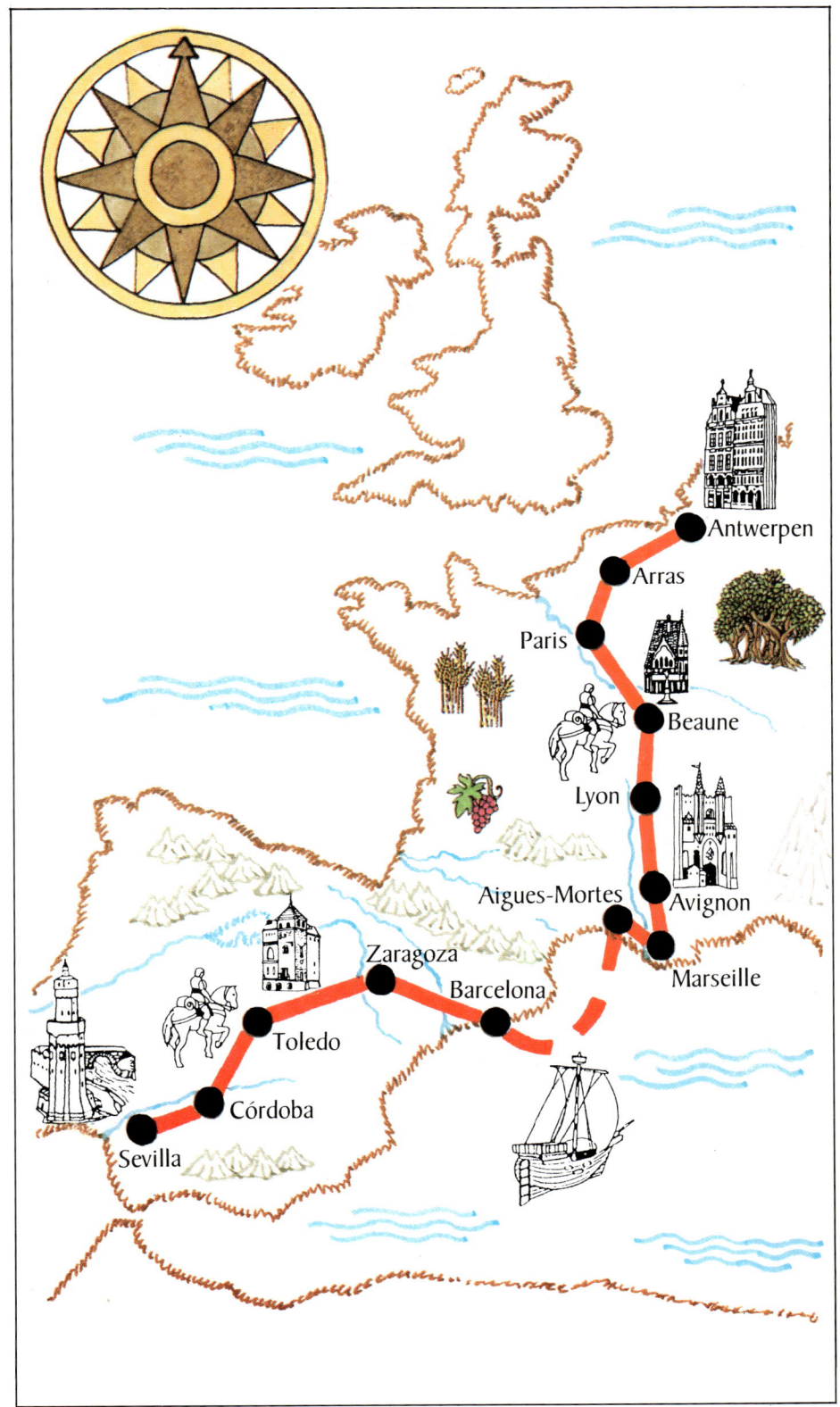

Frankreich auf dem Wege in das reiche Antwerpen vorstellen.

Unter der hochstehenden Sonne Andalusiens verließ der Reeder **Sevilla** zu Pferd, denn um die andalusische Pferdezucht zu fördern, war es verboten, Maultiere als Reittiere zu benutzen. Die Stadt lag auf dem linken Ufer des Guadalquivir und war von Mauern aus der Zeit der römischen, arabischen und kastilischen Herrschaft umgeben. Mehr noch als heute hatte sie einen »maurischen« Charakter durch die engen und verwinkelten Gäßchen, die unregelmäßigen Plätze und vor allem die Häuser, die hinter äußerer Bescheidenheit die Pracht der *patios* mit ihren Arkaden, plätschernden Brunnen und grünen Gärten verbergen. In der Calle de las Sierpes, heute die Hauptgeschäftsstraße Sevillas, gab es auch ein Gefängnis. Ein Jahrhundert später begann Cervantes hier seinen Don Quijote zu schreiben, und vielleicht war es schon damals üblich, daß sich die Handwerker im Sommer in der Abenddämmerung vor den Dom setzten, um sich gegenseitig aus Ritterromanen vorzulesen. Der berühmteste dieser Romane, *Amadis de Gaula*, war zwar schon geschrieben, wurde aber erst im Jahre 1508 veröffentlicht. Über den Hafen am Guadalquivir wachte die arabische Torre del Oro, die diesen Namen wegen ihrer goldfarbenen Kuppelziegel trug. Wenn die Flotte auf dem Weg nach den »Indias« bei Ebbe den Fluß hinunter fuhr, herrschte allgemeine Feststimmung. Erst später bedeutete, nach den Indias zu gehen, sich »dem Obdach und der Heimstatt der Verzweifelten Spaniens, der Freistatt der Verfolgten, Geleitbrief der Mörder«, zuzuwenden, »der gemeinsamen Enttäuschung vieler und dem besonderen Heilmittel nur weniger«, wie Cervantes in seinen *Exemplarischen Novellen* schreibt (Der eifersüchtige Extremadurer).

Jenseits des Flusses, im Triana-Viertel, das man über eine Schiffsbrücke erreichte, trieb sich viel Gesindel in den weinbewachsenen Schenken herum. Aber es wohnten auch fleißige Handwerker hier, die Seife und glasierte Majolika-Kacheln, die *azulejos*, herstellten, die bis nach Amerika exportiert wurden.

Hier in Sevilla war im Jahre 1502 die *Tragicomedia de Calisto y Melibea* in einer neuen Fassung veröffentlicht worden, die gegenüber der ersten (Burgos 1499) wesentlich erweitert war; später wurde sie nach der negativen Heldin als *La Celestina* bekannt. Das Lesedrama des Fernando de Rojas gilt als grundlegend für das »Goldene Zeitalter« der Dichtung Spaniens.

Der Weg entlang des Guadalquivir zur nächsten großen Stadt Córdoba führte durch das reiche Andalusien, das Botero später als »Kornkammer, Fruchtgarten, Weinkeller und Stall Spaniens« bezeich-

Sevilla – Córdoba

Unten: Córdoba im 16. Jahrhundert (Braun). Der Name der Stadt geht vielleicht auf eine phönizische Ölmühle (corteb) *zurück. Der unbekannte Mailänder Kaufmann spricht von einer »sehr schönen Brücke aus hellem Stein«, mit siebzehn Bögen, die 302 Schritte lang ist. Gemeint ist die berühmte »römische Brücke« über den Guadalquivir, die vielleicht aus der Zeit des Augustus stammt. Links: Ozeanschiffe vor Anker im Guadalquivir zu Füßen der Torre del Oro in Sevilla.*

nete. Die sanften Höhen waren mit Wein und auch schon mit Ölbäumen bestanden, obwohl der Olivenanbau erst später weite Verbreitung fand. Zur Weidezeit waren riesige Schafherden anzutreffen; man nimmt an, daß es damals in ganz Spanien zweieinhalb Millionen Schafe gab. Nach einem Gesetz von 1501 mußte aller Boden, auf dem einmal Wanderherden gegrast hatten, für immer der Weide vorbehalten bleiben.

Zu Füßen der Sierra Morena lag **Córdoba** auf dem rechten Ufer des Guadalquivir. Eine Römerbrücke führte über den Fluß. Mitten in der Strömung standen noch die alten arabischen Mühlen, und unmittelbar jenseits der Brücke lag die Moschee, die größte der Welt nach der von Mekka. Der aus Córdoba stammende Seneca hätte viel darüber zu sinnieren gehabt, daß sie an der Stelle eines alten Janus-Tempel und einer späteren westgotischen, dem heiligen Vinzenz geweihten Kirche stand. Die Pfeiler zwischen den neunzehn Schiffen waren aus allen Winkeln der damals bekannten Welt herbeigeschafft worden. Schon seit 1236 war die Moschee eine christliche Kirche, aber die christlichen Eroberer hatten voller Ehrfurcht das arabische Meisterwerk mit dem »Wald der tausend Säulen« nicht angetastet. Erst später wurde ein Teil der Moschee abgerissen, um zunächst ein gotisches Gotteshaus, dann die Kathedrale (1523–99) hineinzubauen. Im Inneren überraschten den Besucher immer neue Schönheiten: Säulenfluchten, das Grau des Marmors, das Grün und Violett von Jaspis und Porphyr, das Schattenspiel der Kapitelle auf den glatten Säulen und der

Auf der Zeichnung ein Schiff der Dom-Moschee in Córdoba. Rechts: Eingang zum mihrab, *dem achteckigen Heiligtum, in dem zu islamischer Zeit ein mit Gold, Perlen und Rubinen geschmückter Koran ausgestellt war. Einige Blätter davon stammten angeblich von der Hand des Kalifen Othman.*

weiße und rote Stein der maurischen Doppelbögen.

Jenseits der Sierra Morena durchquerte man die Mancha und zog weiter durch Neukastilien nach Toledo. »Wenn die Lerche durch Kastilien ziehen will, muß sie ihr Getreide mitnehmen«, sagte man über die weite, rauhe Landschaft. Francesco Janis bemerkte, daß die Häuser aus »an der Sonne getrocknetem Lehm gemacht sind«, da es zu wenig Holz gab, um Kalk zu brennen.

Toledo tauchte jenseits des »trägen goldglänzenden Tajo« (Cervantes) auf, dessen tiefliegendes Bett den Stadthügel auf drei Seiten umschließt. Nur die Gewohnheit der Katholischen Könige, von Stadt zu Stadt zu ziehen, verhinderte, daß Toledo als Hauptstadt galt, aber es war das religiöse und historische Zentrum Spaniens. Madrid war damals kaum größer als ein Marktflecken, erst Philipp II. machte es 1561 zu seiner Hauptstadt.

Toledo wurde schon von der rechteckigen Festung des Alcázar an der Alcántara-Brücke und dem *castillo* San Servando über dem Tajo beherrscht. Ferdinand und Isabella hatten gerade die Westfassade der Kathedrale erneuern lassen. Im Dom wurde seit dem 13. Jahrhundert gearbeitet. Rodrigo Alemán hatte erst vor kurzem das Chorgestühl mit der geschnitzten Darstellung der Eroberung Granadas vollendet. In der Capilla Mayor fehlte noch das berühmte Gitter, ebenso der sogenannte »Transparente«, doch der großartige *retablo,* die vielfarbige und vergoldete Täfelung der Saaldecke des Stiftsaals, war gerade fertiggestellt (1504). Die überaus bedeutsame Tatsache, daß in der Kathedrale burgundisch-flämische und spanische Künstler gemeinsam am Werk waren, wurde vielleicht erst später gewürdigt. Als Tetzel im Gefolge des Böhmen Lev von Rozmital durch Toledo kam, notierte er als einzig Bemerkenswertes »die wertvollste Bibel der ganzen Christenheit«, ein französisches Werk des 13. Jahrhunderts, vielleicht ein Geschenk Ludwigs des Heiligen, das sich auch noch im Dom befindet, und in dem »Text und Glossen in Goldlettern geschrieben und die gegenüberliegenden Seiten mit Miniaturen geschmückt« sind.

Die älteste Synagoge der Stadt mit ihren fünf Schiffen unter hufeisenförmigen Gewölben, den Stuckdekorationen in maurischem Stil und den Fußbodenplatten aus antiken Fliesen war als Santa María la Blanca vor genau hundert Jahren in eine christliche Kirche verwandelt worden. 1476 hatte Juan Guas die Kirche San Juan de los Reyes vollendet, die heute als schönstes Beispiel für den Isabellinischen Stil angesehen wird, in dem sich das Bedürfnis der Monarchie nach dekorativer Prachtentfaltung dokumentiert.

Seit kurzem baute Enrique de Egas auf Kosten des Kardinals Pedro Gonzales de Mendoza am Hospital Santa Cruz, dem heutigen Santa-Cruz-Museum. Die Fas-

sade wurde ein Meisterwerk des Platereskenstils, in dem sich in phantasiereicher Fülle maurische und gotische Stilmerkmale mit den neuen Elementen der Renaissance verbinden. Der Name kommt bezeichnenderweise von *platero,* d. h. Silberschmied.

Der Reeder zog weiter, denn von Toledo nach Aragón war es ein weiter Weg. »Ein wüstes Land«, schrieb Francesco Guicciardini 1512 als florentinischer Gesandter, »wo es keinerlei Übernachtungsmöglichkeiten gibt. Man sieht keinen Baum weit und breit, aber alles ist voller Rosmarin und Salbei, weil die Erde sehr trocken ist . . .« Ein ganz anderes Bild bot das Ebro-Tal um Zaragoza. Hier schweifte der Blick über lange Baum-

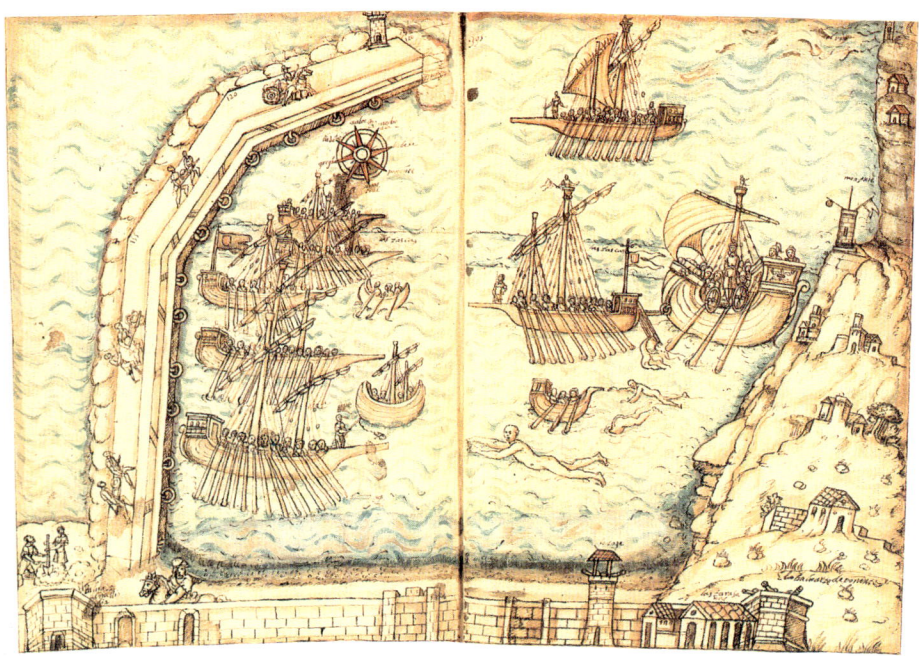

reihen und die *tierras de riego,* die Rieselfelder, und es ließ sich erahnen, wieviel mühevolle bäuerliche Arbeit in diesem fruchtbaren Land steckte.

Das damals befestigte **Zaragoza** liegt auf dem rechten Flußufer. Im Dom, dem *seo,* hatte man gerade mit dem Bau des polygonalen Vierungsturms begonnen (1505). Die zweite bedeutende Kathedrale, Nuestra Señora del Pilar, wurde als älteste der Jungfrau geweihte Kirche in der ganzen Christenheit angesehen; ihre Gründung schrieb man dem Apostel Jakob zu, dem die »Muttergottes auf einer Säule« *(pilar)* erschienen war. Die heutige Kirche mit den vier Türmen und zehn Kuppeln um den großen Zentralbau wurde allerdings erst im 17. Jahrhundert errichtet.

Beide Kirchen stehen in der Nähe des Flusses und der römischen Steinbrücke Puente de Piedra, die, als der sevillanische Reeder hierherkam, gerade erneuert worden war. Die Aljaferia aus dem 11. Jahrhundert, der Palast der maurischen und später auch der aragonesischen Könige, lag im Westen außerhalb der Stadtmauern. Über eine 1492 neu errichtete Freitreppe in Flamboyant-Gotik erreichte man die Gemächer der Katholischen Könige. Heute wird einer der Türme als »torre del Trovador« bezeichnet nach einer im neunzehnten Jahrhundert erfundenen Romanfigur, die auch für den Troubadur Verdis Vorbild gewesen ist.

Weiter führte der Weg durch Katalonien. In den unruhigen Jahren 1465–67 waren Lev von Rozmital und seine Begleitung hier unter Lebensgefahr durch ein armes, verwüstetes Land geritten, in dem Räuber und Wegelagerer ihr Unwesen trieben. Erst die Armbrustschützen der 1476 neu errichteten Santa Hermandad stellten mit harter Faust die Sicherheit auf den Straßen wieder her. Bei der Einrichtung dieser Schutztruppe griffen die katholischen Könige auf den Namen der alten *hermandades,* der kommunalen Gemeinschaften und Stadtmilizen zurück, doch weil ihr Unterhalt zu teuer kam, wurde sie schon 1498 wieder abgeschafft.

Barcelona, wo der spanische Teil der Reise unseres Reeders endet, war ganz auf die Altstadt, das heutige Barri Gòtic, beschränkt. Am Hafen lagen die großen, zur Eroberung der Balearen angelegten Königlichen Arsenale, die »Dressanes«, die zu den bedeutendsten Schiffswerften des Mittelmeerraumes zählten.

Die wichtigsten Bauwerke der Stadt

»Es heißt«, schreibt Tetzel in seinem Reisebericht für den Baron Lev von Rozmital, »daß in Barcelona genauso viele Schiffe ausgerüstet werden wie in Venedig.« Links: der Hafen von Barcelona aus dem Armoriale, einem kastilischen Codex des 16. Jahrhunderts. Rechts: Maurentanz, kolorierte Zeichnung von Christoph Weiditz von seiner Reise nach Spanien im Jahre 1529.

Zaragoza – Barcelona

Anfang des 16. Jahrhunderts sind heute noch zu sehen, aber man muß sich die späteren Erweiterungen und Umbauten wegdenken. Auf der Placa Sant Jaume stehen immer noch die Casa de la Ciutat oder Ajuntament der Generalität gegenüber, wo die »corts catalanes«, die katalanischen Stände, zusammentraten. Die gotische Kathedrale liegt auf der höchsten Stelle der Altstadt, dem Mons Taber. Die Plaça del Rei bildete den Mittelpunkt des königlichen Palastes, in dem Ferdinand und Isabella ihren Großadmiral Kolumbus im Augenblick seines größten Triumphes empfangen hatten.

Francesco Janis überliefert eine ganze Reihe interessanter Nachrichten über Barcelona. Die Stadt ist gepflastert und besitzt ein Kanalsystem, weshalb sie immer sauber ist, ja, »je mehr es regnet, desto sauberer ist sie«. Innerhalb und außerhalb der Stadt gibt es viele Frauenklöster, aber die Klosterfrauen »haben große Freiheit, sie reiten auf Maultieren überallhin, ohne jede Scham sind Edelleute hinter ihnen her, und sie können sogar heiraten.«

In den fünfzehn Jahren, die zwischen diesem Bericht des Francesco Janis und der angenommenen Reise unseres Sevillaners lagen, war der wirtschaftliche Niedergang der Stadt fortgeschritten. Handel und Gewerbe Barcelonas hatten einst zum Aufstieg der aragonesisch-katalanischen Herrschaft im Mittelmeer beigetragen. Die Bank der Taula de Cambis

Der Hafen von Marseille konnte mit einer Eisenkette abgesperrt werden, schreibt der unbekannte Mailänder Kaufmann. Zwei große Kähne waren dauernd damit beschäftigt, »den Hafen auszuschaufeln«. Wenn ein Schiff in Sicht kommt, wird auf der Kirche Notre-Dame-de-la-Garde, einer »kleinen Kirche, die sehr verehrt wird, eine Fahne auf dem Dach« gehißt. Rechts: Ansicht von Marseille (von Braun und Hogenberg). Auf der Zeichnung unten: die Stadtmauer von Aigues-Mortes.

(Wechseltisch) existierte seit 1401. Auch jetzt noch kontrollierte die prosperierende Magna Societas der Kaufleute ungefähr die Hälfte des Außenhandels, aber der Schwerpunkt des internationalen Handels verlagerte sich zwar langsam, doch merklich zum Atlantik hin. Hier wie in anderen Städten, die vom Mittelmeerhandel gelebt hatten, setzten die alten Kaufmannsdynastien auf die risikofreie Grundrente. Trotzdem kamen immer noch täglich Kaufleute auf ihren Maultieren zu der Lonja, einem großen gotischen, 1393 vollendeten Saal. Es gab damals zwar noch nicht den Begriff »Börse«, aber die Lonja, d. h. Loggia, diente genau diesem Zweck. Makler eilten von Gruppe zu Gruppe, hörten aufmerksam zu, wägten ab, übermittelten und brachten potenzielle Partner für ein mögliches Geschäft miteinander in Kontakt; sie hießen die *corredors d'orella*, die Läufer von Ohr zu Ohr.

Der folgende Teil der Reise des Reeders zwischen Barcelona und Marseille führte wohl übers Meer, denn die Küstenschiffahrt im Mittelmeer war immer sehr rege. Francesco Janis, der von Neapel aus einen Teil dieser Route in umgekehrter Richtung zurückgelegt hatte, berichtet darüber. Sein Schiff ließ Marseille rechts liegen und blieb für zwei Tage und zwei Nächte auf hoher See, ohne daß man je »Land sah, *sed coelum undique et undique pontus*«. Danach tauchten die Berge von Perpignan auf. Am fünften Tag ging das Schiff weit südwestlich von Barcelona am Kap Salou in Tarragona vor Anker, das im Mittelalter der wichtigste Hafen Kataloniens war. Die Seefahrer kamen »halb tot« an, und zu Land zog man den Weg nach Barcelona zurück. Diese Reiseerfahrungen geben einen sehr konkreten Eindruck von den Unbilden einer Reise zur damaligen Zeit. Die Route nach Marseille konnte gefährlich sein, denn auch heute noch sind die Sturmböen des Mistral im Golf von Lyon selbst bei strahlend blauem Himmel gefürchtet. So klingt es durchaus glaubhaft, was den Passagieren in Cervantes' »Lizentiat Vidriera« in den *Exemplarischen Novellen* auf einer Galeere zwischen Cartagena und Genua zustieß, »wo sie zwei (Stürme) erlebten, von denen der eine sie nach Korsika trieb und der andere sie nach Toulon in Frankreich zurückwarf. Endlich kamen sie übernächtigt, durchnäßt und mit dunklen Ringen um die Augen nach Genua.«

Am nächsten Etappenort, **Aigues-Mortes** in der Camargue, der Landschaft des Rhonedeltas, ist die Atmosphäre vergangener Zeiten noch besonders spürbar. Mittelalterliche Mauern und Türme spiegelten sich in der heute versandeten Lagune. Mitte des 13. Jahrhunderts hatte Ludwig der Heilige die mächtige Festung bauen lassen, und von hier aus stachen die Flotten zu seinen beiden glücklosen Kreuzzügen in See. Gegen Ende des Jahrhunderts vollendeten die dafür engagierten genuesischen Baumeister das Mauerviereck um die Stadt mit ihren rechtwinklig angelegten Straßen. In dieser geometrischen Anlage spürt man das Mittelalter nicht weniger als in den winkeligen Gäßchen, die wir sonst bei unserer Reise in mittelalterliche Städte antreffen. In der ersten Hälfte des 15. Jahrhunderts war Aigues-Mortes Ausgangspunkt für den risikoreichen Fernhandel von Jacques Cœur gewesen, dem reichsten Mann seiner Zeit in Frankreich. Das Meer wich infolge Verlandung der Küste mehr und mehr zurück, und der Hafen konnte immer weniger genutzt werden.

Vor der Einfahrt in den Hafen von Marseille lagen auf der Steuerbordseite zwei kahle Felseninseln und ein Riff, auf dem wenige Jahre später Franz I. das Château d'If erbauen ließ, das Gefängnis des Dumas'schen Grafen von Montechristo.

Wie **Marseille** zur damaligen Zeit aussah, beschreibt De Beatis, der das Reisetagebuch des Kardinals d'Aragona führte. Zu Füßen der weißen Kalkfelsen lag die Stadt schmal und lang um den Hafen geschmiegt. Dieser war von Bergen »umschlossen und sehr sicher, mit einer ganz schmalen, nur einen Steinwurf breiten Ausfahrt, über der zwei Türme errichtet sind und die man mit einer Kette sperren kann«. Die beiden Forts, die man heute sieht, stammen aus dem 17. Jahrhundert, aber auf der Nordseite steht noch die Tour du Roi René (1447–52). Die Stadt lag nördlich des Hafens. Der Name der heutigen Prachtstraße La Canebière geht auf das provenzalische Wort für

In der Provence. Ausschnitt aus dem Brennenden Dornbusch *in einem Triptychon des Malers Nicolas Froment (1476) in der Kathedrale von Aix-en-Provence. Rechts: der päpstliche Palast in Avignon, Ausschnitt aus der Rückwand des Passionsaltars des Venezianers Francesco Ronzen (1520) in der Basilika der Maria Magdalena in Saint-Maximin.*

Hanf zurück, der dort, wo die Straße heute beginnt, verarbeitet wurde. Südlich des Hafens dagegen befand sich eine Werft, die »neun Galeeren« aufnehmen konnte. Jenseits davon stand am Fuß der Anhöhe das Kloster Saint-Victor, von dem noch die festungsartige Kirche und die Krypten vorhanden sind. De Beatis besuchte das »Oratorium, wo die glorreiche Magdalena sich aufhielt, bevor sie zur Buße (ins Massiv von Sainte-Beaume) ging«. Er sah den in den Fels gehauenen Sitz, auf dem die Heilige geruht hatte, und er schloß aus seiner Höhe, daß sie »eine große Frau« gewesen sein mußte. Weiter im Süden, wo heute auf dem Felsvorsprung eines der Wahrzeichen des heutigen Marseille, die Kirche Notre-Dame-de-la-Garde aus dem 19. Jahrhundert steht, befand sich inmitten unberührter Natur nur eine Kapelle aus dem 13. Jahrhundert.

In Frankreich angekommen, hatte der Reeder aus Sevilla eine lange Reise quer durch Frankreich und den allmählichen Übergang vom Licht der mittelmeerischen Welt in die nördlicheren Regionen vor sich.

Von **Avignon,** dem ehemaligen Sitz des Papstes, das noch bis 1791 der Kurie gehörte, waren alle Reisenden der Zeit beeindruckt. Die Stadt liegt an einem der landschaftlich schönsten Punkte der Provence und besaß nach der Aussage Tetzels eine schöne Brücke, einen schönen Mauerring und einen »unvergleichlich schönen« Palast. Mauer und Palast sind erhalten, doch nur noch vier der ursprünglich zweiundzwanzig Bögen des Pont St.-Benezet, der 1660 zerstört wurde. Der Domherr vergaß auch nicht, das heute verlorene Fresko des heiligen Georg von Simone Martini zu besichtigen, das vielleicht Francesco Petrarca in Auftrag gegeben hatte.

Der Weg nach Norden führte rhoneaufwärts durch die weite, fruchtbare Ebene zwischen Avignon und Valence. Nach der Aussage von Francesco Janis »fuhr man zu Schiff auf besagter Rhone bis Lyon«. In **Lyon** fühlten sich die Fremden wohl. Viele Kaufleute und Geschäftsleute wohnten dort oder kamen wegen der zahlreichen Messen. Die im 15. Jahrhundert eingeführte Seidenherstellung nahm einen immer größeren Aufschwung.

In den Weinbaugebieten der burgundischen Côte d'Or lag **Beaune** noch ganz hinter seinen unregelmäßigen Mauern versteckt. Der schon mehrfach erwähnte Mailänder Kaufmann erinnert sich dort an »ein ziemlich schönes Hospital«, das berühmte Hôtel-Dieu, das 1443 vom Kanzler des burgundischen Herzogs, Nicolas Rolin, gegründet worden war. Etwa zwanzig Nonnen versorgen die Kranken sehr gut; es gibt acht Zimmer für die

Marseille – Autun

Reichen, die auch von weither kommen, und einen Schlafsaal mit sechsunddreißig Betten, alle »mit Vorhängen aus weißem Leinen, die jedem Edelmann zur Ehre gereichen würden«. Die mit bunten Kacheln in geometrischen Mustern geschmückten Dächer, die spitzgiebeligen Mansarden und die hölzernen Arkaden der Innenhöfe sind unverkennbar flämischen Ursprungs und erinnern an das gemeinsame Schicksal von Flandern und Burgund bis zum Tode Karls des Kühnen. Auch der Reeder aus Sevilla könnte hier den Flügelaltar von Rogier van der Weyden mit der Darstellung des Jüngsten Gerichts besichtigt haben, denn die flämische Malerei war auch in Spanien sehr beliebt. Vielleicht hat er auch einen Umweg über **Autun,** den Geburtsort des Kanzlers, gemacht. Hier besaß der mächtige und kultivierte Rolin einen Palast, heute Sitz des Musée Rolin. Für die Kathedrale Saint-Lazare, deren Bischof sein Sohn war, hatte er eine Tafel malen lassen, die ihn selbst betend vor der Heiligen Jungfrau zeigt. Dieses als *Madonna des Kanzlers Rolin* bekannte Bild von Jan van Eyck, das heute im Louvre hängt, gehört zu den faszinierendsten und berühmtesten der Epoche; van Eyck, der für den burgundischen Herzog Philipp den Guten gearbeitet hatte, wurde schon damals als »König der Maler« gefeiert, »dessen vollkommene und feine Werke nie in Vergessenheit geraten werden« (J. Lemaire, 1510). Als einem Mann, der noch im 15. Jahrhundert geboren war, gelang es dem Sevillaner vielleicht, all die symbolischen Anspielungen zu entziffern, die in dem scheinbar übergenauen »Realismus« der Darstellung verborgen sind. Die Stadt am Fluß, auf die sich der Ausblick durch die dreibogige, antikisierende Loggia öffnet, und die man vergeblich mit einer der Städte, die dem Maler bekannt sein konnten, zu identifizieren versucht hat, soll vielleicht die *civitas dei* darstellen. Der Garten davor ist der *hor-*

Vielleicht ist die sanfte Landschaft rechts eine Erinnerung an Frankreich? Ausschnitt aus dem Altarbild der Familie Braque *von Rogier van der Weyden. Die Landschaft soll die Gegend um Sainte-Baume in der Provence darstellen, wo Maria Magdalena meditierte, aber der aus Tournai stammende Maler hatte wohl eher die Gebiete des Herzogs von Burgund vor Augen. Unten: Werkstatt, französische Miniatur des 15. Jahrhunderts aus der Handschrift* Les Marchands, *einer Übersetzung der* Oeconomica *des Aristoteles.*

tus conclusus der Heiligen Jungfrau aus dem Hohen Lied. Die Iris symbolisiert Christus als König, erinnert aber auch an die Lilie im Wappen der französischen und burgundischen Herrscherfamilien. Die beiden Gestalten, die aufmerksam wie Wachen auf der Runde den Fluß betrachten, beschützen den Herrn, die Hoffnung der Welt. Die Pfauen symbolisieren die Unsterblichkeit, denn ihr Fleisch galt in der Antike als unverderblich, und die zum Rad aufgestellten Schwanzfedern sind ein Abbild des gestirnten Firmaments.

Die Welt des Kanzlers Rolin war untergegangen, Frankreich und Habsburg hatten sich das Erbe des burgundischen Reiches geteilt. In Frankreich, das der Sevillaner auf dem Weg ins habsburgische Flandern durchquerte, war die Monarchie erstarkt und schien immer mehr zur entscheidenden Kraft des Staates zu werden. Ludwig XII. war trotz seiner fragwürdigen und glücklosen Unternehmungen ein populärer Herrscher. Im September 1504 hatte er in Blois durch einen Vertrag mit Kaiser Maximilian seine Tochter Claudia dem Neffen des Habsburgers, dem künftigen Karl V., versprochen. Die Verlobung der Kinder

sah, allerdings erst nach Ludwigs Tod, als Mitgift der Braut die Übergabe von Mailand, Genua, Burgund und der Bretagne vor. Diesen Heiratsvertrag ließ Ludwig XII. jedoch augenblicklich von den Generalständen annullieren.

Welche Eindrücke wird der Spanier auf seinem Weg nach **Paris** wohl gewonnen haben? Einige Jahre später fiel dem Domherrn De Beatis auf, daß die Adligen, wenn sie nicht gerade bei Hofe waren, sich in ihre Schlösser zurückziehen konnten, wo sie »frei von jeder Abgabe oder Auflage mit geringem Aufwand leben«, um sich der Jagd hinzugeben. Er sprach auch von »geknechtetem Landvolk, das schlimmer als Hunde und gekaufte Sklaven drangsaliert und bedrängt

Von Frankreich nach Flandern. Unten: Tanz der Schäfer und Schäferinnen zum Dudelsack, französische Miniatur des 15. Jahrhunderts. Rechts: Stadt in den Niederlanden, Ausschnitt aus den Sieben Werken der Barmherzigkeit (1504) des Meisters von Alkmaar. »Das Land ist sehr gepflegt«, sagt De Beatis über Flandern, »schön sind im allgemeinen die Straßen, Plätze und Kirchen, und viele Häuser haben einen Garten . . .«

wird«. Aber am Ende zeichnete er doch ein Bild der *douceur de vivre* zu Beginn des 16. Jahrhunderts: Edelleute, einfaches Volk, Kaufleute und Menschen jeden Standes und jedes Einkommens, »wenn sie nur Franzosen sind, achten sie nur darauf, großartig und lustig zu leben«, und sind so dem Essen und Trinken und dem »Luxusleben« ergeben, daß man sich kaum vorstellen kann, »wie sie je etwas Gutes vollbringen können«.

Von Paris aus kam der Spanier nach **Arras** im Artois, der Stadt, die einst durch die Gobelin-Herstellung berühmt war. Dort wird ihm ebenso wie dem anonymen Mailänder Kaufmann aufgefallen sein, daß die Stadt durch Mauer und Graben in zwei Hälften geteilt war. Der kleinere Teil, die *Cité*, gehörte dem französischen König, der größere Teil, die *Ville*, dem Erben des Burgunderreiches, Erzherzog Philipp dem Schönen, der durch seine Heirat mit Johanna der Wahnsinnigen zum Anwärter auf die spanischen Kronen geworden war, aber im Jahr der Reise unseres Reeders starb.

Durch eine Tiefebene kam der Reisende schließlich nach **Antwerpen** am rechten Schelde-Ufer. Auf diesem Weg standen viele Windmühlen, die den spanischen Reeder sicher an seine Heimat erinnerten, wenn die Bauweise hier auch anders war. Nach dem Bericht des Mailänder Kaufmanns gab es in Flandern und Brabant »mindestens dreihundert Tage im Jahr« Wind, und mit Hilfe einer erfindungsreichen Einrichtung konnten die Windmühlen gedreht werden, »um sie dem Wind anzupassen«. Gegenüber den fest am Turm befestigten Mühlensegeln in Spanien war dies ein entschiedener Fortschritt.

In Antwerpen lernte der Spanier das Wirtschaftsleben und die Atmosphäre einer Stadt kennen, die in Zukunft immer enger mit seiner Heimat verbunden sein sollte und gerade einen großen Aufschwung erlebte. »Jeden Tag wird sie schöner«, sagt der Mailänder Kaufmann, und im Verlauf weniger Jahre seien mindestens achthundert neue Häuser gebaut worden.

Man sah schöne Straßen, Plätze und prachtvolle Häuser aus Stein. 1515 wurde die erste Börse errichtet, 1531 die zweite, die im 19. Jahrhundert in der alten Form

wiederhergestellt wurde. Der gotische Bau der Fleischerzunft aus Sand- und Backstein war vor wenigen Jahren fertiggestellt worden (1501–1503), und am Dom Onze-Lieve-Vrouw wurde ständig weitergearbeitet. De Beatis bemerkt »einige sehr bequeme Kanäle« und »den schönen Hafen, wo es unendlich viele Schiffe gibt«. Auf dem Fischmarkt sah er eines Morgens neben Heringen und Lachsen sechsundvierzig Störe, von denen einige so groß waren, daß die Karren höchstens zwei auf einmal transportieren konnten.

Seit den ersten Jahrzehnten des 15. Jahrhunderts hatte sich der Verkehr an die Scheldemündung verlagert; das alte Handelszentrum Brügge erlebte einen langsamen Abstieg. In England war man vom Export der Wolle längst zur Produktion von Wollstoffen übergegangen, und die *merchant adventurers* hatten ihre Niederlassungen in Antwerpen. Wenig später sollte der Export englischer Wollstoffe bis auf hundertzwanzigtausend Stück im Jahr ansteigen. Darüber hinaus wurde auch noch mit Pfeffer und Gewürzen gehandelt. Portugiesische Schiffe

**Reisende als Zeitzeugen:
Ein Mailänder Kaufmann**

Der äußerst lebendige Bericht über eine Reise durch Westeuropa muß in den Jahren 1517–19 verfaßt worden sein, das Manuskript aus der British Library in London wurde erst vor wenigen Jahren veröffentlicht. Der anonyme Verfasser war Kaufmann oder Bankier und stand vielleicht in Verbindung zur Bank der Borromei. Von Mailand aus reiste der Kaufmann über den Mont Cenis nach Lyon und Paris, dann weiter über Flandern (Brügge) nach Holland und Brabant. Von Calais aus fuhr er nach England, wo er Canterbury, London und Southampton besuchte und in Greenwich von Heinrich VIII. empfangen wurde. Wieder auf dem Festland, machte er sich über Brügge und Brüssel durch Frankreich auf die Pilgerschaft nach Santiago de Compostela und bereiste von da aus die ganze iberische Halbinsel: Toledo, Córdoba, Granada, Sevilla, Cadiz, Valencia und Barcelona. Bei der Rückkehr besuchte er Carcassonne, Toulouse und Avignon und überquerte die Alpen über den Mont Genèvre. Nach der Gewohnheit der Zeit reiste er offenbar je nach Gelegenheit zu Pferd, mit dem Wagen oder zu Schiff. Der gebildete Kaufmann ist ein scharfer Beobachter, interessiert sich für alte und zeitgenössische Geschichte ebenso wie für Wirtschafts- und Finanzfragen, zeigt sich tief bewegt von Reliquien und beobachtet die Frauen mit kritischem Auge. In Den Haag, Leiden und Haarlem sind sie »zu schön, sie sehen aus wie Göttinnen...«

brachten im Jahre 1503 zum ersten Mal die Waren aus dem Orient, die bisher nur die Venezianer nach Brügge exportiert hatten. Durch die Eröffnung des Seeweges nach Westindien wurde Antwerpen zum Umschlagplatz des Gewürzhandels für ganz Mittel- und Nordeuropa. Die Atmosphäre von Unternehmungsgeist und wirtschaftlichem Erfolg, die in der Stadt deutlich spürbar war, wurde fachkundig –

Schiffe auf der Schelde und die Stadt Antwerpen, Gemälde aus der ersten Hälfte des 16. Jahrhunderts. Links: der Hafen von Antwerpen auf einer Zeichnung Dürers. Vom Besuch der großen Stadt Flanderns erinnerte sich der Maler vor allem an die »Prozession Unserer Lieben Frau«, an der Stadtregierung, Geistlichkeit, Mönche und Ordensbrüder, Zünfte und Wagen mit Darstellungen aus dem Evangelium teilnahmen. Bis die Prozession vorübergezogen war, vergingen zwei Stunden.

Antwerpen

und nicht ohne Neid – später von dem venezianischen Botschafter Marino Cavalli beschrieben (1551), als Antwerpen auf dem Gipfel seiner Wirtschaftsmacht stand und als der größte Hafen und der reichste Markt der Welt galt. Cavalli zählt den Handel mit Spanien, Portugal, England, Deutschland, Frankreich, dem Baltikum und Italien auf und spricht von einem Handelsvolumen von fast zweieinhalb Millionen Golddukaten. Gekauft und verkauft wurde alles: Gewürze, Zukker, Edelsteine, Zinn, Kupfer, Orangen, Öl, Rosinen, Weine, Holz, Getreide, Leinen, Wolle, Barchent, Samt, Seidenstoffe und Gold. »So viele Waren und so viel Geld sind im Umlauf, daß kein Mensch, so niedriger Abkunft und unfähig er auch sein mag, nicht für seinen Stand reich ist.«

Der Gesandte

Von Wien nach Moskau

Jenseits großer Flüsse und endloser Wälder erhoben sich neue Kathedralen mit bizarren Kuppeln innerhalb der roten Mauern des Kreml. Der Osten Europas veränderte sich, und die Gesandten, die dorthin reisten, berichteten davon, als wären es Entdeckungsfahrten.

Wien • Mährische Pforte • Krakau • Lublin
Brest • Minsk • Smolensk • Moskau

Neben dem Titel: So kann man sich eine Gesandtschaft auf dem Weg ins Großfürstentum Moskau vorstellen, dem geheimnisvollsten aller europäischen Staaten der Zeit. Ausschnitt aus den Sieben Freuden Mariä *von Hans Memling, 1480. Das Bild wurde von dem Ehepaar Buyltink dem Dom zu Brügge für die Kapelle der Gerberzunft geschenkt. Neben der Brücke schwimmende Mühlen auf dem Fluß.*

Sigmund von Herberstein, Diplomat in Habsburger Diensten, war in Krain geboren und sprach deshalb außer deutsch auch slowenisch. Das kam ihm zugute, als ihn Kaiser Maximilian I. 1516 zum »Großfürsten aller Reußen« sandte, d. h. zu Wassilij III., dem Sohn Iwan III. des Großen, dem Eroberer Nowgorods, und Vater Iwans IV. des Schrecklichen. Seine Zweisprachigkeit erleichterte Herberstein die Lektüre alter russischer Chroniken, die neben seinen persönlichen Erinnerungen die Quelle für seine Schrift *Rerum Moscoviticarum Commentarii* wurden, durch die das übrige Europa die Geheimnisse dieses Landes im äußersten Osten Europas zum ersten Mal näher kennenlernte.

Der Herrscher von Moskau dehnte seine Macht über unermeßliche Räume aus, wobei er die Schwäche der Tataren-Khanate und die Krise der Hanse nutzte, die ihrerseits zum Verfall der selbständigen Handelsstädte Pskow und Nowgorod geführt hatte. Das Volk wird als auffallend schön, trunksüchtig, barbarisch und verlogen, aber auch als fromm geschildert: »Meineide und Flüche sind bei ihnen nicht verhaßt, aber sie erweisen Gott und den Heiligen solch große Ehre, daß sie sich überall, wo sie ein Kruzifix treffen, zu Boden werfen«, schrieb der holländische Theologe Albert Pigghe von Kampen an Papst Klemens VII.

Der Großfürst nahm bald den Titel *car' samoderzec* an; das war die slawische Übersetzung des griechischen *basileus autokrator*, des byzantinischen Kaisertitels. Den Titel *car*, d. h. Zar, hatten die byzantinischen Diplomaten unterschiedslos auch für die tatarischen Khane verwandt, deren Macht über Teile Rußlands noch nicht völlig gebrochen war.

Der Freiherr von Herberstein unternahm noch eine zweite Reise als Gesandter nach Moskau. Die Reiseroute, die wir hier verfolgen, ist mit keiner der vier Routen identisch, die Herberstein auf der Hin- und Rückreise nahm, weil sie sich für ihn aus zufälligen Umständen so

Wien

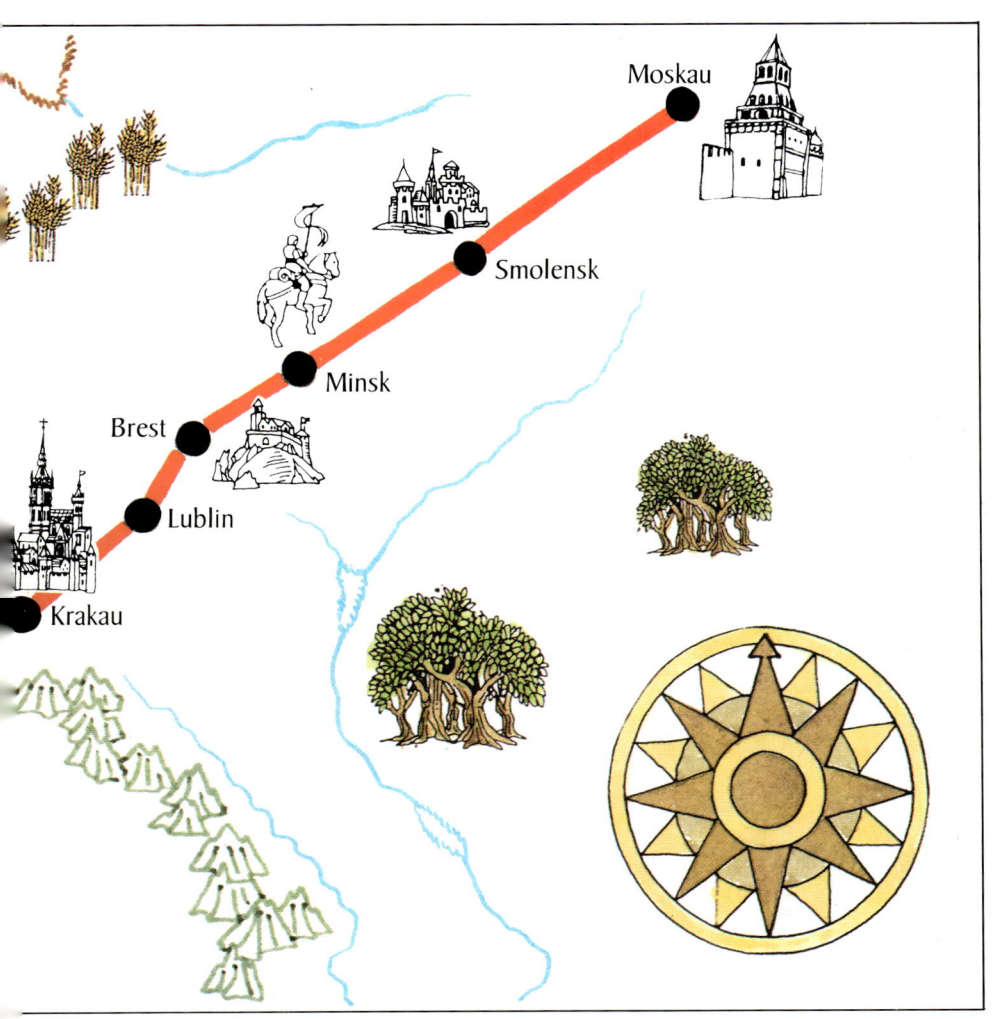

ergaben. Wir haben vielmehr den geographisch sinnvollsten Weg gewählt.

Wien selbst war schon Grenzgebiet. Von den Ostabhängen des Wienerwaldes, den letzten Ausläufern der Alpen, öffnet sich der Blick donauabwärts in die ungarische Tiefebene, die bis zu den Karpaten reicht. Aufwärts der March, eines Nebenflusses der Donau, kam man durch die Mährische Pforte zwischen Sudeten und Karpaten in ein von Polen beherrschtes Gebiet am Oberlauf von Oder und Weichsel. Von hier aus öffnet sich ein noch viel weiteres, von großen Flüssen

Wien. Erst 1278 kam die Stadt in die Hand der Habsburger, die sie bald zu ihrer Residenzstadt machten und so zu ihrem Aufschwung beitrugen. Wien war ursprünglich eine keltische Siedlung an der Donau, dann Grenzbefestigung der Römer und später durch Privileg Friedrichs II. freie Reichsstadt. Hier Ansicht aus der Schedelschen Weltchronik. *Rechts unten: die Straße, Ausschnitt aus* Bildnis des Benedetto di Tommaso Portinari *von Hans Memling.*

durchzogenes Tiefland, das sich nach Osten bis ans Kaspische Meer und weiter in noch ausgedehntere Tiefebenen erstreckt. Die Stadt lag dort, wo die kleine Wien, die vom Wienerwald herunterkommt, in einen der Donauarme, den heutigen Donaukanal, mündet. Der Fluß überschwemmte noch ganz ungebändigt und vielfach verzweigt das Marchfeld, in dem mehrere Inseln entstanden waren. Der Hauptarm war die heutige Alte Donau. Maximilian, der seinem Haus, den Habsburgern, bis zum Ende des Reiches die Kaiserkrone sicherte, hatte in Wien einziehen können, nachdem sein ungarischer Widersacher Matthias Corvinus, der die Stadt fünf Jahre gehalten hatte, in der Burg gestorben war.

Die Stadt war recht wohlhabend. So jedenfalls empfand es Enea Silvio Piccolomini, der spätere Papst Pius II., der sich in weltlichen Dingen wohl auskannte.

»Am Hof«, wo die erste Residenz der österreichischen Herzöge lag, fanden seit Jahrhunderten Ritterturniere statt. Heute steht dort die Mariensäule aus dem 17. Jahrhundert mit ihren vier Engeln, die gegen den Löwen, den Drachen, die Schlange und den Basilisken kämpfen, d. h. gegen die vier Geißeln der Menschheit, Krieg, Hunger, Unglauben und Pest. Auf dem Prater fanden berittene Hetzjagden des Hofes statt. Nachdem sich Maximilian in zweiter Ehe mit Bianca Maria Sforza verheiratet hatte, wurden aber auch Renaissancefeste und Schauspiele nach italienischer Art zu einem beliebten Zeitvertreib des Hofes. Wo heute das Schloß Schönbrunn steht, gab es nur eine Mühle, und die Kirche der Salzschiffer, Maria-am-Gestade, beherrschte den Ufersteilhang des Donauarmes. Der Graben, der schöne barocke Straßenplatz, folgte dem Graben des rö-

Wien

dagegen sollten vielleicht noch die erste Belagerung Wiens durch die Türken 1529 erleben. Der Südturm, den die Wiener Steffel nennen, war 1459 fertiggestellt worden. Er war bereits 136 Meter hoch; während der zweiten türkischen Belagerung im Jahre 1683 wurden von der Spitze aus Leuchtraketen abgefeuert, um den Entsatztruppen zu signalisieren, daß die Stadt noch Widerstand leistete. An dem 1467 begonnenen Adlerturm auf der gegenüberliegenden Seite waren die Bauarbeiten seit 1511 aus Geldmangel unterbrochen.

Die im 13. Jahrhundert begonnene kaiserliche Burg wurde später in die habsburgische Residenz, die Hofburg, integriert. Ihr Umfang entsprach dem Ostflügel zu dem Hof hin, der heute »In der Burg« heißt. Das Renaissanceportal

mischen Mauerrings, der bis zum 12. Jahrhundert gestanden hatte.

Die Innere Stadt war mehr noch als heute ein Gewirr von winkeligen Gassen und kleinen Plätzen rund um den Stefansdom. Die Kirche hat ein Steildach, damit die Schneemassen im Winter abrutschen können. Sie war dem Schutzheiligen des Bistums Passau geweiht, zu dem Wien bis 1480 kirchlich gehört hatte. Herzog Rudolf hatte sie in gotischem Stil umgestalten lassen, um es seinem Schwager, Kaiser Karl IV., gleichzutun. Dieser hatte sich in Prag auf dem Hradschin von dem französischen Baumeister Matthieu von Arras einen gotischen Dom bauen lassen. Einige alte Leute konnten ihren Enkeln außen am Stefansdom noch die Kanzel zeigen, von der aus in der Mitte des 15. Jahrhunderts der Franziskaner Johannes von Capestrano zum Kreuzzug gegen die Türken aufgerufen hatte. Die Enkel

So wurde vielleicht die Landschaft von den Reisenden der Zeit gesehen. Links: Hügellandschaft aus der Anbetung der Dreifaltigkeit *von Albrecht Dürer, 1511, Tafelbild für Matthias Landauer für die Allerheiligenkapelle des Zwölfbrüderhauses in Nürnberg. Rechts: Vollmond im Wald vor dem Gebirge, Ausschnitt aus dem* Abschied des heiligen Florian *von Albrecht Altdorfer, ca. 1525–30.*

erhebt sich an der Stelle der alten Zugbrücke. Hier wurden die »unveräußerlichen Erbstücke« des Hauses Habsburg aufbewahrt: das »Ainkhürn«, ein zweieinhalb Meter langes »Horn des Einhornes«, in Wirklichkeit der Zahn eines Narwals, und eine Achatschale aus dem 4. Jahrhundert. Sie war 1204 von den Kreuzfahrern in Konstantinopel erbeutet worden, durch die burgundische Erbschaft an das Haus Habsburg gelangt, und man hielt sie für den Heiligen Gral. Die Kapuzinerkirche, die spätere Grablege der Habsburger, existierte noch nicht; als Hofkapelle diente die damals auch im Inneren gotische Augustinerkirche. In ihr ließ Johannes Sobieski 1683 nach der Befreiung Wiens von der türkischen Belagerung das *Tedeum* anstimmen, und hier wurde Marie Luise in Ferntrauung mit Napoleon vermählt. Da der genaue Durchmesser des kaiserlichen Ringfingers nicht bekannt war, wurden vorsichtshalber zwölf Ringe unterschiedlicher Größe gesegnet.

Die Universität war 1365 gegründet worden und damit die zweitälteste Universität im deutschsprachigen Raum. Im Jahre 1445 hatte der Humanist Enea Silvio Piccolomini hier über die exemplarische Bedeutung der antiken Autoren und der antiken Dichtung eine aufsehenerregende Vorlesung gehalten, die für Wien eine neue Epoche der Geisteskultur einleitete. Auf dem *Hohen Markt,* der dem Forum des römischen Vindobona entsprach, war vielleicht noch, wie während des ganzen Mittelalters, der Käfig zu sehen, in den Bäcker gesperrt wurden, die schlechtes Brot verkauften. Sie wurden zur Strafe dreimal in die Donau getaucht (»Bäckerschupfen«). Manchmal waren die Bäcker aber auch Helden. So wurde erzählt, daß ein Bäcker einen Basilisken getötet habe, indem er ihm einen Spiegel vorhielt. Das Ungeheuer starb vor Schreck über die eigene Häßlichkeit, und bis heute existiert in der Schönlaterngasse ein Wohnhaus »Zum Basilisken«. Der Basilisk ist ein merkwürdiges Wesen, das angeblich seit acht Jahrhunderten in einer Nische der Fassade steht.

Von Wien aus kam man marchaufwärts ins Reich der Jagiellonen. Diese aus

Auf den folgenden Seiten: Pieter Bruegel, Die Schnitter, *Ausschnitt. Das Bild ist eines der fünf erhaltenen aus der Reihe der Zwölf Monate, die vielleicht nie vollendet wurde oder aber aus nur sechs Bildern bestand, weil der Maler jeweils zwei Monate in einem Bild zusammenfaßte (hier Juli-August oder August-September).*

Wien

Litauen stammende, lange Zeit mächtigste Herrscherdynastie Osteuropas spielte über ein Jahrhundert lang in Europa eine außerordentliche Rolle, bevor ihr Reich auf tragische Weise zugrunde ging. Im Jahre 1516 war in Buda gerade Wladislaw II. Jagiello, König von Böhmen und Ungarn gestorben, und sein Sohn trat als Ludwig II. die Nachfolge an. Kaum ein Jahrzehnt später fiel er in der verhängnisvollen Schlacht von Mohács 1526 gegen den Türken Suleiman II., der damit Ungarn eroberte. Kronen und Reiche der Jagiellonen fielen an Habsburg, das nach dem Grundsatz *Tu felix Austria, nube* die Erwerbung vorbereitet hatte. Ungarn allerdings blieb noch für anderthalb Jahrhunderte in der Hand der Türken.

Nach der Durchquerung Mährens, das mit Böhmen verbunden war, kam man nach Polen, wo Sigismund I. Jagiello, der Bruder des verstorbenen Wladislaw, regierte. Polen war durch Union mit dem Großfürstentum Litauen verbunden und bildete so ein Großreich, das sich von der Ostsee bis nach Weißrußland und in die Ukraine erstreckte.

Die ungeheuren Weiten Polens und Litauens lieferten mit ihrem Getreide, dem Hanf, Holz, Pech und Leder die Rohstoffe, die das westliche Europa für seine rasche Wirtschaftsentwicklung und den Ausbau der Überseeschiffahrt brauchte. Unter Sigismund hatte sich Polen mit dem Sieg über den Deutschen Orden Zugang zur Ostsee verschafft. Der Verkauf der landwirtschaftlichen Produkte, die nun flußabwärts zur Ostsee verschifft wurden, brachte aber nicht den Bauern, sondern den Gutsbesitzern Gewinn. Grund und Boden lagen in der Hand des Adels. Neben Großgrundbesitzern mit unermeßlichen Ländereien gab es aber

Krakau. In der Marienkirche hatte der Nürnberger Veit Stoß den großen Altar mit den Sieben Tröstungen Mariä geschaffen (rechts ein Ausschnitt). Stoß unterhielt zwanzig Jahre lang eine Werkstatt in Krakau. Nach seiner Rückkehr wurde er der Fälschung angeklagt (1503), aber durch das Eingreifen von Kaiser Maximilian rehabilitiert. Er konnte die Achtung seiner Mitbürger nicht zurückgewinnen, aber seine Werke, die er in der Heimat schuf, wurden weiterhin geschätzt.

auch zahlreiche Klein- und Kleinstadlige, die oft selbst nur ärmlich lebten. Diese noch im Mittelalter wurzelnde Sozialstruktur, in der der Grundbesitz ein Privileg des Adels war, der als Gegenleistung zum berittenen Kriegsdienst verpflichtet war, erwies sich als völlig unflexibel und führte Polen auf lange Sicht in die Katastrophe. Das Bürgertum, soweit es überhaupt existierte, war vom Grunderwerb ausgeschlossen, konnte auch nicht in den Adel einheiraten, besaß keine Stimme bei den Reichstagen und war von kirchlichen Ämtern und Pfründen ausgeschlossen. Der historische Wandel vollzog sich in Polen nur langsam und nicht geradlinig, weil vor allem in wirtschaftlicher Hinsicht der Preisaufschwung für die Rohstoffe nicht genutzt werden konnte. Nicht zuletzt weil die adligen Großgrundbesitzer ihre Produkte zollfrei exportieren konnten, litt die Monarchie an ständigem Geldmangel und war nicht in der Lage, eine funktionierende Verwaltung aufzubauen, die andernorts vom Bürgertum getragen wurde. Das litauisch-polnische Riesenreich, das von den Historikern auch das »Reich des Getreides« genannt worden ist, war zwar unermeßlich groß, aber durch seine »Strukturschwäche« vom Machtverlust bedroht.

Krakau wird in der *Descrizione della Sarmazia europea* (Beschreibung des europäischen Sarmatien) des Veronesen Alessandro Guagnino aus dem Jahre 1578 als »sehr berühmte Stadt und Hauptstadt von Klein-Polen« bezeichnet. Guagnino kämpfte als polnischer Soldat in den Kriegen gegen Moskau. Die Stadt an der Weichsel, »einem schiffbaren Fluß, auf dem alle Arten von Waren transportiert werden«, war seit dem Beginn des 13. Jahrhunderts Residenz der polnischen Könige. Die Burg auf dem Wawel war von Sigismund im Stil der Renaissance erneuert und erweitert worden. Vor kurzem war der Innenhof mit einer vielbewunderten Loggia von dem Florentiner Francesco della Lora fertiggestellt worden, denn durch die Heirat Sigismunds mit Bona Sforza waren viele Italiener, darunter eine ganze Reihe Künstler, nach Polen gekommen. Auf dem Wawel lag auch der im 14. Jahrhundert umgebaute Dom, Grablege und Krönungskirche der polnischen Könige.

Die bedeutendste Kirche der Stadt, die der heiligen Jungfrau geweiht war, stand auf dem Rynek, dem Haupt- und Marktplatz. Die Gläubigen bewunderten den Hochaltar von Veit Stoß mit seinen bemalten Holzfiguren, der durch seinen spätgotischen Realismus, seinen starken Farben und die Vergoldung beeindruckte. Der deutsche Künstler hatte bis 1496 an diesem Marienaltar in der Stadt gearbeitet. Im Mittelpunkt stand die überlebensgroße Darstellung des Todes mit Maria und den Aposteln, umrahmt von den Sieben Tröstungen der heiligen Jungfrau. (Verkündigung, Geburt, Anbetung der Heiligen Drei Könige, Auferstehung, Himmelfahrt, Pfingsten, Krönung).

Die Paläste um den Platz bekamen ihr großartiges Erscheinungsbild erst in den folgenden Jahrzehnten und im 17. Jahrhundert. Die Universität, die in einem gotischen Gebäude ihren Sitz hatte (1364) und nur wenig jünger als die Prager Universität war, stand damals auf dem Höhepunkt ihres Ansehens und ihrer geistigen Ausstrahlung. Vor kurzem hatte Kopernikus dort studiert.

Den Reisenden aus Südeuropa, die nach Krakau kamen, fiel auf, daß Lebensmittel außerordentlich billig waren,

Krakau. Unten: Straße mit Schmiedewerkstatt; rechts: Glockengießerei; zwei Miniaturen aus dem Codex Behem, *einer Sammlung von Privilegien und Statuten der Stadt und der Zunftordnungen, illustriert von einem einheimischen Künstler, um 1505 (Balthasar Behem, der dem Kodex den Namen gab, war der Stadtschreiber und Notar, der die Sammlung niederschrieb). Bemerkenswert sind auf der ersten Miniatur die Personen in orientalischer Tracht.*

der Wein aber sehr teuer. Daß man auf den Straßen vielen orientalisch gekleideten Menschen mit Turban und Kaftan begegnete, war teils auf direkte Einflüsse und Handelsbeziehungen zurückzuführen, zum Teil aber auch einfach eine Mode. Die Entwicklung der Stadt ergab sich aus ihrer Lage an der Kreuzung zweier alter Handelswege, von denen einer vom Schwarzen Meer über Lemberg nach Schlesien und den Ländern des westlichen Europa führte, der andere von der Adria durch die Mährische Pforte an die Ostsee. Hier trafen Waren, Menschen und Einflüsse aus fast dem ganzen Europa der damaligen Zeit, aus dem türkischen Orient und dem Land der Tataren zusammen.

Dort, wo früher die mehr als drei Kilometer lange Stadtmauer verlief, liegen heute Gärten. Das Gefühl endloser Weite, das den Reisenden in Polen erfaßte, verband sich mit der Furcht vor dem Auftauchen der Tataren, deren Reiterscharen mit jedem neuen Frühling zu einem neuen verheerenden Angriff am Horizont auftauchen konnte.

Nach Moskau führte der Weg in Rich-

Krakau

275

tung Nordost zunächst entlang der Weichsel. **Lublin,** in Mittelpolen, liegt an dem Fluß Bystrzyca, einem Zufluß des Wieprz, der seinerseits wieder in die Weichsel mündet. Die größte Überraschung boten hier vielleicht die byzantinisch wirkenden Fresken in der gotischen Dreifaltigkeitskirche aus dem 14. Jahrhundert, die im Jahr 1418 von russischen Malern am Hof des Königs Wladislaw geschaffen wurden.

Das als Brest-Litowsk bekannte **Brest** am Bug, einem weiteren Zufluß der Weichsel, war nach der Beschreibung von Alessandro Guagnino »eine ummauerte, befestigte Stadt, umgeben von Dämmen und Gräben, inmitten einer sumpfigen Ebene«.

Dieser Teil des damals weitausgedehnten Großfürstentums Litauen gehört heute zu Rußland. Herberstein empfand dort die Lage der Bevölkerung als bedrückend und stellte sie in düsteren Farben dar. Das Volk ist zum größten Teil arm und lebt unter drückender Knechtschaft. Die Bauern sind Adel und Grundbesitzern hilflos ausgeliefert, die plündern und sogar ungestraft den Hausherrn schlagen können. Schutz gibt es nur gegen Bestechungsgelder. »In Litauen ist jedes Wort Gold wert«, zitiert der Gesandte einen Beamten.

Minsk in Weißrußland wird von Herberstein nur als »Burg« erwähnt. **Smolensk** dagegen war die erste Stadt der Reise im Herrschaftsbereich des Großfürsten von Moskau, der sie erst 1514 von den Litauern erobert hatte. Der Dnjepr, an dem die Stadt liegt, wurde von gebildeten Reisenden mit seinem alten Na-

Polen und das Großfürstentum Moskau. Der Holzschnitt aus der Weltchronik *(links) will eine typisch polnische Landschaft zeigen, ist aber keineswegs wirklichkeitsgetreu. Einige Charakteristika sind dennoch auffällig: die strohgedeckten Bauernhäuser, der Ziehbrunnen, der stark in den Vordergrund gerückte Fluß (wahrscheinlich die Weichsel) und die Mündung in die Ostsee. Rechts: das Großfürstentum Moskau nach einer Karte des 15. Jahrhunderts: Flüsse und Wälder.*

Lublin – Smolensk

men Boristenes bezeichnet. Die Burg der Stadt galt als besonders sicher. Sie umschloß eine der Jungfrau geweihte Kirche und soviele Holzhäuser, daß sie selbst wie eine ganze Stadt wirkte, zumal sie durch einen Graben und durch einen Palisadenring geschützt war. In den Vierteln außerhalb der Burg standen überall die steinernen Ruinen von Klöstern. Die Stadt liegt in einem fruchtbaren Tal mit sanften Höhen, die in endlose Wälder übergehen, die unerschöpfliche Reserve für die Pelztierjagd.

Natürlich schreiben viele Reisende über das russische Klima und die Härte des Winters. Manchmal kommt die Ernte nicht zur Reife, und in manchen Jahren fand man erfrorene Menschen auf den Straßen – etwa Gaukler, die mit Tanzbären herumzogen, oder auch Menschen, die zu Pferd oder mit dem Schlitten von der Nacht überrascht worden waren. Wilde Bären kamen aus den Wäldern und drangen, von Hunger getrieben, angeblich in die Dörfer ein. Wenn die Bauern vor ihnen flüchteten, kamen sie vor Kälte um.

Im Westen wußte man aber auch über die ökonomischen Ressourcen des Landes Bescheid. Paolo Giovio aus Como, der an der päpstlichen Kurie gelebt hatte und zu den bestinformierten Männern der Zeit gehörte, zählt sie auf: Getreide, Leinen, Hanf, Leder, Wachs, Honig und »die edelsten Pelze, deren Preis wegen der unglaublichen Begehrlichkeit und Putzsucht der Menschen so im Preis gestiegen ist, daß das Futter für ein Kleid tausend Golddukaten kostet«. Giovio hat seine Informationen von dem russischen Botschafter Dimitrij Gerasimow, der ihm versichert, daß man in Rußland den Honig nicht aus Bienenstöcken, sondern aus hohlen Bäumen holt. Als Beweis erzählte er die Anekdote von einem Bauern, der auf der Suche nach Honig in einen abgehauenen hohlen Baum fällt, und »bis zur Brust im Honig versinkt«. Der Bauer konnte davon zwei Tage lang leben, bis es ihm gelang herauszukommen, indem er sich an das Fell einer Bärin klammerte, die von dem Honig lekken wollte. (*Libellus de legatione Basilii*, 1525)

Die Eindrücke, die Herberstein auf dem Weg nach Moskau niederschrieb, mögen uns heute vielleicht weniger verwunderlich erscheinen als seinen Zeitgenossen. Die Männer trugen einen langen Rock ohne Falten mit engen Ärmeln und auf der rechten Seite geschlossen, während die Tataren, die ähnlich gekleidet waren, den Rock auf der rechten Seite geknöpft trugen. Das »Russenhemd« war

um den Hals verschiedenfarbig gearbeitet und wurde mit Silber- oder vergoldeten Kupferknöpfen geschlossen. Die Priester der orthodoxen Kirche waren verheiratet; wurden sie zum Diakon geweiht, war dies sogar vorgeschrieben. Ein verwitweter Priester durfte die Sakramente nicht mehr austeilen und die Messe nur lesen, wenn er keusch lebte. In jedem Haus nahm die Ikone den hervorragendsten Platz ein. Wer zu Besuch kam, entblößte und senkte das Haupt, machte dreimal das Zeichen des Kreuzes, und grüßte dann erst mit einer Umarmung und einem Kuß den Hausherrn. Frauen galten nur dann als ehrbar, wenn sie im Haus eingeschlossen lebten. Frauen und Töchter gingen deshalb auch selten in die Kirche, seltener noch sprachen sie mit Freunden und dann höchstens mit alten Leuten. Nur bei besonderen Festen war ihnen ein bißchen Zerstreuung mit unschuldigen Gesellschaftsspielen erlaubt.

Bemerkungen über den russischen Volkscharakter waren schon damals durch Vorurteile und Verallgemeinerungen geprägt. Herberstein trägt dabei besonders dick auf. Seiner Meinung nach sind die Russen eher mit der Knechtschaft als mit der Freiheit glücklich. In der Oberschicht nennen sich alle Knechte des Fürsten, und die einfachen Bauern, wenn sie beim Tode des Herrn aus der Leibeigenschaft befreit werden, verkaufen ihre Freiheit sofort gegen Geld an einen neuen Herrn. Albert von Kampen dagegen zeichnet ein positiveres Bild. Unter den Russen gelten Betrug, Ehebruch und Vergewaltigung als »unerhörte Verbrechen«. Überhaupt nicht oder höchstens selten sehe man »öffentliche Dirnen«, Meineide und Flüche seien nicht zu hören, und »widernatürliche Laster sind ihnen vollkommen unbekannt«. Der Venezianer Ambrogio Contarini, der in den Jahren 1476–77 in Rußland war, sagt dagegen: »Die Männer sind ziemlich schön und auch die Frauen, aber sie sind tierisch.« Vor allem seien sie »große Trunkenbolde, und tun sich darauf sogar noch sehr viel zugute und verachten die, die es nicht tun«. Sie betrinken sich nicht mit Wein, den es nicht gibt, sondern mit einem Getränk »von Honig, das sie mit Blättern des Mäusedorntriebes machen. Es ist keineswegs schlecht, vor allem, wenn es alt ist.«

Schließlich erreichte man inmitten endloser grüner Wälder **Moskau** mit seinen roten Türmen und den Backsteinmauern des Kreml, über denen sich die Kuppeln der gerade erst fertiggestellten Kirchen erhoben. Die Stadt war noch ganz aus Holz erbaut und sah von fern größer aus, als sie eigentlich war. Viele Häuser lagen um einen großen Hof und waren von Gärten umgeben. Vergeblich hatte man versucht, den häufigen Feuersbrünsten vorzubeugen, indem man die Wohnungen und Werkstätten von

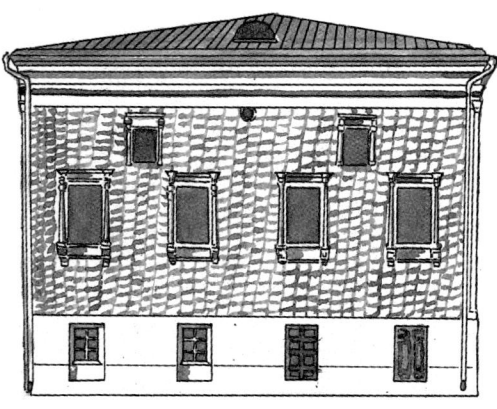

Auf dem Stadtplan von Moskau (unten, von Braun und Hogenberg) sieht man die Mauern des Kreml; die Holzbauten der Stadt reichen über sie hinaus. Im einzelnen erkennt man Schlitten auf der gefrorenen Moskwa, Bogenschützen zu Pferd und eine Darstellung des »polnischen Bisons«. Links: der Kapitän, aus dem Ständebuch *von Hans Sachs. Auf der Zeichnung: der Facettenpalast* (Granovitaja palata).

Moskau

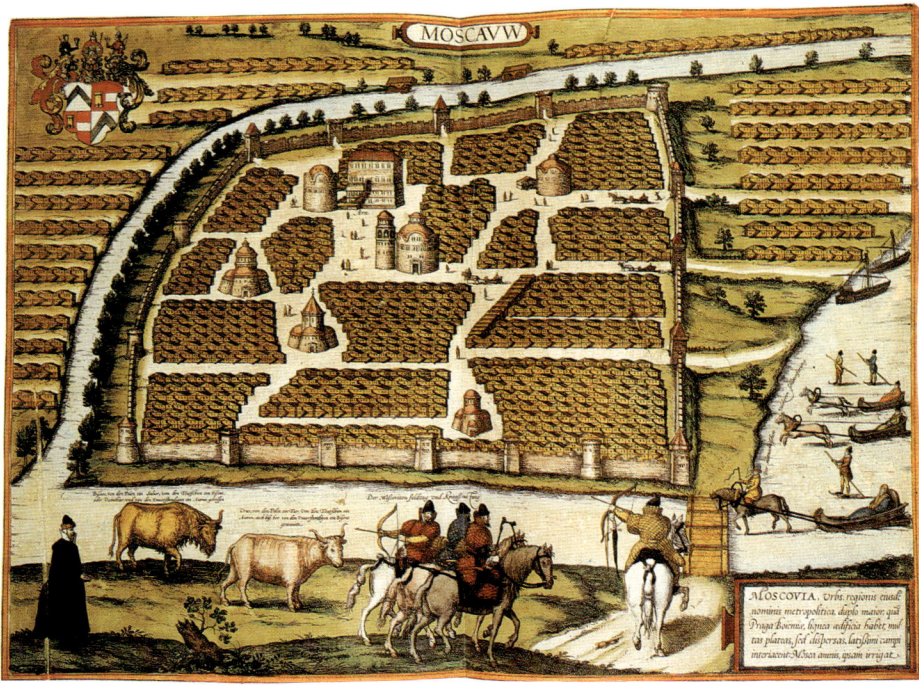

Schmieden und anderer feuergefährlicher Handwerke an den Stadtrand zwischen Felder und Wiesen verbannte. Auch dies ließ die Stadt aus der Ferne größer erscheinen.

Moskau besaß keine Stadtmauern, denn die Kremlmauern umschlossen nur die Zitadelle. Herberstein berichtet, daß nachts die Plätze mit Balken versperrt und bewacht wurden. Wer den Wachen in die Arme lief, wurde geschlagen oder landete sogar im Gefängnis, außer er war als ehrbar bekannt; dann wurde er nach Hause begleitet.

An der Moskwa standen Mühlen, und auf dem Fluß wurden viele Waren transportiert. Ende Oktober aber, so berichtet Ambrogio Contarini, »friert er zu«, auf dem Eis »werden Buden aller Art« aufgestellt, und es entsteht »ein ganzer Bazar«. Man verkauft »Getreide, Kühe, Schweine, Holz, Heu und sonstige Bedarfsartikel«. Es finden Pferderennen und andere Belustigungen statt, aber manchmal »bricht sich einer den Hals«.

Der einzige Ort, der heute wiederzuerkennen wäre, ist der Kreml. Nach dreißigjähriger Bauzeit (1485–1516) war er gerade fertiggestellt worden. Wie in den *Commentarii* des Gesandten Sigmund von Herberstein nachzulesen ist, wurden »die Verteidigungsanlagen dieser Burg zusammen mit dem fürstlichen Palast nach italienischem Vorbild von Italienern erbaut, die der Fürst (Iwan III.) mit dem

Versprechen großer Belohnung gerufen hatte«.

Wenn der Gesandte Maximilians heute zum Kreml zurückkehren würde, könnte er die Mauern, die Türme, die drei Kathedralen und den Palast aus Stein wiedererkennen. Außerdem aber gab es zur damaligen Zeit noch viele Kirchen aus Holz. Die Mariä-Himmelfahrts-Kathedrale *(Uspenskij Sobor)* war von Aristoteles Fieravanti aus Bologna zwischen 1476 und 1479 nach dem Vorbild der Kirche von Wladimir erbaut worden, die Fieravanti zu diesem Zweck besichtigt hatte. Um die bestehenden Mauern niederzureißen, ließ er sie mit Holzbalken ausheben und abstützen, die er dann verbrennen ließ. Die Moskowiter, die den Fremden ohnehin mit unverhohlenem Widerwillen betrachteten, wunderten sich darüber: »Was in drei Jahren erbaut worden ist, war in weniger als einer Woche niedergerissen.« Das Werk war »einzigartig durch seine Höhe, Helligkeit und Akustik«, wie ein Chronist schrieb. »Eine solche hat man niemals zuvor auf russischer Erde gesehen.« Hier wurden die Zaren gekrönt.

Die zweitwichtigste Kirche war die Mariä-Verkündigungs-Kathedrale *(Blagovescenskij Sobor)*, die 1484–89 von Meistern aus Pskow gebaut worden war und als Tauf- und Trauungskirche der Zaren diente. Die dritte, dem Erzengel Michael geweihte *Archangelskij Sobor* war ein Werk des Mailänders Massimo Novi aus den Jahren 1505 bis 1508. Hier wurden die Zaren begraben. Der sogenannte Facettenpalast, *Granovitaja Palata,* war nach dem Willen Iwans III. aus Stein erbaut worden, um seinen Staatsschatz darin aufzubewahren! Als der Fürst zwölf Jahre alt war, war Moskau, und dies nicht zum ersten Mal, vollständig niedergebrannt. Der Architekt Marco Ruffo hatte den ganzen ersten Stock zu einem Paradesaal gemacht, dessen Kreuzgewölbe auf nur einem Mittelpfeiler ruht.

Bei seiner Ankunft in Moskau stieg Contarini in dem gleichen Hause ab, wo »Meister Aristotele (gewesen war), nahe dem Palast des Herrn, und sehr bequem«. Später mußte er allerdings umziehen. Aristotele Fieravanti war mit seinem Sohn Andrea und einem Helfer nach Rußland gekommen, der in den Dokumenten als »der Junge Petruska« bezeichnet wird.

Ein anderer italienischer Architekt, Pietro Antonio Solari aus Mailand, schuf etliche Türme des Kreml. Sein letztes Werk war die *Spasskaja*, der Erlöserturm, der sich zum Roten Platz hin zu der pittoresken, bunten Kirche des heiligen Basilius öffnet, die weit später errichtet wurde. Während des Baus sprudelte plötzlich unerwartet eine Quelle auf, die die gesamte Baustelle unter Wasser setzte. Solari wurde bei dem Versuch, seine Baustelle zu retten, durchnäßt und starb an den Folgen der Erkältung.

Um die Stadt herum lagen große Klöster, darunter das Nationalheiligtum, das Dreifaltigkeitskloster des heiligen Sergij *(Troice-Sergieva Lavra)*. Es war vom heiligen Sergij Radonez, dem »Schutzheiligen des russischen Landes« gegründet worden, der nach der Vollbringung vieler Wunder hier auch begraben wurde. Das Volk kam an bestimmten Feiertagen heraus, und auch der Großfürst besuchte das Kloster häufig. Damals hing hier die berühmteste Ikone Rußlands voll tiefer religiöser Symbole, die *Dreifaltigkeit,* die der Mönch Andrej Rublew um 1425 gemalt hatte.

Die Dreifaltigkeit des Alten Testaments *zeigt die biblische Szene, in der drei Engel den alten Abraham besuchen und ihm die Geburt Isaaks verkünden: Abraham saß in der Hitze des Tages im Hain Mamre vor seiner Hütte. »Und als er seine Augen aufhob und sah, siehe, da standen drei Männer vor ihm . . .« (Genesis, 18,2) Als Rublew diese Ikone malte, arbeitete Masaccio an den Fresken für die Brancacci-Kapelle in Santa Maria del Carmine in Florenz . . .*

Moskau

Zeittafel

Die erste unserer fiktiven Reisen haben wir in das Jahr gelegt, in dem Gerozzo di Jacopo de' Pigli, Angestellter und Teilhaber Cosimos des Alten, nach Brügge unterwegs war (1446); die letzte ins Jahr des ersten Aufenthaltes des Freiherrn Sigmund von Herberstein nach Moskau (1516). Die folgende Zeittafel bringt einige wichtige Ereignisse der europäischen Geschichte zwischen diesen beiden Jahren in Erinnerung.

1446 stirbt Filippo Brunelleschi
1447 wird Papst Nikolaus V. gewählt (Tommaso Parentucelli). Kasimir IV. wird König von Polen
1450 Francesco Sforza bringt Mailand in seine Gewalt
1451 Als Nachfolger von Murad II. wird Mehmed II. Sultan des Osmanischen Reiches
1452 Johannes Gutenberg beginnt in Mainz den Druck der »42-zeiligen« Bibel. Lorenzo Ghiberti beendet die dritte Tür (»Paradiestür«) am Baptisterium in Florenz. Friedrich III. wird in Rom zum Kaiser gekrönt, das damit die letzte Kaiserkrönung erlebt
1453 Mehmed II. erobert Konstantinopel. Die Franzosen schlagen die Engländer unter Talbot bei Castillon: Damit verbleibt den Engländern in Frankreich nur noch Calais
1455 Kalixt III. (Borgia) wird Papst. In England beginnt der Rosenkrieg
1458 Der Humanist Enea Silvio Piccolomini wird Papst als Pius II.
1461 stirbt Karl VII. von Frankreich; Nachfolger wird sein Sohn Ludwig XI. Eduard von York läßt sich zum König ausrufen (Eduard IV.), Heinrich VI. ist Gefangener im Tower of London
1462 stirbt Wassilij II.; Iwan III. wird Großfürst von Moskau
1463 beginnt der Krieg Venedigs gegen die Türken, der bis 1479 dauert
1464 stirbt Cosimo der Alte. Papst wird Paul II. (Barbo)
1465 Bildung der *Ligue du bien public* unter Führung von Burgund gegen Ludwig XI. von Frankreich
1466 zweiter Frieden von Thorn zwischen dem Deutschen Orden und Polen, das dadurch Zugang zur Ostsee bekommt
1467 stirbt Philipp III. der Gute, Herzog von Burgund, Nachfolger wird sein Sohn Karl der Kühne
1468 Handelsblockade der Hansestädte gegen England
1469 Die Heirat von Isabella, der Erbin Kastiliens, mit Ferdinand, dem Erben von Aragón, ermöglicht die Vereinigung der spanischen Kronen. Die beiden Thronfolger treten die Herrschaft 1474 bzw. 1479 an
1470 Heinrich VI. wird erneut König. (Eduard IV. kann mit Hilfe der Hansestädte und Burgunds die Macht ein Jahr später wieder an sich reißen)
1471 Papst Sixtus IV. (Della Rovere)
1472 Heirat des Moskauer Großfürsten Iwan III. mit der Nichte des letzten byzantinischen Kaisers: Moskau wird »Drittes Rom«. Leon Battista Alberti stirbt
1474 Frieden von Utrecht zwischen England und den Hansestädten; wegen der Hilfe für Eduard IV. erhält die Hanse ihre Privilegien zurück
1476 wird der Herzog von Mailand Galeazzo Maria Sforza ermordet; Nachfolger ist der unmündige Gian Galeazzo unter der Regentschaft seiner Mutter Bona von Savoyen
1477 stirbt vor Nancy Karl der Kühne; das bedeutet das Ende der Unabhängigkeit des Herzogtums Burgund; Heirat der Maria von Burgund mit Maximilian von Habsburg. Sandro Botticelli malt den *Frühling*
1478 bei der Verschwörung der Pazzi gegen die Medici wird Giuliano de' Medici getötet, Lorenzo verletzt
1480 Ludovico il Moro wird Tutor des Neffen Gian Galeazzo und praktisch Herr von Mailand. Die Türken besetzen Otranto
1481 Die Söhne Mehmeds II., Bajezid und Dschem, kämpfen um die Nachfolge, Dschem unterliegt. In Portugal besteigt Johannes II. den Thron
1482 Vertrag von Arras zwischen Lud-

wig XI. und Maximilian I. über das burgundische Erbe
1483 Karl VIII. wird König von Frankreich. Nach dem Tod von Eduard IV. läßt sich der Herzog von Gloucester als Richard III. zum König proklamieren
1484 Papst Innozenz VIII.(Cybo)
1485 Mit der Schlacht von Bosworth enden die Rosenkriege; Heinrich (VII.) Tudor besiegt Richard III. Matthias Corvinus, König von Ungarn, erobert Wien
1488 Bartolomeo Diaz umfährt das Kap der Guten Hoffnung. *»Guerre folle«* in Frankreich
1489 Venedig erhält Zypern von Caterina Cornaro
1490 stirbt Matthias Corvinus. Die Habsburger kehren nach Wien zurück
1492 fällt die letzte muslimische Bastion in Spanien, das Reich von Granada. Christoph Kolumbus überquert den Atlantik und erkundet die karibischen Inseln. Lorenzo der Prächtige stirbt. Papst Alexander VI. (Borgia)
1493 stirbt Kaiser Friedrich III.; ihm folgt sein Sohn Maximilian
1494 Mit dem Versuch Karls VIII., Neapel zu gewinnen, beginnen die langen »Kriege um Italien«. Die Medici werden aus Florenz vertrieben. Sebastian Brant veröffentlicht *Das Narrenschiff*
1495 französischer Sieg bei Fornovo beim Rückzug Karls VIII. aus Italien. Leonardo beginnt in Mailand die Arbeit am *Abendmahl* im Refektorium von Santa Maria delle Grazie. Manuel I. wird König von Portugal
1497 Vasco da Gama bricht zur Umfahrung Afrikas auf dem Weg nach Indien auf. Johann Cabot entdeckt im Auftrag des englischen Königs das nordamerikanische Festland (Neuschottland und Neufundland)

1498 Ludwig XII. (Orléans) folgt Karl VIII. auf dem französischen Thron. Michelangelo arbeitet an der *Pietà* in der Peterskirche. Girolamo Savonarola stirbt auf dem Scheiterhaufen
1499 Ludwig XII. von Frankreich erhebt Anspruch auf das Herzogtum Mailand und zieht nach Italien. Durch den Frieden von Basel wird die Unabhängigkeit der Eidgenossenschaft *de facto* bestätigt. Kopernikus an der Università della Sapienza in Rom
1500 Pedro Alvares Cabral entdeckt Brasilien
1503 stirbt Alexander VI.; nach dem kurzen Pontifikat von Pius III. (Todeschini Piccolomini), wird Julius II. (Della Rovere) gewählt. Bramante baut den Tempietto von San Pietro in Montorio. Spanien besiegt Frankreich am Garigliano und nimmt Neapel ein
1504 Raffael malt die *Hochzeit Mariä*
1506 stirbt Philipp der Schöne von Habsburg
1508 Michelangelo beginnt mit den Fresken der Sixtinischen Kapelle
1509 Venedig wird in der Schlacht von Agnadello von der Liga von Cambrai besiegt. Heinrich VIII. folgt seinem Vater auf dem englischen Thron
1510 Luther hält sich in Rom auf
1511 Erasmus von Rotterdam schreibt das *Lob der Narrheit*
1512 Selim I. folgt seinem Vater Bajezid II. auf dem Thron. Die Medici kehren nach Florenz zurück
1513 Papst Leo X. (Medici). Machiavelli schreibt den *Principe*
1514 stirbt Ludwig XII. von Frankreich; Nachfolger wird Franz I.
1515 Franz I. siegt bei Marignano
1516 Thomas Morus schreibt *Utopia*. Karl von Habsburg (Karl V.) wird König von Spanien

Bibliographische Hinweise

Für interessierte Leser geben wir im folgenden Hinweise auf diejenigen der zitierten Reisebeschreibungen, die relativ leicht zugänglich sind:

Der Baron Lev von Rozmital

Des böhmischen Herren Leo von Rozmital Reise durch das Abendland 1463–1467, beschrieben von zweien seiner Begleiter. (In böhmischer Sprache von Schaschek, aus dem Böhmischen ins Lateinische übersetzt von S. Pawlowski, in deutscher Sprache von G. Tetzel), Hg. v. I. A. Schmeller, Stuttgart 1844.
The Travels of Leo of Rozmital through Germany, Flanders, England, France, Spain, Portugal and Italy, 1465–67, translated from the German and Latin and edited by Malcolm Letts, Cambridge 1957.

Der anonyme Mailänder Kaufmann

Un mercante di Milano in Europa, Diario di viaggio del primo Cinquecento, hg. v. Luigi Monga, Mailand 1985 (In der Einführung Hinweise und Bibliographie zur Reiseliteratur des beginnenden 16. Jh.s).
Zwei Berichte über Reisen ins Heilige Land in: *Viaggio in Terrasanta di Santo Brasca, 1480 con l'Itinerario di Gabriele Capodilista, 1458,* hg. v. Anna Laura Momigliano Lepschy, Mailand 1966.
Interessante Texte über Nord- und besonders über Osteuropa (Polen, Rußland) finden sich in: Giovanni Battista Ramusio, *Navigazioni e viaggi,* hg. v. Marica Milanesi, Bd. III, Turin 1980. Darin Sigmund von Herbersteins Beschreibung des Großfürstentums Moskau und Rußlands und der Reisebericht des venezianischen Gesandten Ambrosio Contarini.

Band IV, 1983, enthält u. a. einen Bericht über den Schiffbruch des Venezianers Piero Quirino von Cristoforo Fioravante und Nicolò Michiel und die Beschreibungen Sarmatiens von Alessandro Guagnino und Matteo di Micheovo. Sigmund von Herberstein hat sein Werk lateinisch (Wien 1549) und deutsch (Wien 1557) veröffentlicht. Reprint der lateinischen Fassung: *Rerum Moscoviticarum commentarii Sigismundi Liberi Baronis in Herberstein, Neyperg & Guettenbag,* Frankfurt 1964; deutsche Ausgabe: *Reise zu den Moskowitern,* München 1966.

Der Kardinal d'Aragona

Ludwig Pastor, *Die Reise des Kardinals Luigi d'Aragona durch Deutschland, die Niederlande, Frankreich und Oberitalien 1517–18,* Freiburg 1905.

Johannes Burcardus

Kirchenfürsten und Intriganten. Ungewöhnliche Hofnachrichten aus dem Tagebuch des Johannes Burcardus, päpstlichen Zeremonienmeisters bei Alexander VI. Borgia. Nach der Ausgabe von L. Geiger neu hg. v. M. Müller; Zürich/München 1985. Auswahlausgabe von: *Johannis Burckardii capelle pontificie magistri ceremoniarum libri notarum ab anno MCCCCLXXXIII usque ad annum MDVI.*

Weitere Hinweise:

Mercanti scrittori, Ricordi nella Firenze tra Medioevo e Rinascimento, hg. v. Vittore Branca, Mailand 1986; enthält u. a. die *Ricordi* des vielgereisten Bonaccorso Pitti.

Ortsregister

Aare 185
Abruzzen 22
Adda 38
Adria 37, 40, 83
Ägypten 228, 241
Ärmelkanal 37, 54, 214
Aigues−Mortes 243, 252f.
Aix-en-Provence 148
Alb 157
Albula 32
Amboise 133, 141f., 146, 230
Amboise, Schloß von 146
Amiens 128, 199, 216
Anatolien 241
Andalusien 246
Angers 133, 141, 147f.
Anjou 148
Antwerpen 11, 24, 37, 57, 93f., 96, 243, 245f., 258f., 261
Aosta 77, 87
Apennin 82
Aragón 121, 249
Arc 138
Ardennen 89, 93
Arno 37, 79
Arosa 130
Arras 93, 243, 258
Arles 122
Artois 22, 258
Asow 228
Astrachan 23
Asturien 41
Augsburg 11, 24, 153, 155, 157f., 160
Auron 121
Autun 243, 255
Avigliana 138
Avignon 22, 30, 39, 122, 243, 254, 260
Azay-le-Brulé 143
Azay-le-Rideau 143

Baden (Schweiz) 72
Bagdad 114
Balearen 250
Balkan 241
Bamberg 38, 184
Barcelona 11, 25, 47, 243f., 250ff., 260
Basel 34, 37, 47, 171, 182, 184f.
Bastia 230
Beaune 243, 254
Belgrad 23
Bellinzona 39
Bergamo 48, 166
Berg der Freude 128
Bergen 102f., 171, 173ff.
Berlin 11
Bern 184f.
Bernina 30
Berry 121, 142
Besançon 77, 89
Bilbao 127
Biskaya 38, 41, 66, 121, 127
Blois 133, 142, 146f., 197, 223, 244, 256
Bologna 19, 82, 182
Bordeaux 48
Boristenes, siehe Dnjepr
Bornholm 107
Bosnien 23
Bosporus 225, 234, 241
Boston 199, 206
Bourges 117, 121
Bourget 139
Bozen 153, 160
Böhmen 23, 56f., 96, 269
Brabant 93f., 258
Bremen 104
Brenner 34, 153, 157, 160
Brenta 161
Breslau 103
Brest (Brest−Litowsk) 263, 276
Bretagne 133f., 147, 257
Bristol 24
Brixen 48
Brügge 11, 24, 57f., 77f., 86, 92ff., 99, 102f., 148, 172, 243, 259f.
Brüssel 73, 77, 93f., 260
Bruneck 39
Buda (Budapest) 28, 269
Bug 276
Burgos 117, 121, 126f., 246
Burgund (Herzogtum) 77f., 89f., 93f., 121, 155, 254ff., 258
Byfjord 174
Bystrzyca 276

Cadiz 260
Cafaggiolo 82
Caffa (Feodosia) 228
Calais 22, 71, 199, 214f., 260
Cam 207
Camargue 253
Cambrai 223
Cambridge 199, 207f.
Candia (Kreta) 23, 65, 172
Canossa 32
Canterbury 199, 213, 215, 260
Carcassonne 260
Carimate 48
Cartagena 252
Carter Bar 202
Casentino 80
Castaneda 128
Cerdagne 22
Cesena 163
Chablais 87
Châlon-sur-Marne 51
Chambéry 122, 133, 139
Chambord 143
Chantilly 187
Charité-sur-Loire 121
Chenonceaux 143
Cher 143, 147
China 114
Chinon 141, 147
Chioggia 53
Chios 225, 228, 231, 234, 241
Chur 39
Civitavecchia 230
Clavijo 125
Como 38, 106, 277
Conegliano 39
Cortina d'Ampezzo 39
Covigliaio 82
Córdoba 11, 25, 38, 129, 243, 246f., 260
Côte d'Or (Burgund) 254

Dalmatien 23
Damme 96
Danzig 101f., 107ff.
Danziger Bucht 107
Dardanellen 225, 231
Delphi 238
Den Haag 260
Deventer 94
Dnjepr (Boristenes) 35, 276
Domrémy 147
Don 18, 228
Donau 23, 37f., 157, 265f., 268
Dora Riparia 34
Dordogne 122
Dornach 184
Doubs 90
Dover 214f.
Dresden 166
Dublin 19
Durance 34
Durham 199, 202
Düna 110

Ebro 38, 125, 249
Edinburgh 199, 201
Eisack 160
El Padrón 131
Elba 80
Elbe 37, 104, 171, 175
Emilia 48
Ephesus 240
Erfurt 180
Essex 210
Etsch 38, 153, 160

Falster 106
Faucille, Col de la 89
Fens 207
Feodosia (Caffa) 228
Fermignano 137
Ferrara 49, 53, 65, 74, 122, 187
Finisterre (Finis terrae) 120, 130
Fiorenzuola 82
Firth of Forth 201
Flandern 53, 62, 72, 86, 88, 93, 96, 99, 102f., 108, 110, 114, 122, 127f., 169, 175, 243f., 255f., 258, 260
Fleet 209f.

285

Florenz 11, 18, 22, 25, 37, 53, 56, 60, 62, 77f., 82, 86, 96, 110, 171, 182, 186f., 196f.
Fornovo 200
Foss 204
Fourvière 140
Franche-Comté (Freigrafschaft Burgund) 22, 24, 89
Franken 156
Frankfurt 37f.
Friaul 186
Friesische Inseln 175
Friesland 103

Galata 227, 234
Galicien 117f., 120, 124, 128, 175
Garda 38
Garonne 53
Genf 18, 34, 47, 77f., 88, 92, 140
Genfer See 87
Gent 11, 24, 60, 77, 92ff., 99, 244
Genua 11, 25, 56, 96, 102, 122, 225ff., 230f., 252, 257
Gien 141
Giglio 230
Göttingen 103
Gog Magog Hills 208
Goldenes Horn 227f., 230, 234f.
Granada 11, 25, 125, 248, 260
Graubünden 30
Gravelingen 110
Great Ouse 207
Greenwich 260
Grönland 172
Großer Sankt Bernhard 34, 77, 87
Guadalquivir 37f., 246f.

Haarlem 260
Halle 103
Hamburg 37, 104, 108, 171, 175, 178
Heiliges Land 16, 40, 43, 118, 121, 169
Highlands 200
Holland 108
Humber 204

Ilmensee 112
Innsbruck 39, 49, 153, 157f., 160
Isère 139
Island 172
Istanbul, siehe Konstantinopel

Jerusalem 120, 126
Jura 89
Jütland 38, 175

Kalabrien 22
Kantabrisches Gebirge 125
Karelien 113
Karnak 238
Karpaten 265
Kasan 23
Kastilien 10, 120f., 127f., 136, 244, 248
Kaspisches Meer 266

Katalonien 128, 136, 227, 250, 252
Kaub 182
Kärnten 22, 158
Kent 213
Kiew 113
King's Lynn 207
Koblenz 171, 182
Köln 11, 24, 37f., 47f., 56, 70, 122, 171, 178, 180, 184
Königsberg 108
Konstantinopel (Istanbul) 18f., 23, 25, 66, 227f., 230, 234, 236, 238ff.
Konstanz 47, 122
Korfu 23
Korsika 230, 253
Krain 22, 264
Krakau 18f., 25, 103, 263, 272, 274
Kroatien 23
Krim 23
Kvarner Bucht 23
Kurland 110
Kykladen 231
Kythera 231

Ladoga-See 112
Lagarina-Tal 160
Lago Maggiore 38
Langeais 133, 143, 147
Le Puy 120, 124
Lech 157, 160
Leiden 260
Lemberg 274
Lentate 48
León 117, 121, 126, 128
Leventina 186
Lille 92, 94
Limoges 117, 119, 121f., 124
Lincoln 174, 199, 206
Lincolnshire 202, 206
Litauen (Großfürstentum) 23, 25, 38, 114, 269, 276
Livland 23, 30, 103, 105, 110
Loches 186
Lofoten 172
Logroño 125
Loire 19, 37f., 47, 65, 121f., 133, 140ff., 146f., 186, 219, 223
Lolland 107
Lombardei 48, 82, 86
London 11, 18, 24, 37, 78, 96, 102, 199, 208ff., 212f., 260
Lothringen 90, 121
Löwen (Leuven) 93
Lublin 263, 276
Lucca 99
Luzern 34, 171, 184ff.
Lübeck 101, 103ff., 108, 114, 155
Lüneburg 114
Lüneburger Heide 175, 178
Lüttich 200
Lyon 37ff., 46, 73, 87, 133, 139f., 243, 252, 254, 260

Maaseyck 99
Madrid 11, 94, 248

Magdeburg 113
Mailand 22, 25, 38, 48, 57, 60, 70, 77f., 80, 85, 105, 122, 128, 133ff., 171, 178, 184, 186f., 204, 214, 257, 260
Maine 147
Mainz 39, 56, 99, 171, 180, 182, 184
Maldon 210
Maleas, Kap 231
Malvasia (Monemvasia) 225, 231
Mancha 248
Mantua 187
March 265, 268
Marchfeld 266
Marseille 122, 243, 252ff.
Martesana 136
Matapan, Kap 231
Maurienne 139
Mayenne 148
Mähren 23, 269
Mährische Pforte 263, 265, 274
Mâcon 89
Mecheln 92
Mecklenburger Bucht 106
Mekka 247
Messina, Straße von 225, 231
Methone (Modone) 231
Metz 24
Meung-sur-Loire 146
Meurthe 90
Mincio 38
Minsk 263, 276
Middelburg 41, 122
Mittenwald 157
Modena 206
Moldau 23
Molfetta 157, 214, 217
Mont Cenis 32, 34, 133, 138, 260
Mont-Saint-Michel 122, 133f., 148f.
Monte Asdrualdo 137
Monferrato 86
Mont Genèvre 34, 260
Monza 48
Morea, siehe Peloponnes
Mosel 18, 89, 182
Moskau 18, 25, 28, 30, 101, 106, 114, 263ff., 272, 277ff.
Moskwa 279
Mottlau 107
Mugello 82
München 18
Münster 175

Nancy 77, 80, 121
Nantes 122, 146
Narwa 112f.
Navarra 22, 48, 117, 120, 124f.
Neapel 11, 22, 25, 41, 65, 169, 225, 230, 252
Neuenburger See 87
Neukastilien 248
Newa 112
Newcastle-upon-Tyne 199, 202
Nidaros, siehe Trondheim

Nidelva 172
Nirone 136
Nizza 87
Nördlingen 18
Nordsee 37f.
Norfolk 206
Normandie 66, 134
Northumberland 202
Norwegen 102, 175, 184
Novalesa 138
Novara 85, 186
Nowgorod 101ff., 106, 112ff., 264
Nürnberg 11, 18, 29, 37, 39, 105, 120, 122, 128, 153ff., 158, 160f., 184, 192

Oder 265
Oglio 38
Oja 125
Olona 136
Orléans 133ff., 141, 146f., 220
Osnabrück 175
Ostabat 124
Ostpreußen 23
Ostsee 37, 43
Otterburn 202
Ouse 204
Oxford 208f.

Padua 19, 30, 40, 60, 153, 160f., 187
Pamplona 117, 125
Paris 11, 24, 37, 39, 47, 54, 72, 88, 122, 148, 184, 192, 199, 209, 216, 218f., 223, 243, 257f., 260
Parma 85
Passau 267
Pavia 37, 57, 134, 137
Pegnitz 154f.
Peipussee 112
Peloponnes (Morea) 231, 236
Perth 201
Petersborough 207
Périgueux (Versunna) 117, 124
Perpignan 252
Picardie 215
Piemont 25, 30, 138
Pilatus 185
Piombino 230
Pisa 32, 80, 110
Plessis-les-Tours 141
Plymouth 102
Po 37ff., 138
Poitiers 120
Polcevera 227
Polen 23, 25, 38, 103, 108, 269, 272, 274, 276
Pommern 24, 107f.
Ponza 230
Port-de-Cize, siehe Roncesvalles
Porto Pisano 110
Portugal 22, 227
Pozzuoli 41
Prag 11, 24, 128, 267, 272
Preußen 23, 103, 110
Procida 41
Provence 121, 128, 148, 254

Pskow (Pleskau) 101, 112ff., 264, 280
Puente la Reina 120, 125
Puerto de Somport 120, 125
Puy-Saint-Front 122
Pyrenäen 117, 124

Ramasse 139
Raticosapaß 82
Reie 94, 96
Reims 128, 147
Reuss 185
Reval 103
Rhein 34, 37ff., 171, 178, 180, 182, 184
Rhodos 230
Rhone 37f., 87, 122, 139ff., 253f.
Riga 101f., 106, 109ff., 113
Rimini 48
Rioja 125
Rixhöft 107
Roanne 133, 140f.
Rochester 213
Rom 11, 16, 19, 39, 47f., 59, 72f., 85, 112, 118, 120, 124, 156, 171, 180, 184, 186ff., 191f., 194, 197, 216
Romagna 85, 186f.
Roncesvalles (Port-de-Cize) 48, 117, 120, 124
Rotterdam 34
Rouen 147
Roussillon 22
Rovereto 160
Rußland 25, 28, 38, 103, 112, 264, 276ff., 280
Rügen 106

Sachsen 56
Saint-Aubin-du-Cormier 134, 147
Saint-Denis 150
Saint-Gilles-du-Gard 120
Saint-Jean-Pied-de-Port 124
Saint-Leonard-de-Noblat 122
Saint-Rhémy 87
Salzburg 56
San Pier d'Arena 227
San Bernardino 39
Sankt Gotthard 34, 171, 185f.
Sankt Joachimsthal 57
Santander 41
Santerno 82
Santiago de Compostela 16, 30, 117, 120, 122, 125, 128, 130, 260
Santo Domingo de la Calzada 125
Saône 87, 89, 140
Sardinien 22, 231
Sarmatien 106, 112, 272
Sarzana 190
Savoyen (Herzogtum) 22, 25, 77, 89, 133, 137f.
Scarperia 82
Schelde 258f.
Schottland 200f.

Schlesien 23, 274
Schwarzes Meer 37f.
Seine 37, 218, 220, 223
Sens 213
Serbien 23
Seveso 135
Sevilla 11, 37f., 52, 243f., 246, 254f., 260
Sibenik 40
Siebenbürgen 23
Siena 60, 73
Sierra Morena 247f.
Sieve 82
Simplon 34
Sinope 236
Sizilien 22, 25, 148, 227, 231
Skagerak 175
Smolensk 30, 263, 276
Smyrna 236
Solingen 178
Somme 216
Southampton 260
Speyer 39
Steiermark 22
Sterzing 39
Stralsund 106
Straßburg 24, 171, 182, 184, 194
Sudeten 265
Susa 133, 138
Syrien 227

Tajo 37, 248
Tana (Asow) 228
Tarragona 252
Tataren, Land der 274
Tessin (Fluß) 38, 136, 138
Tessin (Kanton) 186
Teutoburger Wald 175
Teviot 202
Themse 37, 208ff., 212f.
Thorn 19, 108
Thrakien 241
Tiber 73, 187, 190, 194
Tirol 22, 56, 153, 157f., 160
Toledo 52, 118, 243, 248, 260
Tolmezzo 41
Tordesillas 41
Tortosa 38
Toskana 82
Toulon 252
Toulouse 53, 120, 260
Touraine 141, 147
Tours 54, 120, 124, 133, 147
Trapezunt 236
Trave 104, 106
Triacastela 128
Trient 153, 160
Trier 56
Trondheim (Nidaros) 171ff., 175
Turin 39, 133, 137ff.
Tweed 202
Tyne 202
Tyrrhenisches Meer 82

Ukraine 23, 269
Ulm 39, 43, 105
Ungarn 18, 23f., 36, 56, 269

287

Urbino 19, 137, 187, 196f.
Utrecht 103

Vagen-Bucht 175
Valence 122, 254
Valencia 58, 260
Venedig 11, 18f., 22, 25, 28, 39, 43, 47, 53, 55f., 64, 67, 102, 128, 153f., 156, 159ff., 165, 169, 182, 186f., 190f., 230, 236
Veneto 160
Vercelli 77, 86
Verona 153, 160f.
Vesunna, siehe Périgueux
Vézelay 117, 120f.
Vicenza 160
Vierwaldstätter See 185

Vindebona, siehe Wien

Waadtland 87
Wakenitz 104
Walachei 23
Walensee 32, 37
Wallis 87
Wash 206
Wawel 272
Wear 202
Weichsel 37, 107f., 110, 265, 272, 276
Welikaja 112
Weser 175
Wien (Vindebona) 11, 24, 28, 50, 94, 128, 166, 263, 265, 267f.
Wien (Fluß) 266

Wienerwald 265f.
Wieprz 276
Wilna 30
Witham 206
Wladimir 280
Wolchow 112, 114

Yevre 121
York 24, 199, 204, 206
Yorkshire 202, 206
Ypern 93

Zaragoza 243, 249f.
Zürich 72, 184f.
Zwin 96
Zwolle 16
Zypern 23, 231

Bildnachweis

Accademia Carrara, Bergamo, 4; Archivio Fotografico Anaya, Madrid, 249; Archivio Fotografico Fabbri, Mailand, 17, 26, 31, 33, 67, 154, 162, 185, 215, 219, 221, 241; Archivio Oronoz, Madrid, 128, 130, 131, 247; Ashmolean Museum, Oxford, 212; Badische Landes-Bibliothek, Karlsruhe, 44–45; Biblioteca Apostolica Vaticana, 195, 239; Bibliothèque de l'Université, Gent, 61; Bibliothèque Municipale, Rouen, 256; Bibliothèque Nationale, Paris, 51, 53, 75, 90, 123, 205, 217, 218, 258; Bibliothèque Royale Albert 1er, Brüssel, 35, 159; Bodleian Library, Oxford, 41; British Library, London, 211, 235, 237; G. Costa, Mailand, 20–21, 104–105, 111, 140–141, 200, 213, 253, 279; Rainer Gaertner, DGPh, Deutschland, 181; Galleria Accademia, foto Giacomelli, Venedig, 167; Germanisches National Museum, Nürnberg, 57, 100, 251; Giraudon, Paris, 142, 149; Glasgow University Library, Glasgow, 50; Graphische Sammlung Albertina, Wien, 158, 240; I.C.P., Mailand, 116; Images Virtuelles, Serge Briez, 255; Januz Podleki, Krakau, 273, 274, 275; Kunsthistorisches Museum, Wien, 268; Lauros-Giraudon, Paris, 143, 144–145, 254; Metropolitan Museum of Art, New York, 270–271; Musée d'art et d'histoire, Genf, K. Witz, »Der wunderbare Fischzug«, 89; Musée de l'Œuvre Notre-Dame, Straßburg, 183; Musée National de Marine, Antwerpen, 260–261; Museo de America, Madrid, 242; Museum für Kunst und Kulturgeschichte der Hansestadt Lübeck, 107; The National Gallery, London, 15; Novosti, Rom, 115, 281; Österreichische Nationalbibliothek, Wien, 27; Réunion des Musées Nationaux, Paris, 216; Rijksmuseum, Amsterdam, 259; Royal Library, Windsor Castle, Reproduced by gracious permission of H. M. Queen Elizabeth II, 14 s.; St. Maurice, Abbaye, 87; Istituto Fotografico Editoriale Scala, Florenz, 2, 8, 12–13, 14 d., 16, 32, 40, 43, 49, 62, 68–69, 70–71, 74, 76, 79, 80–81, 84, 86, 92, 93, 125, 127, 132, 139, 152, 160–161, 163, 164–165, 170, 176–177, 179, 188–189, 196–197, 198, 201, 224, 227, 232–233, 234, 257, 262, 267, 269; Staatliche Museen Preussischer Kulturbesitz, Kupferstichkabinett, Berlin, 29, 91, 95, 151, 156, 178.

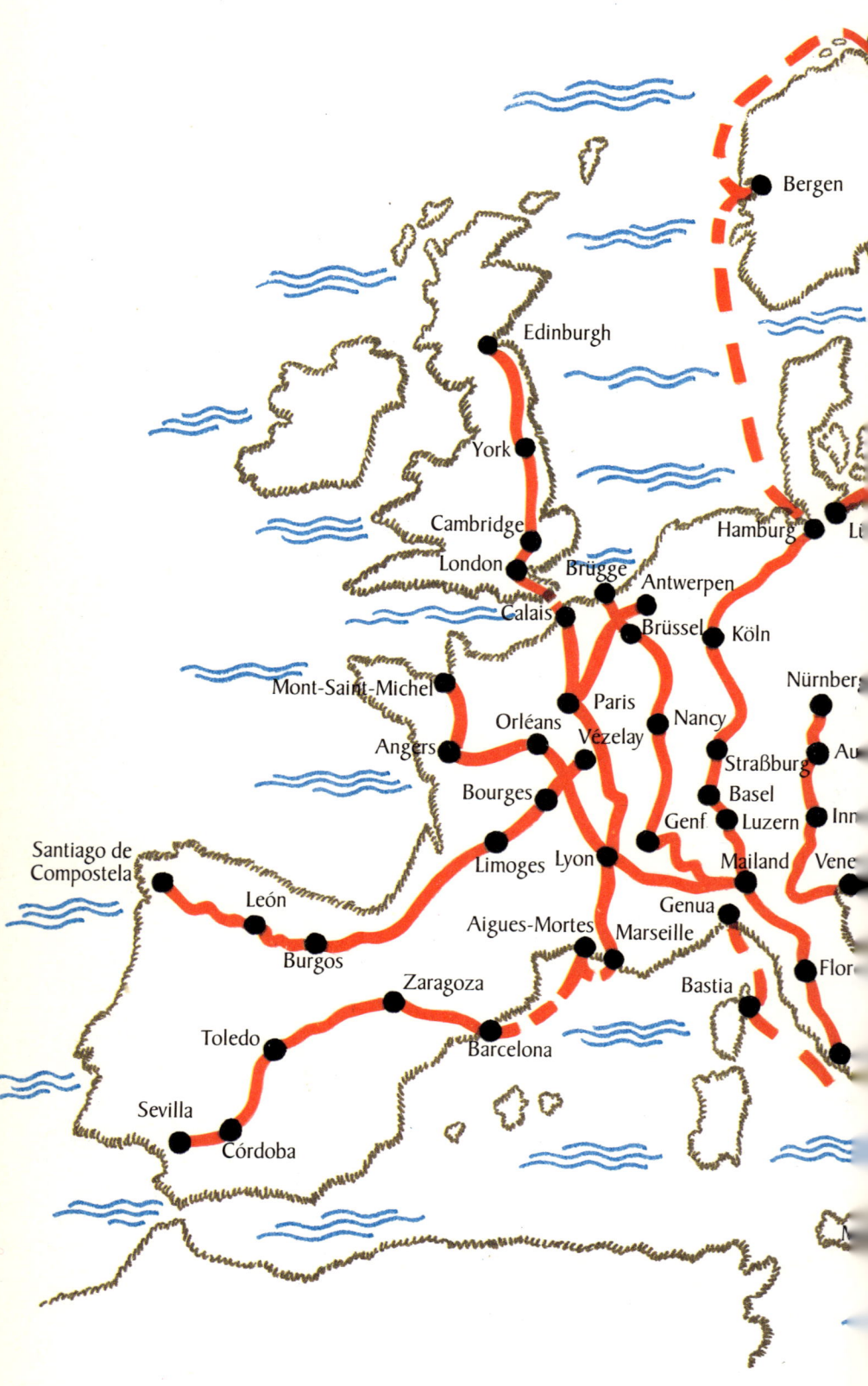